本书属于国家社科基金项目"中国制造业企业税负压力的形成机理及化解路径研究"(18BJY224)最终结项成果,同时得到惠州学院创新团队发展计划资助。

国家社科基金丛书
GUOJIA SHEKE JIJIN CONGSHU

中国制造业企业税负压力的形成机理及化解路径研究

Research on the Formation Mechanism and Solution of Tax Pressure
on Chinese Manufacturing Enterprises

李普亮 著

人民出版社

目　　录

导　　论

一、研究背景及意义

（一）研究背景

党的二十大报告明确提出："坚持把发展经济的着力点放在实体经济上，推进新型工业化，加快建设制造强国、质量强国、航天强国、交通强国、网络强国，数字中国。"[1]制造业是实体经济的基础，是"立国之本，兴国之器，强国之基"[2]，是深化供给侧结构性改革的主体。习近平总书记在不同场合反复强调制造业的重要性，明确提出制造业是国家经济命脉所系，要坚定不移把制造业和实体经济做强做优做大[1]。现阶段，中国制造业正处于爬坡过坎的关键阶段，"大而不强、全而不优的局面尚未得到根本改变"（苗圩，2021）[2]，推动制造业高质量跨越式发展迫在眉睫。然而，中国制造业发展面临着不少约束和挑战，其中税负一直是制约制造业企业竞争力提升的重要因素。尽管社会各界对于中国税负的高低尚未完全达成共识，但制造业企业感受到的税负压力却客观存在，对于减税的诉求也未曾间断。

---

① 习近平：《高举中国特色社会主义伟大旗帜　为全面建设社会主义现代化国家而团结奋斗——在中国共产党第二十次全国代表大会上的报告》，人民出版社 2022 年版，第 30 页。

② 参见《中国制造 2025》。

2016 年 7 月召开的中央政治局会议明确提出降低宏观税负,更大规模的减税降费由此拉开帷幕。并且,减税降费也由过往的结构性减税转向普惠性减税与结构性减税相结合。财政部统计数据显示,近年来中国的减税降费规模逐年攀升。具体来看,2016 年全国减税降费约 5700 亿元,2017 年减税降费规模逾 1 万亿元,2018 年减税降费约 1.3 万亿元,2019 年减税降费多达 2.36 万亿元。2020 年,为应对新冠肺炎疫情冲击,国家出台系列阶段性、针对性减税降费政策,全年新增减税降费规模超过 2.6 万亿元。"十三五"以来,中国新增减税降费累计达到 7.6 万亿元①,2021 年又在此基础上新增减税降费逾 1.1 万亿元,2022 年进一步出台组合式税费支持政策,预计全年减税退税 2.64 万亿元。从企业税费负担变化情况看,2016—2019 年,重点税源企业每百元营业收入税费负担分别下降 1.6%、1.2%、1.9% 和 6.9%②。截至 2020 年底,全国 10 万户重点税源企业销售收入税费负担率约同比下降 8%③。大规模减税降费政策惠及绝大多数市场主体,而制造业和小微企业成为受益程度最大的群体④,下调增值税税率、打通增值税抵扣链条、提高增值税起征点、实施增值税留抵退税优惠、减征"六税两费"⑤、提高研发费用税前加计扣除比例等系列减税举措实实在在惠及了中国的制造业企业。中国中小企业发展促进中心发布的《2021 年全国制造业企业负担调查评估报告》显示,七成以上制造业企业反映税费负担总体适度。

从相关部门公布的减税降费数据来看,从中央到地方出台的系列减税降费举措客观上显著降低了包括制造业企业在内的企业税负。然而,一个值得

---

① 其中减税和降费金额分别为 4.7 万元和 2.9 万元。
② 数据来源:国务院政策例行吹风会(2020 年 11 月 12 日)。
③ 数据来源:《2020 年中国财政政策执行情况报告》。
④ 参见财政部《2019 年财政收支情况网上新闻发布会文字实录》。
⑤ 根据《财政部 税务总局关于实施小微企业普惠性税收减免政策的通知》(财税〔2019〕13 号),2019 年 1 月 1 日至 2021 年 12 月 31 日,各省(市)自治区对增值税小规模纳税人可以在 50%的税额幅度内减征资源税、城市维护建设税、房产税、城镇土地使用税、印花税(不含证券交易印花税)、耕地占用税和教育费附加、地方教育附加。

反思的现象是,即便在实施营改增及大规模减税降费后,不少企业的实际税负仍然较重,减税获得感并不十分明显(万广南等,2020[3];张克中等,2020[4];马金华等,2021[5]),企业减税的呼声依然较高。《2018 年全国企业负担评价调查报告》显示,呼吁国家继续出台减税政策的企业占比高达 75%,减税政策诉求位居各项政策诉求之首,《2019 年全国企业负担评价调查报告》对出台减税政策的诉求同样位于各项政策诉求之首。2020 年新冠肺炎疫情暴发后,国家为应对疫情和支持企业复工复产进一步出台了系列税收优惠政策,但《2020 年全国企业负担调查评价报告》显示,仍有 49% 的访谈对象呼吁减轻中小企业和个体工商户的税负。e-works(数字化企业网)在针对 22 个省(市)15 个行业 200 家企业开展的《2022 中国制造企业运营现状》问卷(调研中发现,75.8% 的企业希望加大减税降费力度,在企业各项诉求中排名第二。在国家持续实施大规模减税降费后,相当一部分企业的减税诉求仍旧强烈,在一定意义上表明企业目前感受到的税负压力依然较大。由于制造业处于生产链条中间环节,是实体经济的基础和主体,缓解制造业税负压力成为税费改革的重点[5]。《中华人民共和国国民经济和社会发展第十四个五年规划和 2035 年远景目标纲要》明确提出:"实施制造业降本减负行动……巩固拓展减税降费成果,降低企业生产经营成本,提升制造业根植性和竞争力。"2021 年 12 月 15日召开的国务院常务会议明确提出,实施减税降费政策要向制造业倾斜。2022 年政府工作报告明确提出:"延续实施扶持制造业、小微企业和个体工商户的减税降费政策,并提高减免幅度、扩大适用范围……重点支持制造业,全面解决制造业、科研和技术服务、生态环保、电力燃气、交通运输等行业留抵退税问题。抓紧实施新的更大力度组合式减税降费,完善研发费用加计扣除政策,加大增值税留抵退税力度,促进制造业企业科技创新和更新改造。"然而,有研究指出,目前地方财政收支矛盾较大,中国进一步大规模普惠性减税降费的空间有限(中国财政科学研究院,2020[6];冯俏彬,2022[7])。"十四五"乃至未来更长一段时期内,国际环境不稳定、不确定性明显增强,加快构建新发展格局将使中国制造业转型升级的条件和空间发生变化,对制造业转型升级的方向和路径提出新要求(郭克莎和田潇潇,2021)[8]。在新发展格局背景下,制造业企业税负呈现出诸多不同于以往的新特征①,如何精准施策进一步化解制造业企业税负压力成为亟待研究的新课题。退一步讲,即便大规模减税降费背景下制造业企业税负压力明显缓解,但如何巩固减税降费成效,防止制造业企业税负压力反弹,也必须做到未雨绸缪。概而言之,化解制造业企业税负压力并非应对制造企业减负诉求的权宜之计,而是事关新发展格局构建进程、供给侧结构性改革成效及制造业可持续高质量发展的应有之义。当然,制造业企业税负压力是多主体、多因素综合作用的产物,化解制造业企业税负压力不能"头痛医头,脚痛医脚",必须全面理清制造业企业税负压力的形成机理,坚持系统观念,综合施策,精准发力,方能实现制造业企业税负压力的"标本兼治"。

(二)研究意义

1. 学术价值

一是通过构建制造业企业税负压力的"三主体,六要素"分析框架,拓展了企业税负的理论与实证研究。立足制造业在中国实体经济中的独特地位及税负对制造业发展的重要影响,基于制造业企业减税诉求强烈的现实,抛开税负高低之争,重点关注制造业企业税负压力的形成机理,通过构建制造业企业税负压力的"三主体,六要素"理论分析框架,为现实中制造业企业税负压力的形成及其个体差异提供合理的理论解释,并运用现代计量分析模型对制造业企业税负压力的形成机理进行了系统的实证检验,有利于拓展中国企业税负问题的研究视域,进而丰富了这一领域的文献研究。

二是通过数理推导刻画了营改增对制造业企业税负的影响,深化了对营

---

① 譬如,部分制造业企业的业务更多地由出口转向内销,出口退税力度减小导致这些企业的税收负担较之以前显著增加;科技自立自强使得制造业企业对科技创新的减税诉求更加凸显。

改增减税效果的认知。通过推导营改增前后制造业企业税负变动的数理表达式,全面梳理营改增对制造业企业税负的作用机制,挖掘其中的增税因素和减税因素以及决定整体税负升降的基本条件,为辩证地理解营改增对制造业企业税负的外溢效应提供清晰的逻辑解释。

三是通过分析增值税税负压力的形成机理,为通过深化增值税改革减轻企业税负压力提供了理论依据。立足增值税是制造业第一税种的事实,从多个视角全面揭示作为价外税的增值税缘何构成制造业企业的实际负担,既为理解制造业企业增值税税负压力的成因提供了合理的理论解释,也为通过深化增值税改革减轻企业税负压力提供了理论依据。

2.应用价值

一是为减税降费背景下部分制造业企业"减税难降压"提供新解释。基于"三主体,六要素"分析框架,运用现代计量经济分析方法实证考察制造业企业税负压力的影响因素,尤其注重基于税负承受能力的视角考察制造业企业税负压力的成因,为现实中客观存在的"减税难降压"现象提供新解释。

二是为客观评价减税降费政策实施效果提供新素材。基于面向制造业企业的问卷调查和深度访谈,围绕不同类型制造业企业开展税负压力调查,从微观经济主体的视角刻画了制造业企业税负压力的现状及成因,既可为客观把握中国制造业企业税负现状和评价减税降费政策实施效果提供新素材,也可为精准发掘制造业企业税负压力的化解之道提供新依据。

三是为新发展阶段化解制造业企业税负压力提供新思路。基于加快构建新发展格局和深化供给侧结构性改革的背景研究制造业企业税负压力问题,立足"三主体,六要素"分析框架,将减轻制造业企业税负压力与推进制造业高质量发展进行协同联动,可为新发展阶段实现制造业企业税负压力的"标本兼治"提供新思路。

二、相关文献述评

(一)国内外文献综述

1. 中国(企业)税负高低之争

一个国家或地区的税负高低是一个富有争议的话题,基于不同评价标准得到的结论往往存在较大差异,甚至截然相反。税收是政府筹集收入最基本的手段,税率是影响税收收入和度量税负高低的重要指标,但高税率是否必然带来高税收? 早在20世纪70年代,供给学派代表人物Arthur Betz Laffer就指出,在一定的税率水平之下,政府税收收入会随税率升高而增加,一旦税率越过了临界值,政府税收收入将随税率升高而减少,这就是著名的"拉弗曲线"。尽管"拉弗曲线"的成立有着严格的前提条件,其科学性及对实践的指导性也受到很多质疑,但拉弗曲线的问世引发了众多学者对税负问题广泛而持久的关注。不少学者基于不同国家数据、不同假设条件以及不同实证方法考察了不同税种税率与税收收入的关系,实证结果显示,各国最优税率存在较大差异(Fullerton,1980[9];Heijman & van Ophem,2005[10];Oliveira & Costa,2013[11];Alexandra Ferreira - Lopes et al.,2020[12];Carmel Gomeh & Michel Strawczynski,2020[13])。而且,税负过重不仅通过抑制供给减少税收收入,还可通过加剧税收不遵从导致税收流失,因此,削减税率可以减少逃税动机,进而通过创造拉弗效应增加税收收入(Vlachos & Bitzenis,2016[14];Stefania Ottone et al.,2018[15])。但拉弗曲线主要关注税率与税收收入的关系,事实上,税率除了影响税收收入外,还会影响到经济表现,包括产品市场和要素市场的价格、部门产出及GDP等(Lin & Jia,2019)[16],同时也会引发其他的福利效应。以公司税为例,公司税的税负归宿十分复杂,究竟是投资者还是劳动者承担了公司税在经济学家中存在巨大争议(Serrato.et al.,2016)[17]。Chris Murphy(2016)[18]运用可计算一般均衡(CGE)税收模型从理论上阐明削减公司税对劳动供给、劳动-资本比率、转移利润避税等具有重要影响。Sung Hoon Kang et al.
(2016)[19]的一项实证研究表明,工业财产税减免会对工业地产价值增长具有
显著的正向效应,同时还可对住宅和商业地产价值增长带来外溢效应,但其带
来的财政收益却相当小。尽管国外文献基于拉弗曲线对各国最优税率进行了
有价值的探讨,但对于中国最优税率的研究并不多见。在近年的外文文献中,
Lin & Jia(2019)[16]立足中国情景,基于拉弗曲线的视角,运用可计算一般均
衡(CGE)模型探讨了税率①与政府收入和经济绩效的关系,研究发现,中国拉
弗曲线的最高点约为40%,中国如果要最大化税收收入,直接税税率应当是
35%,而当前中国综合直接税税率不足10%,从技术上说,当直接税税率低于
20%时,提高直接税税率增加税收收入是可行的,对经济产出的影响较小。进
而认为,政府的税收高峰比拉弗曲线的最高点提前了5%—10%,如果一国税
率达到了拉弗曲线最高点,那么减税将会对经济和税收具有积极影响。

中国税负高低一直是个颇具争议的热门话题,学术界自20世纪90年代
起就有相关研究(朱喜安,1998[20];赵新安,1999[21])。特别是2005年中国
首次进入全球税负痛苦指数榜单以来,国内学者对中国税负的关注度迅速升
温,但一直未能达成共识,基于不同口径度量的宏观税负和企业税负客观上也
存在显著差异,出现了所谓的"宏观低税负,企业高税负感"悖论(倪红福等,
2020)[22],进而加剧了学术界对中国税负轻重的争论。2013年11月召开的
十八届三中全会明确提出了"稳定税负",但关于税负高低的争论并未就此止
步。近几年来,学术界的"死亡税率"之争、美国特朗普政府的减税政策及其
可能引发的全球减税浪潮再次激发了社会各界对中国税负的高度关注。学者
李炜光(2016)[23]基于实地调研数据提出了"死亡税率"的说法。但"死亡税
率"之说受到了不少学者的质疑(李万甫,2016[24];杨志勇,2016[25];陈彦斌
和陈惟,2017[26])。黄祖斌(2017)[27]认为,税负过重并非制约实体经济发展

①　文中的税率是指对劳动收入课征的直接税税率。

的根源,减税也不是解决实体经济发展问题的"万能药"。吕冰洋等(2020)[28]的研究发现,2012年以来,不同口径的宏观税负和企业税负呈现下降趋势,2016年不同口径的宏观税负在国际上并不高,均处于中等收入国家水平。魏升民等(2022)[29]的研究认为,从服务构建新发展格局的角度看,中国的最优宏观税负不宜超过17.7%,当前中口径宏观税负与之比较接近,应当保持总体稳定。对于制造业企业税负,艾华和刘同洲(2019)[30]运用853家制造业上市公司样本数据,基于综合税负率的视角分析发现,中国制造业企业税费负担并不高,长期在5%上下浮动。王曙光等(2019)[31]通过对制造业"死亡税率"的测算发现,与最优综合税负整体平均值相比,制造业整体平均税负并未进入"死亡税率"区间,但"死亡税率"的存在性呈现出明显的行业差异。但也有学者认为,"死亡税率"的说法虽有些夸张,但不应该漠视"死亡税率"所引起的社会对税负问题的关注(杨志勇,2016[25];贾康,2016[32])。国家发展和改革委员会产业经济与技术经济研究所(2016)[33]的研究表明,中国的制造业税费成本由2005年的5.22%升至2014年的5.74%。习卫群(2020)[34]基于2013—2017年的相关统计数据分析发现,中国制造业税负高于宏观税负,并且制造业税收贡献偏高,税负状况总体不容乐观。增值税是制造业的第一大税种,刘建民等(2020)[35]的实证研究发现,制造业的增值税税负因其适用的增值税税率居于各行业之首而处于高位,随着制造业增值税率的下调,制造业全行业减税明显,但行业增值税税负不均衡,并且,制造业企业的增值税实际税负率依然较重。《2020年世界纳税报告》显示,2018年中国的总税收和缴费率59.2%,尽管同比下降了4.8个百分点,但仍较世界平均水平高出18.7个百分点①。事实上,早在2016年7月,中央政治局会议就已明确提出"降低宏观税负",并相继推出系列减税降费举措,此后中小口径的宏观税负逐年下降(李普亮和贾卫丽,2019)[36],但包括制造业企业在内的不

---

① 由普华永道和世界银行联合发布。

少企业对减税降费的呼声依然较高,这在一定程度上表明,减税降费背景下企业尤其是制造业企业的税负压力依旧较大。

2. 中国(制造业)企业税负压力的成因

企业税负的影响因素复杂多样。Zhang(2019)[37]基于中国银行业数据的实证的分析发现,银行业的税负相对较重,主要缘于税收基础的设计缺陷、重复课税问题、银行固有脆弱性以及税收制度的滞后。还有文献基于腐败的视角探讨了官员腐败对企业税负的影响。有研究指出,由于中国的制度赋予了地方政府独特的征税权力,地方官员可以通过增加企业额外负担以资助自身的消费或其宠爱的项目(Piotroski et al.,2015)[38]。Chen et al.(2020)[39]基于中国证据考察了政府官员腐败对企业税负的影响,研究发现,腐败的地方官员增加了公司税收负担。尽管中国近年来从中央到地方出台了系列减税降费举措,减税降费力度可谓空前,反腐力度也不断加大,但不少企业的实际税负依然较重,减税获得感不强(张克中 等,2020[4];余新创,2020[40];刘建民等,2020[35])。魏升民等(2019)[41]基于东部某省的问卷调查分析 2016—2018 年企业减税降费的获得感情况,结果显示,仅三分之二的企业具有明显的减税获得感。中国中小企业发展促进中心发布的《2017 年全国企业负担调查评价报告》指出,79%的企业呼吁继续出台减税降费政策,位居当年各项政策诉求之首。并且,中国中小企业发展促进中心后续发布的全国企业负担调查评价报告显示,尽管近年来减税降费力度不断加码,但企业对减税降费的政策诉求在 2018—2021 年持续存在。那么,一个颇为有趣而又令人费解的问题是,缘何减税降费背景下企业税负压力依然高企? 对此,国内已有部分文献从不同角度进行了探讨。丛屹和周怡君(2017)[42]则认为,以流转税为主体的税制存在的"税负刚性"特征是制造业企业税负压力的重要成因。何平(2017)[43]的调研发现,企业税费负担重既有税制结构造成的错觉,也与减税降费政策效果打折有关。向景和魏升民(2017)[44]的研究显示,中小微企业税负感重的成因主要归纳为经济原因、税制原因和费制原因三个层面。庞凤喜和张念明(2017)[45]认为,中国企业税负的形成实质是税制体系偏重收入取向、税收优惠过多过滥与涉税信息治理能力偏弱的必然结果。艾华和刘同洲(2019)[30]从成本费用结构、税负分布以及税负转嫁等角度探寻了近年来制造业企业税费负担压力集中凸显的原因。张克中等(2020)[4]基于上市公司微观数据,从税收征管的角度探究了缘何"减税难降负",实证结果显示,金税三期工程通过压缩企业逃税空间提高了企业实际税负,征税能力提升成为"减税难降负"的重要原因。刘建民等(2020)[35]的研究发现,中国2012—2018年制造业上市公司的实际增值税税负率平均值约为3.2%,增值税对制造业企业的资金占用及利润挤压依然较为严重,是制造业企业"税痛"的主要成因,而近年来增值税的实际税负率并未明显下降与新常态下增值税的征管力度加大密切相关。事实上,税收征管因素对企业税负的影响正受到越来越多学者的关注(范子英和赵仁杰,2020)[46],成为研究企业税负不容忽视的一个重要维度,而税收征管与税收计划和税收任务息息相关(白云霞等,2019[47];田彬彬等,2020[48])。倪红福等(2020)[22]则基于税负不平等的视角为企业税负重感成因提供了新解释,认为强烈的心理对比和落差感使得税负重的企业更容易选择性公开抱怨,从而造成一种税负重的氛围。此外,李文和王佳(2020)[49]、陶东杰和李成(2021)[50]的研究发现,地方财政压力显著推高了企业所得税的有效税率。而吕冰洋等(2020)[28]则认为,中国企业税负重的根本原因在于税制结构不合理,以企业为纳税主体的生产税为主,居民税负偏轻。但也有不少学者研究发现,企业税负重感的主要来源并非税费规模。孙玉栋和梦凡达(2016)[51]运用Probit模型实证考察了小微企业税负感的影响因素,研究发现,税费规模并非影响企业税负感的主要因素,企业税负感与其效益和收入呈反向关系。王曙光等(2019)[31]也指出,中国制造业"死亡税率"的根源在于非税成本。傅娟(2020)[52]同样认为,税费负担并非企业税负重感的真实成因,根本原因在于竞争性企业的利润空间被行政性垄断侵蚀,负担重只是企业在缺乏利润空间时的一种强烈感受,税费负担重成为企业发泄这种感受的唯一借口,因此,推动形成直接税为主的税制结构不能解决企业的真实困境。

近两年来,部分文献开始尝试基于税负粘性的分析框架诠释企业的税负痛感。税负粘性的一个基本特征是,企业业绩上升和下降时对应的税负变动幅度表现出非对称的运动逻辑,即企业业绩下降时税负的减少幅度小于企业业绩上升时税负的上升幅度,业绩下降时引起的更少的税负减少成为企业税负痛感的内在成因(程宏伟和杨义东,2019)[53]。魏志华和卢沛(2022)[54]指出,税负粘性使得企业在经营状况不佳时承担的税负反而更高,成为企业税负痛感的重要来源之一。企业税负粘性的存在性已得到一些实证研究的支持(杜剑等,2020[55];胡洪曙和武锶芪,2020[56]),而且税负粘性在制造业企业同样存在。程宏伟和杨义东(2019)[53]基于 A 股制造业上市公司面板数据的实证分析发现,制造业企业业绩上升时引起的税负增加大于业绩下降时带来的税负减少,并且这种税负粘性受到企业的市场地位、产权性质等因素影响。增值税作为制造业的第一大税种,是否存在税负粘性也引起了一些学者的关注。余新创(2020)[40]基于 A 股制造业上市公司面板数据的实证结果显示,制造业企业的增值税税负具有显著的粘性特征,并且这种粘性是增值税抵扣机制与企业存货波动综合作用的产物。程宏伟和吴晓娟(2020)[57]基于 A 股制造业上市公司面板数据的实证研究同样发现制造业增值税税负存在粘性特征,并且企业议价能力是影响增值税税负粘性的重要因素。增值税税负粘性的成因既缘于企业自身的一些特质因素,同时与某些外部变量的影响也息息相关,包括税务机关的税收稽查(杜剑等,2020)[55]、地方财政收入分权程度、征税努力(胡洪曙和武锶芪,2020)[56]、经济政策不确定性(魏志华和卢沛,2022)[54]等。

3. 中国营改增对制造业的减税效应

营改增是中国 1994 年分税制改革以来十分重要的一项税制改革。自 2012 年 1 月 1 日率先在上海推行营改增试点以来,营改增的减税效应一直是学术界关注的焦点。Fang et al.（2017）[58]基于营改增试点地区试点公司数据，运用DID方法研究发现，"营改增"有利于减轻小规模纳税人总体税负，但对于一般纳税人企业税负的影响并不明显。Chen（2018）[59]基于营改增背景探讨了中国保险行业的税负，认为政策时滞会导致保险行业短期内税负增加，而且可抵扣进项税额不足也会加重保险业税负。尽管减税并非营改增的核心目标，但官方统计数据表明，中国的营改增试点改革取得了明显的减税效果。2018年政府工作报告指出，营改增累计减税超过2万亿元。但学术界的研究结论却存在明显分歧。李远慧和罗颖（2017）[60]、高利芳和张东旭（2019）[61]、杜莉等（2019）[62]、张超和许岑（2020）[63]、高玉强等（2021）[64]的研究均支持营改增的减税效应。然而，另外一些研究却发现，营改增的减税效应存在行业异质性和滞后性（乔俊峰和张春雷，2019[65]；李艳艳等，2020[66]），部分试点行业和企业税负甚至不减反增（潘文轩，2013[67]；杨志安和李宝锋，2017[68]；马悦，2018[69]；徐全红，2019[70]）。还有不少研究发现，营改增的减税效应可能取决于某些特定的条件，包括进项发票的获取情况（白彦锋和陈珊珊，2017）[71]、产业互联和上游行业的增值税税率（范子英和彭飞，2017）[72]以及企业的税负转嫁能力（乔睿蕾和陈良华，2017）[73]。

尽管营改增并不直接作用于制造业，但却因其改变了与制造业关联的上游服务业增值税纳税人身份，打通了增值税抵扣链条，不可避免地会对制造业税负产生一定影响。胡怡建和田志伟（2014）[74]认为，营改增具有"改在服务业，利在工商业"特点。由于营改增后制造业企业购进的生产性服务纳入进项税额抵扣范围，因此，营改增降低了所有制造业企业的税负（范子英和彭飞，2017）[72]。马悦（2018）[69]的实证研究也发现，营改增后，制造业总税负略有下降。时任财政部副部长程丽华在2019年3月27日国务院政策例行吹风会上表示，制造业企业可抵扣进项税随着营改增试点行业的扩大而不断增加，享受了净减税的改革红利。孙正（2020）[75]基于2009—2016年制造业上市公司数据研究发现，服务业营改增显著提升了制造业绩效，其中结构性减税效应成为最主要的传导机制。但也有研究发现,制造业对于营改增的减税获得感并不十分乐观(李普亮和贾卫丽,2019)[33]。李永友和严岑(2018)[76]将制造业企业分为纯制造业企业和混合经营制造业企业,对于混业经营制造业企业而言,营改增带来的减税效果要视企业具体生产经营活动而定①,即便对于纯制造业企业来说,营改增对其税负的影响在很大程度上取决于此类企业与营改增所涉行业的产业关联程度。由此推断,营改增对制造业企业税负的影响客观上存在异质性。

总的来看,国内学者对于营改增的减税效应并未完全达成共识,一方面与其采用的数据和方法存在较大差异有关,另一方面也缘于营改增对企业税负的影响机制十分复杂。与营改增对试点行业企业税负影响的研究相比,营改增对制造业企业税负压力的影响机理有待进一步深化研究。

4. 中国制造业企业税负压力的化解对策

企业税负压力的大小与其对税负的可接受性紧密相关。税负可接受性是纳税人对税负的一种主观感受。国外有研究发现,提供政府支出的信息可以提高公众对税负的可接受性(Beuermann & Santarius,2006[77];Klok et al.,2006[78];Kallbekken & Aasen,2010[79])。但 Lorenzo Abbiati et al.(2014)[80]的一项调查实验否定了上述结论,他们发现,当纳税人有权选择通过税收资助公共产品时,其可接受的税率水平会大幅提高,这一结论为研究税负问题提供了一个新视角,理解企业的税负压力要与财政支出的配置统筹考虑。从政府的角度看,反腐败是减轻企业税负的一个切入点。Chen et al.(2018)[39]认为,由于中央政府的反腐败举措对于减轻企业税负效果明显,因此,应当削减地方权力减少征税领域的腐败。此外,由于不同行业的税负因素不尽一致,还有部分文献基于行业视角探讨了减轻企业税负的相关对策。比如,Chen(2018)[59]和Zhang(2019)[37]分别就如何减轻保险业和银行业税负提出系列

---

① 尤其是制造业企业的抵扣率。

建议,包括统一和改进对新税收政策法规的解释及实际应用、改革进项税额抵扣制度及发票管理、加强企业税收计划和风险管理、增加收入税的税前扣除范围、通过税收激励改善企业资产回报等。

在国内,对于如何减轻制造业企业税收负担,增强企业减税获得感,学术界进行了有益探索。丛屹和周怡君(2017)[42]认为,推动税制从间接税为主向直接税为主转变是化解制造业企业税负压力的治本之策。艾华和刘同洲(2019)[30]提出通过降低要素成本、增强产品议价能力以及用足税收优惠政策三条路径化解制造业企业税负压力。席卫群(2020)[81]提出,降低制造业企业总体税负需进一步完善制造业税收政策,包括深化增值税制度改革,进一步优化并适当降低增值税税率,从税率、税前扣除等方面进一步完善企业所得税政策,同时改革城市维护建设税、印花税、城镇土地使用税等其他税种,与此同时,通过政策组合拳降低企业综合成本、优化纳税服务环境。魏升民等(2019)[41]认为,增强企业获得感并非仅限于向企业直接减税降费,应基于全球竞争视角降低大口径宏观税负,协同推进降成本改革,动态监测企业减税降费获得感的变化。由于增值税负担是制造业企业税负的重要构成,刘建民等(2020)[35]指出,应从法制层面对增值税的税率、纳税主体、进项税额抵扣、税收优惠以及税收征管等进行规范。考虑到税负粘性是引发制造业企业税负痛感的重要原因,降低税负粘性成为降低企业税负压力的内在要求。对此,余新创(2020)[40]提出,进一步降低增值税税率、完善制造业留抵退税制度、加强增值税改革政策落实。程宏伟和吴晓娟(2020)[57]认为,应注重提高企业议价能力。魏志华和卢沛(2022)[54]指出,由于经济政策不确定性加剧了企业税负粘性,因此,政府制定政策时要考虑该政策对企业的异质性影响,同时加大政策宣传力度,助力企业形成稳定的政策预期,而企业亦应当关注并有效应对政策变化带来的机遇和挑战,提升对税负粘性的应对能力。吕冰洋等(2020)[28]基于中国税制结构优化的视角提出,应下移征税环节,让纳税主体更多由企业转向居民。然而,减轻制造业企业税负压力不能"头痛医头"、"就税论税"。彭飞等(2020)[82]指出,减轻企业负担需要同步落实减税政策和加强涉企收费制度建设,同时规避"眉毛胡子一把抓"和"按下葫芦浮起瓢",增强减税降费的针对性,提升企业减负获得感。陈小亮(2018)[83]认为,长期来看,提升减税降费政策效果需要转变政府职能,减轻地方政府的财政支出压力。当然,减轻地方财政压力涉及财政管理体制及税收制度改革等多个层面,李文和王佳(2020)[49]提出,应完善地方税收体系、适当弱化税务机关自由裁量权和提升税收计划的科学性。不过,傅娟(2020)[52]认为,在经济下行压力加大及减税降费空间受限的背景下,减轻企业负担的突破口是打破行政性垄断,而不是减税费和降成本。

(二)已有研究文献基本评价

综观已有研究文献不难发现,学术界围绕企业税负开展的相关研究十分丰富,而且富有洞见,可为深入探究中国制造业企业税负压力的形成机理及化解之道提供有益启示。但整体来看,已有文献在四个方面有待进一步深化相关研究。

1.大规模减税降费背景下部分制造业企业税负压力依然高企的原因有待深入探究

在中国深化供给侧结构性改革的进程中,实体经济尤其是制造业的重要性日益突显,为了支持实体经济发展,近年来从中央到地方出台了系列减税降费举措,减税力度和规模可谓空前,但部分制造业企业的税负压力依然高企,减税获得感与预期仍有一定差距,背后的原因有待进一步探究。退一步讲,即便多数制造业税负压力较之以前明显缓解,但如何防范税负压力反弹亦需要未雨绸缪。

2.营改增对制造业企业税负的影响有待更加全面地刻画

营改增作为分税制改革以来最重要的税制改革之一,对制造业企业税负的效应在学术界尚存在一定争议。尽管从理论层面分析,制造业理应是营改增的纯粹受益者,但不少实证研究发现,营改增对制造业企业的减税效应与预期存在一定差距,部分制造业企业的税负压力在营改增后并未发生明显变化甚至不降反增。这表明,营改增对制造业企业税负的作用机制并不单一,既可以通过某些渠道产生减税效应,也可能通过特定机制带来增税效应,厘清这些效应对于进一步深化财税体制改革具有重要影响。为此,亟待从理论和实证两个层面深度探究营改增对制造业企业税负的外溢效应。从已有文献来看,多数学者侧重研究营改增对试点行业税负的影响,而对于非试点行业尤其是制造业企业税负的关注明显不足。

3. 制造业增值税税负压力的形成机理有待进一步探讨

营改增试点改革全面推行后,增值税在制造业企业税负中的占比进一步提升。从理论上分析,增值税作为价外税,最终由消费者负担,缘何在实践中演化成为制造业企业的实际税负并导致了制造业企业强烈的税负重感?学术界对此尚缺乏系统全面的回答。

4. 新发展格局背景下如何推动制造业企业税负压力标本兼治有待提出新思路

加快构建新发展格局是事关中国发展全局的重大战略任务,化解制造业企业税负压力必须与构建新发展格局以及推动制造业高质量发展有机协同。可以说,新形势下化解制造业企业税负压力不宜"头痛医头,脚痛医脚",必须坚持系统观念,厘清制造业企业税负影响因素间的逻辑关联,进而为通过综合施策化解制造业企业税负压力提供清晰的路径。整体来看,学术界对于新发展格局背景下制造业企业税负压力的化解路径有待进一步深化研究。

三、研究的基本框架和内容

(一)中国制造业及制造业企业税负的演变轨迹及特征:描述性统计分析

本部分对制造业及制造业企业税负的描述主要基于三个维度。一是基于相关年度《中国税务年鉴》分行业税收统计数据,整理计算2004年以来中国制造业的税负水平(制造业税收/制造业增加值)、税收弹性系数(制造业税收增长率/制造业增加值增长率)、税收协调系数(制造业税收占全部税收比重/制造业增加值占GDP比重)等相关指标,从客观维度刻画制造业税负的演变趋势及基本特征,重点观察2012年推行营改增试点改革前后制造业税负的变化,同时进一步比较制造业税负与其他行业税负的差异。二是基于中国制造业上市公司2004年以来相关财务数据,从客观维度刻画制造业企业及不同类型制造业企业税负的演变轨迹及特征。三是基于对制造业企业的系列问卷调查数据,从主观维度刻画制造业企业对税负压力的感知。

（二）中国制造业企业税负压力的形成机理:基于“三主体,六要素”的理论分析架构

考虑到制造业企业税负压力的形成是多重因素综合作用的结果,本部分立足政府(包括中央政府和地方政府)、税务机关、制造业企业三大主体,基于财政支出、税收制度和政策、税收征管、纳税遵从、税负承受能力、税费认知偏差六大要素构建了“三主体,六要素”理论分析框架,系统阐释制造业企业税负压力的形成机理,重点考察税负压力形成背后的制度性根源。但考虑到制造业企业涉及税种数量较多,不同税种税负压力的形成机理不尽相同,本部分还进一步考察分析了不同税种税负压力的形成机理。

（三）制造业企业税负压力的形成机理:基于“三主体,六要素”框架的实证考察

本部分立足前文提出的“三主体,六要素”分析框架,一方面,基于宏观视角,运用现代计量模型实证检验了制造业税负的影响因素,重点着眼于政府和税务机关两大主体,考察分析了财政支出和税收征管对制造业税负的联动影响。另一方面,基于微观视角,运用中国制造业上市公司财务数据及问卷调查

数据,重点着眼于制造业企业本身,系统考察了税负承受力对制造业企业税负的影响。基于宏观和微观视角的实证结果较为全面地揭示了制造业企业税负压力的形成机理。在上述分析的基础上,还进一步考察了营改增对制造业企业税负压力的影响,充分考虑制造业与营改增试点行业的关联性以及不同税种税基的联动性,运用数理分析法推导出营改增前后制造业企业税负变化的数理表达式,据此分析营改增对制造业企业产生的减税效应和增税效应,为营改增后制造业企业税负压力变化的个体差异提供一个合理的理论解释,并基于制造业企业微观调查数据,从减税获得感的视角实证检验了营改增对制造业企业税负压力的影响。

(四)进一步讨论:增值税缘何引致制造业企业税负压力

考虑到增值税是制造业的第一大税种,并且在实践中演化为不少制造业企业税负压力最大的税种,与通常所认为的增值税作为价外税最终由消费者负担的认知并不一致。为了更好地解释理论与现实的差异,本部分构建了一个增值税税负压力的解析框架,系统全面地探讨增值税税负压力的形成机理。研究发现,增值税主要通过加大企业盈利压力和支付压力两个渠道加大企业税负压力,不能因增值税的价外税属性及理论上的可转嫁性而忽视增值税对制造业企业带来的负担。

(五)中国制造业企业税负压力的个案考察:基于制造业企业的深度调研及违规征税事件的分析

在前文理论分析及实证检验的基础上,本部分选取了广东省三家有代表性的制造业企业进行深度调研,进一步挖掘影响制造业企业税负压力的共性因素和个性化因素,深入考察制造业企业对减轻税负压力的政策需求。同时,依托河北景县发生的违规征税典型案例,对制造业企业税负压力的形成机理进行进一步诠释。通过上述案例分析为提出制造业企业税负压力的化解之道提供更有针对性的微观证据。

（六）中国制造业企业税负压力的化解路径：制度设计、政策优化及配套改革

立足国家加快构建新发展格局和深化供给侧结构性改革的宏观背景，结合前文对制造业企业税负压力的理论分析及实证结果，坚持系统观念，基于"三大主体、六大要素"的视角深度探究化解中国制造业企业税负压力的主要路径，提出以加快转变政府职能、明晰各级政府事权和支出责任为根本，以优化税收制度和政策设计为基础，以落实税收优惠政策为抓手，以同步降低非税负担为前提，以提升制造业企业税负承受能力为关键，以推动制造业高质量发展为归宿，实现制造业企业税负压力的"标本兼治"。

四、研究思路和方法

（一）研究的基本思路

本书立足制造业在实体经济中的独特地位，基于构建新发展格局和深化供给侧结构性改革的内在要求，围绕"降成本"这一重要任务，以税负压力为切入点，系统探究中国制造业企业税负压力的形成机理及化解路径，为优化中国财税制度和政策安排、推动制造业高质量发展提供启示和参考。具体来说，首先全面刻画了中国制造业及制造业企业税负演变轨迹及特征。其次，构建一个"三主体，六要素"理论分析框架，从理论层面阐述制造业企业税负压力的形成机理，随后基于宏观和微观两个层面运用现代计量分析方法实证考察了中国制造业及制造业企业税负压力的影响因素。在此基础上，通过选取代表性制造业企业进行深度案例剖析，进一步发掘制造业企业税负压力的现实影响因素。最后立足理论分析和实证结果，就如何化解制造业企业税负压力、推动制造业高质量发展提出针对性政策建议。研究的基本思路如图0-1所示。

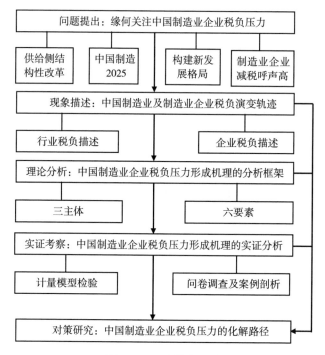

图 0-1 研究基本思路

(二)研究的主要方法

1.比较研究法

客观描述制造业及制造业企业税负的演变轨迹时,一方面通过纵向比较分析制造业税负在不同时期的差异,尤其注重对营改增及减税降费前后制造业与制造业企业税负的比较;另一方面通过横向比较分析制造业税负与其他行业税负的差异,为评价制造业税负提供相关依据。在实证检验制造业及制造业企业税负的影响因素时,注重相关因素对不同类型制造业企业影响的差异性比较。

2.数理推导法

营改增不仅会直接影响制造业企业增值税的税负,还会间接影响城市维护建设税、企业所得税等税种的税负。考虑到制造业企业与上下游企业的关联性,本书通过数理推导构建一个营改增影响制造业税负的分析框架,并基于不同情景分别阐释营改增对制造业企业的减税效应和增税效应。

3.计量模型分析法

基于"三主体,六要素"分析框架实证检验制造业及制造业企业税负压力的影响因素时,基于不同类型数据的特点,综合采用了双向固定效应模型、离散选择模型等多种计量模型,从政府、税务机关、企业等不同主体出发,较为全面地定量刻画了相关因素对制造业企业税负压力的具体影响。

4.问卷调查和案例分析法

本书实证研究的数据来源并不仅限于官方统计数据及第三方数据库,还包括笔者自行组织或联合税务部门开展的问卷调查。其中,2018—2021年四个年度分别调查制造业企业311家、234家、55家和261家。在问卷调查的基础上进一步选取三家代表性制造业企业进行深度案例剖析,深度挖掘发掘问卷调查中未能揭示的影响制造业企业税负压力的因素。此外,本书还围绕媒体披露的河北景县违规征税案例对减税降费背景下制造业企业税负压力依然高企的原因进行了进一步探析。

五、研究的主要创新

(一)构建"三主体,六要素"制造业企业税负压力分析框架

与多数研究囿于中国宏观税负和企业税负不同,本书立足中国制造业企业不同于其他行业企业的独特运行环境和特征,更加关注制造业企业税负压力的形成机理,通过构建"三主体、六要素"的税负压力分析框架,基于系统观发掘制造业企业税负压力高企背后的压力源,为减税降费背景下制造业企业税负压力的存在性及其个体差异性提供了合理解释,较同类文献的研究对象更具针对性,研究视角更加新颖。不仅如此,已有文献大多基于不同数据和方

法考察了制造业企业客观税负的影响因素,但鲜有文献基于制造业企业主观感知的视角分析税负压力的影响因素,笔者通过连续四个年度的问卷调查,获取了制造业企业对税负压力的主观评价信息,并进一步考察了主观税负的影响因素,拓展了已有文献的研究视角。

(二)深度考察了营改增对制造业企业税负的影响及增值税税负压力的形成机理

尽管营改增的减税效应备受学界关注,但与多数文献侧重研究营改增对试点行业税负的影响不同,本书更加关注营改增对非试点行业中的制造业企业税负的外溢效应,依托营改增前后制造业企业税负变动的数理表达式,凝练出制造业企业税负增减的影响因素和基本条件,为客观全面地理解营改增的减税效果提供新启示,同时基于加快构建新发展格局和深化供给侧结构性改革的内在要求,着重加强后营改增时代减轻制造业企业税负压力与推动制造业提质增效的协同联动研究,实现对同类文献研究内容的拓展。而且,增值税作为制造业的第一大税种,理论上虽为价外税并最终由消费者负担,但现实中却成为制造业企业税负重感最为强烈的税种之一,本书进一步系统诠释了制造业企业增值税税负压力的形成机理,为理论与现实的反差提供了合理解释。

(三)实现多种研究方法有机融合

本书综合采用比较研究、数理推导、计量分析、案例研究、深度访谈、问卷调查、系统分析等多种研究方法,数据来源既包括官方统计数据和第三方数据库,也包括笔者的实地调研数据,并基于数据特征选取与之匹配的研究方法,多样化的研究方法和数据来源为更加全面客观地探究制造业企业税负压力的形成机理奠定了良好基础,有利于实现理论分析、实证检验和对策研究的有机融合。

六、研究的数据来源及说明

整体来看,本书在刻画制造业与制造业企业税负水平以及实证检验制造业企业税负压力的形成机理时,样本数据的来源主要包括三个渠道:一是官方统计资料,包括相关年度的《中国统计年鉴》《中国税务年鉴》《中国财政年鉴》以及各省(自治区、直辖市)统计年鉴和统计公报;二是 wind 数据库;三是笔者的问卷调查和访谈。如前所述,为更全面地了解制造业企业税负压力的大小,进一步揭示制造业企业税负压力的来源,深入挖掘制造业企业税负压力的现实影响因素,笔者于 2018—2021 年先后自主或与税务部门联合开展了四次问卷调查,各次问卷调查涉及的样本制造业企业基本特征如表 0-1 所示。

表 0-1　问卷调查涉及的样本制造业企业基本特征

	2018 年 6—7 月(联合调研)	2019 年 9—11 月(自主调研)	2020 年 3—4 月(自主调研)	2021 年 4—5 月(联合调研)
问卷数量	311	234	55	261
调查方式	线上(主)+线下(辅)			
涉及区域	广东 H 市	广东(含广州、深圳、东莞、佛山、珠海、江门、湛江、汕头、云浮、惠州)、山东、北京、甘肃	广东(含广州、深圳、惠州、东莞、汕头、肇庆、河源)、山东	广东 H 市
企业规模	小微型企业(195)、大中型企业(116)	小微型企业(178)、大中型企业(56)	小微型企业(34)、大中型企业(21)	小微型企业(171)、大中型企业(89)①
企业科技含量	高新技术企业(29)、其他企业(282)	高新技术企业(25)、其他企业(209)	高新技术企业(17)、其他企业(38)	高新技术企业(53)、其他企业(207)②

---

① 有 1 份问卷未作答。

② 有 1 份问卷未作答。

续表

	2018 年 6—7 月（联合调研）	2019 年 9—11 月（自主调研）	2020 年 3—4 月（自主调研）	2021 年 4—5 月（联合调研）
增值税纳税人身份	一般纳税人(286)、小规模纳税人(25)	一般纳税人(134)、小规模纳税人(100)	一般纳税人(49)、小规模纳税人(6)	—
企业所处行业	制造业①	传统制造业(156)、先进制造业和高技术制造业(21)、其他(57)	传统制造业(29)、先进制造业和高技术制造业(20)、其他(6)	塑料、橡胶制品业(39)、金属制品业(24)、通信设备、计算机及其他电子设备制造业(22)、家具制造业(15)、木材加工及木竹藤棕草制品业(11)、纺织业、纺织服装、鞋帽制造业(10)、造纸及纸制品业(9)、农副食品加工业(8)、其他行业(123)
企业所有制类型	私营企业(62)、股份公司和有限公司(166)、港澳台和外资企业(40)、其他企业(73)	私营企业(108)、股份公司(28)、港澳台和外资企业(20)、国有和集体企业(5)、其他企业(73)	私营企业(22)、港澳台和外资企业(10)、国有和集体企业(4)、其他企业(19)	私营企业(123)、港澳台和外资企业(88)、国有和集体企业(5)、其他企业(45)

由表 0-1 不难看出，问卷调查涉及的制造业企业具有较强的代表性，兼顾了制造业企业的规模、所有制形式、行业类型以及科技含量。但总体而言，样本制造业企业中，从企业规模看，小型和微型企业占比相对较高；从增值税纳税人身份看，一般纳税人占比相对较高；从企业所有制形式看，民营企业占比相对较高；从企业所处行业看，传统制造业企业占比相对较高。还需说明的是，从样本制造业企业的区域分布看，多数受访企业来自广东省。尽管广东整体属于经济较为发达的省份，但全省经济发展的不平衡特征十分突出，既包括经济发达的珠三角地区，也包括经济相对落后的粤东、粤西及粤北地区。以2020 年为例，珠三角地区的人均地区生产总值高达 115459 元，而粤东、粤西

① 本次问卷调查对制造业企业所处行业没有细分。

和粤北山区的人均地区生产总值分别仅为 43118 元、49202 元和 40428 元①，分别为珠三角人均地区生产总值的 37.3%、42.6% 和 35.0%。问卷调查涉及的受访企业既包括广州、深圳、北京一线城市，也包括佛山、东莞二线城市，同时也包括惠州、江门、汕头、河源、云浮等三四线城市。可见，样本制造业企业的区域分布同样具有较强的代表性。

七、相关概念界定

本书的主要研究对象是制造业企业税负压力。从学界的已有研究看，有关企业税负的文献并不鲜见，但专门研究企业税负压力的文献相对较少。事实上，税负和税负压力既密切相关，但又不尽相同。"压力"可分为物理压力和心理压力，前者是指垂直作用于流体或固体界面单位面积上的力，后者则是压力源和压力反应共同构成的一种认知和行为体验过程[84]。心理压力反映的是个体生理或心理上感受到威胁时所引起的一种紧张不安的状态，这种状态使人在情绪上产生不愉快或痛苦感。企业税负是企业因缴纳税款而引发的一种负担，这种负担既可能是有形的，也可能是无形的。从客观上来看，税款作为企业的一项经济负担，通常会对企业带来一定程度的压力，只不过存在压力大小之分。可以说，税负压力实际上是纳税人因缴纳税款引发的一种不舒适感，这种不舒适感的强度同时取决于纳税人缴纳税款的多少及其对税负的承受能力。也就是说，压力大小不仅与压力本身有关，而且取决于对压力的承受能力。从理论上说，纳税人的税负承受能力是存在个体差异的，每个纳税人的税负承受能力有一个临界点，如果纳税人实际承担的税负超过了自身所能承受的边界，则其感受到的税负压力就相对较大。正因为如此，现实中才会出现不同企业面对相同税制和税负时感受到的压力大小迥然不同的现象。

由于制造业企业感知到的税负压力大小同时取决于企业承担的客观税负

① 数据来源：《广东统计年鉴》(2021)。

及其税负承受能力,因此,本书在考察制造业企业税负压力的形成机理时主要基于两个维度:一是运用客观统计数据刻画制造业企业税负,挖掘制造业企业客观税负的影响因素;二是运用问卷调查和访谈数据刻画制造业企业对税负压力的感知,挖掘制造业企业主观税负的影响因素。

第一章 中国制造业企业税负的演变 轨迹及特征:描述性统计分析

第一节 制造业税负的演变轨迹及特征

一、制造业整体税负的演变轨迹及特征

本书首先基于宏观视角考察 2004 年以来制造业税负的演变轨迹①。宏观层面的制造业税负通常用制造业税收占制造业增加值的比重度量②。图 1-1 显示了 2004—2019 年制造业税负的变化趋势。整体来看,中国制造业税负在年度之间存在一定波动,最低值为 20.79%(2019 年),最高值为 22.79%(2011 年),平均值为 21.72%。具体来看,制造业税负演变轨迹大概可以划分为三个阶段。第一阶段(2004—2008 年):平稳波动。这一时期,制造业税负相对比较平稳,介于 20.79% 和 21.27% 之间,平均值为 21.04%。第二阶段

---

① 之所以将分析的时间起点设定为 2004 年,主要是因为官方自 2004 年才开始披露制造业增加值。

② 其中,制造业税收数据来源于相关年度《中国税务年鉴》,制造业增加值数据来源于 wind 数据库。需要说明的是,《中国税务年鉴》中统计的税收收入仅为税务部门组织的税收收入,包含海关代征的进口货物增值税和进口消费品消费税,但不包含农业五税以及由海关责征收的关税和船舶吨税,同时未扣减出口退税,自 2012 年起,税收收入开始包含契税和耕地占用税。

（2009—2012）：快速上升。这一时期恰好是国际金融危机对中国影响集中显现的时期，制造业税负出现较大幅度攀升，2009—2012 年分别达到 22.25%、22.65%、22.79% 和 22.78%，平均值为 22.62%，较 2004—2008 年平均值高出1.58 个百分点。第三阶段（2013—2019）：波动中回落。2012 年 1 月 1 日起，上海率先实施营改增试点改革，随后试点范围逐步扩大，2016 年 5 月 1 日起全面推行营改增试点改革，尽管制造业本身并非营改增试点改革的直接对象，但由于产业之间的联动性，不可避免地对制造业产生外溢效应。与此同时，2013 年以来，各级政府陆续系列减税降费政策，并且减税降费力度不断加码，尤其是 2018 年以来，制造业增值税税率经过两次下调由原来的 17% 降至13%，这些在整体上推动了制造业税负下降。统计数据显示，2013—2019 年，制造业税负平均值为 21.69%，较 2009—2012 年平均值下降 0.93 个百分点[①]，特别是 2018 和 2019 两个年度的制造业税负持续较大幅度下降，这在很大程度上得益于制造业增值税税率下调、小规模纳税人起征点上调以及小型微利企业所得税优惠加码等。一个值得注意的现象是，尽管 2013 年以来制造业企业税负整体趋降，但这段时期企业的税负重感凸显，减税呼声高涨，学术界的"死亡税率"之争及实业界的"曹德旺事件"将社会各界对企业税负的关注推向了高潮，背后原因将在后文进一步探究。

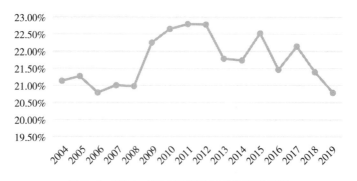

图 1-1　2004—2019 年制造业税负变化趋势

---

① 不过，部分年度的制造业税负出现一定幅度反弹。

考虑到制造业税收中包含了进口货物增值税和进口消费品消费税,而进口环节增值税和消费税主要受到货物进口增长状况的影响,为剔除进口波动对制造业税负的影响,进一步计算了制造业的国内税负①(见图1-2)。由图1-2不难看出,无论是否考虑进口货物增值税和进口消费品消费税,除个别年份外,两种口径的制造业税负基本走势保持了一致性。但在2010年和2011年,大口径制造业税负持续上升,而小口径制造业税负则连续下降②,其中一个可能的原因在于,金融危机爆发后,中国实施了扩大内需战略,2010年和2011年进口货物增速较快,拉动了进口环节增值税和消费税的同步快速增长③,由此导致大口径制造业税负攀升。

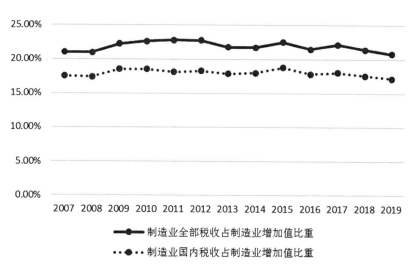

图1-2 不同口径制造业税负变化趋势图

---

① 用制造业国内税收占制造业增加值比值度量。

② 大口径制造业税负即为制造业全部税收占制造业增加值比重,小口径制造业税负即扣除进口货物增值税和进口消费品消费税后的制造业税收占制造业增加值比重。需要注意的是,由于《中国税务年鉴》并未单独报告制造业进口货物增值税和进口消费品消费税,笔者用"其他税收"近似替代。

③ 统计数据显示,2010年和2011年中国制造业进口货物增值税和消费税分别同比增长31.9%和36.3%。

二、制造业主要税种税负的演变趋势及特征

考虑到增值税和企业所得税是制造业的两个主要税种①,接下来进一步考察制造业增值税税负和企业所得税税负的演变轨迹。图1-3显示了2007—2019年国内增值税和企业所得税②占制造业增加值比重的变化趋势。

图1-3　制造业增值税和企业所得税税负变化图

整体来看,制造业国内增值税负担呈现稳中有降态势,特别是在2007—2011年,国内增值税负担由10.72%逐年降至8.39%,累计减少2.33个百分点,这可能在一定程度上得益于2009年增值税的全面转型。毕毅等(2010)[85]基于2004—2007年东北地区的增值税转型试点,利用规模以上制造业企业数据和双重差分模型分析发现,增值税转型政策显著降低了制造业企业的增值税负担。王佩等(2011)[86]以应交增值税与营业收入比值作为制

---

① 以2019年为例,制造业国内增值税为20488.7521亿元,企业所得税为7846.8648亿元,占制造业全部税收的比重分别为37.3%和14.3%。制造业国内消费税为10911.6874亿元,占制造业全部税收的比重为19.9%,国内消费税占比虽然超过企业所得税,但由于消费税的课税范围较窄,国内消费税主要集中于部分特定行业的企业。因此,笔者没有单独分析消费税税负。

② 企业所得税包括了内资企业的企业所得税和外资企业的企业所得税。

造业增值税税负的度量指标,考察了 274 家制造业上市公司 2008—2010 年的增值税税负,通过分析发现,增值税转型明显降低了制造业的增值税税负,并且减税效果随着时间推移更加显著。自 2012 年 1 月 1 日起,营改增试点改革在上海率先推行,随后试点范围逐步扩大,并于 2016 年 5 月 1 日全面推行。事实上,2012 年以来,除营改增试点改革外,国家还陆续出台了包括提高小规模纳税人增值税起征点、降低增值税税率等系列减税举措。从理论上说,制造业是营改增的受益者,主要是由于营改增打通了增值税抵扣链条,制造业外购服务的进项税额纳入抵扣范围,进而有利于降低制造业增值税负担。不过,根据图 1-3 显示的制造业国内增值税税负变化轨迹可以看出,2012 年以来,制造业增值税税负在波动中略有下降,由 2012 年的 8.57% 降至 2016 年的8.14%,仅下降 0.43 个百分点,这也在一定程度上表明,这一期间推行的营改增试点改革及其他增值税减税举措对降低制造业增值税税负虽有一定的积极效应,但效果并不十分明显,随后的 2017 年增值税税负甚至出现较为明显的反弹。2018 年和 2019 年,随着制造业增值税税率的下调,制造业的增值税税负重返下行通道,尤其是 2019 年增值税税负率首次降至 8.0% 以下。从企业所得税税负的变化趋势来看,2009 年以来,制造业的企业所得税税负整体在波动中趋于上升,由 2009 年的 2.26% 上升到 2011 年的 3.18%,随后又在波动中降至 2015 年的 2.87%,但自 2016 年起出现反弹,逐年攀升至 2018 年的3.19%,其中一个可能的原因是,自 2015 年起,金税三期工程在全国推广上线,提升了税务机关的征税能力,压缩了企业的逃税空间。张克中等(2020)[4] 运用 2008—2016 年上市公司数据和双重差分估计方法研究发现,金税三期工程使得企业所得税实际税负整体上升了 4%。2019 年随着小微企业所得税优惠力度加大,制造业的企业所得税负担再次出现下降。对比制造业国内增值税税负和企业所得税税负的变化轨迹不难发现,2007 年以来,两者在多数年份呈现反向变化关系,可能的原因在于,增值税作为一种价外税,与企业所得税税基存在千丝万缕的联系,比如,制造业企业的增值税税负下降会导致税前扣除的城市维护建设税、教育费附加等附加税费减少,进而会通过增加企业所得税税基提高企业所得税税负,从而在一定程度上对冲了营改增及增值税减税举措对制造业企业的减税效应。

三、制造业税负的横向比较

为更加全面地刻画制造业的税负特征,笔者同时计算了其他主要行业的税负水平,并将其与制造业税负水平进行了横向比较,结果如表1-1所示。在表1-1涉及的17个行业中,从2010—2019年的平均税负水平看,制造业税负排名第八,处于中等水平,较税负最高的房地产业低了15.62个百分点。

表1-1　制造业与其他行业税负的比较　　　　单位:%

	2010	2011	2012	2013	2014	2015	2016	2017	2018	2019	平均
农林牧渔业	0.20	0.18	0.24	0.29	0.35	0.30	0.38	0.28	0.26	—	0.27
制造业	22.65	22.79	22.78	21.78	21.73	22.52	21.46	22.14	21.39	20.79	22.00
采矿业	23.12	24.82	27.62	24.86	23.99	20.07	15.69	23.00	25.20	—	23.15
电力、燃气及水的生产和供应业	22.07	22.16	23.05	25.45	27.49	26.69	25.03	19.00	17.14		23.12
建筑业	13.94	14.77	16.25	17.02	17.20	17.47	16.77	13.27	13.67	13.37	15.37
批发和零售业	27.60	28.49	25.87	28.19	26.19	24.71	24.33	26.09	26.75	23.92	26.21
住宿和餐饮业	8.49	9.35	9.19	8.23	7.29	6.51	4.86	3.86	3.81	3.11	6.47
交通运输、仓储和邮政业	9.39	9.89	9.51	9.18	8.86	8.39	8.36	8.30	8.82	—	8.97
金融业	24.18	25.82	29.18	28.67	30.44	32.78	29.79	26.29	25.08	26.03	27.83
房地产业	29.39	31.19	40.17	44.03	43.63	38.70	37.53	36.57	37.87	37.17	37.62
租赁和商务服务业	26.73	30.32	30.23	29.53	30.60	32.29	31.29	30.07	27.97	24.33	29.34
信息传输、软件和信息技术服务业	12.65	13.47	15.02	14.30	13.75	13.09	12.97	13.11	12.06	—	13.38
居民服务和其他服务业	26.72	23.21	27.03	28.67	27.16	26.62	24.26	17.24	15.35	—	24.03

续表

	2010	2011	2012	2013	2014	2015	2016	2017	2018	2019	平均
教育	1.32	1.21	1.00	1.07	1.20	1.26	1.42	1.64	1.67	—	1.31
卫生、社会保障和社会福利业	1.68	1.62	1.36	1.31	1.57	1.75	1.94	2.39	2.58	—	1.80
文化、体育和娱乐业	9.78	10.07	10.07	9.61	9.30	8.16	8.71	8.15	8.63	—	9.16
公共管理和社会组织	5.13	7.37	9.83	9.78	10.18	8.85	10.19	8.48	7.16	—	8.55

注:各行业税负根据 wind 数据库提供的行业增加值和税收数据计算得到。

除直接用制造业税收占制造业增加值比重这一指标度量制造业税负外,制造业税收协调系数也可在一定程度上反映制造业税负水平,可用制造业税收比重和制造业增加值比重的比值进行刻画。具体来看,如果制造业税收协调系数大于1,则意味着制造业税收贡献较大,间接表明制造业税负偏高,如果小于1,表明制造业税收贡献偏小,间接表明制造业税负较低。表 1-2 显示了 2010—2019 年各个行业的税收协调系数。其中,制造业税收协调系数均大于1,最高值为 1.21(2010 年),最低值为 1.08(2013 年),意味着制造业的税收贡献整体大于其经济贡献,也意味着制造业税负相对偏高。从变化趋势看,制造业税收协调系数在 2010—2014 年稳中趋降,由 2010 年的 1.21 降至 2014 年的 1.08,表明制造业税收贡献在这一时期有所降低,与制造业税负下降的态势相吻合,制造业税收贡献与其经济贡献的协调性趋于改观,但自 2015 年起,制造业税收协调系数整体有所反弹,由 2015 年的 1.14 波动中攀升至 2019 年的 1.19,表明制造业税收贡献与其经济贡献的协调性有所弱化。尽管整体来看制造业税收贡献较大,但与其他 16 个行业相比,2010—2019 年制造业税收协调系数平均值位居第八,处于中等水平,低于房地产业、租赁和商务服务业、金融业及批发和零售业等。

表 1-2 税收协调系数的行业比较

	2010	2011	2012	2013	2014	2015	2016	2017	2018	2019	平均
农林牧渔业	0.01	0.01	0.01	0.01	0.02	0.02	0.02	0.01	0.01	—	0.01
制造业	1.21	1.16	1.11	1.08	1.08	1.14	1.14	1.18	1.16	1.19	1.14
采矿业	1.23	1.27	1.34	1.23	1.19	1.02	0.83	1.23	1.36	—	1.17
电力、燃气及水的生产和供应业	1.18	1.13	1.12	1.26	1.37	1.35	1.33	1.02	0.93	—	1.19
建筑业	0.74	0.75	0.79	0.84	0.85	0.88	0.89	0.71	0.74	0.77	0.80
批发和零售业	1.47	1.45	1.26	1.39	1.30	1.25	1.29	1.39	1.45	1.37	1.36
住宿和餐饮业	0.45	0.48	0.45	0.41	0.36	0.33	0.26	0.21	0.21	0.18	0.33
交通运输、仓储和邮政业	0.50	0.50	0.46	0.45	0.44	0.43	0.44	0.44	0.48	—	0.46
金融业	1.29	1.32	1.42	1.42	1.51	1.66	1.58	1.40	1.36	1.49	1.44
房地产业	1.56	1.59	1.95	2.18	2.17	1.96	1.99	1.95	2.05	2.13	1.95
租赁和商务服务业	1.42	1.55	1.47	1.46	1.52	1.64	1.66	1.61	1.51	1.39	1.52
信息传输、软件和信息技术服务业	0.67	0.69	0.73	0.71	0.68	0.66	0.69	0.70	0.65	—	0.69
居民服务和其他服务业	1.42	1.18	1.31	1.42	1.35	1.35	1.29	0.92	0.83	—	1.23
教育	0.07	0.06	0.05	0.05	0.06	0.06	0.08	0.09	0.09	—	0.07
卫生、社会保障和社会福利业	0.09	0.08	0.07	0.06	0.08	0.09	0.10	0.13	0.14	—	0.09
文化、体育和娱乐业	0.52	0.51	0.49	0.47	0.46	0.41	0.46	0.44	0.47	—	0.47
公共管理和社会组织	0.27	0.38	0.48	0.48	0.51	0.45	0.54	0.45	0.39	—	0.44

注:表中数据根据 wind 数据库行业增加值及税收数据计算得到。

第二节 制造业企业税负的演变轨迹及特征: 以制造业上市公司为例

尽管制造业的核心构成是制造业企业,但前文基于宏观视角描述的制造业税负并不完全等价于制造业企业税负。主要是因为制造业整体税负的分析忽略了制造业内部企业税负的个体差异。实际上,制造业整体税负下降并不必然意味着制造业内部每家企业的税负同步下降,制造业整体税负上升也并不必然表明制造业所有企业的税负同时上升,即便面对相同的税收制度和政策,处于制造业不同行业和不同环节、具有不同个体特征制造业企业的税负极有可能有所不同,正因为如此,现实中才会出现减税降费背景下制造业企业减税获得感存在显著差异的事实。为此,基于制造业企业这一微观视角进一步刻画企业税负水平及变化特征。由于数据资料限制,仅选取中国制造业上市公司作为研究对象,运用不同的税负度量方式分析制造业企业税负的演变轨迹。

一、制造业企业整体税负的变化趋势及特征

企业税负的度量比较复杂,涉及对会计科目和各税种规范与内涵的准确理解以及数据的正确处理应用(丛屹,周怡君,2017)[42]。学界在相关研究中对企业税负的度量方法并不统一,计算结果也呈现出一定的差异性。在考量制造业企业的税负时,一种观点认为,增值税作为价外税可以进行转嫁,并不构成企业的负担,因而不少学者仅选取企业所得税这一税种计算企业实际税负(吴联生,2009[87];陈春华等,2019[88];孔墨奇等,2020[89])。然而,不论价内税还是价外税,都是对企业资金的一种占有,均可通过不同机制影响企业的实际负担。因此,税负表达式中分子应当考虑企业缴纳的所有税款,包括增值税、企业所得税、税金及附加等。企业现金流量表中"支付的各项税费"能够较好地涵盖企业当期发生的税费支出,可以作为企业支付税款总额的度量指标,但考虑到部分企业在实践中还会收到一定数量的税费返还,因此,企业实际支付税费应为现金流量表中"支付的各项税费"与"收到的税费返还"之差额,这也是学界比较常用的处理方法(刘骏和刘峰,2014[90];丛屹和周怡君,2017[42];何辉等,2019[91])。对于税负表达式中分母的选择,学界主要有三

种处理方式:一是用营业(总)收入度量(庞凤喜和张会明,2017)[45];二是用企业利润度量(丛屹和周怡君,2017)[42];三是用企业增加值度量(吕冰洋,2020[28];李琼,2020[92])。客观而言,采用上述三个指标度量企业税负各有千秋,为更加全面地刻画制造业企业的税负水平,在借鉴已有研究成果基础上,尝试采取不同指标对制造业企业税负进行度量,但由于数据可得性限制,制造业企业增加值计算比较困难,因此,分析过程中主要选择了营业总收入和利润总额两个指标作为税负的分母计算制造业企业整体税负。

图 1-4 分别用"支付的税费/营业总收入"①和"(支付的税费-收到的税费返还)/营业总收入"②两个指标刻画了 2004—2020 年中国制造业上市公司整体税负的变化轨迹。

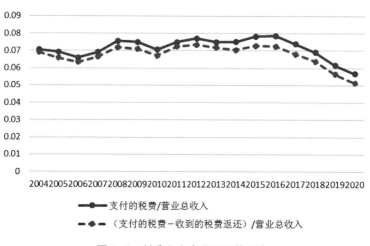

图 1-4 制造业上市公司总体税负

根据图 1-4 不难发现,无论是否考虑制造业企业收到的税费返还,两种

---

① 考虑到异常值影响,笔者在统计分析中剔除了 ST 和 *ST 公司以及支付的税费小于 0 和税负大于 100% 的公司。

② 扣除收到的税费返还后,部分制造业上市公司实际支付的税费变为负数,由此导致计算出的公司税负小于 0。考虑到异常值影响,笔者在统计分析中剔除了 ST 和 *ST 公司以及税负小于等于 0 和大于 100% 的公司。

口径度量的企业税负变化趋势十分接近。以"(支付的税费-收到的税费返还)/营业总收入"为例,制造业上市公司税负呈现出一定的波动性,在2004—2016年间,基本每间隔两年税负变化趋势就会出现反转,但整体来看,税负在波动中趋升,由2004年的6.9%上升至2016年的7.3%。自2017年起,得益于大规模减税降费政策的实施,制造业上市公司税负出现明显下行,逐年由2017年的6.8%降至2020年的5.1%。整体来看,2008—2016年是制造业上市公司税负较高的时期,以"支付的税费/营业总收入"和"(支付的税费-收到的税费返还)/营业总收入"两个口径度量的企业税负均值分别为7.6%和7.2%。

丛屹和周怡君(2017)[42]认为,企业税负与企业资本利得的比较是企业"税负重感"的来源,为此,在其研究中引入了"利润税负"的概念,用企业实际缴纳的税费与企业利润的比重进行度量。借鉴丛屹和周怡君(2017)[42]对企业税负的度量方法,笔者计算了2004—2020年制造业上市公司的利润税负。图1-5分别用"支付的税费/利润总额"①和"(支付的税费-收到的税费返还)/利润总额"②两个指标刻画了2004—2020年制造业上市公司利润税负的变化趋势。

不论是否考虑制造业上市公司收到的税费返还,两种口径度量的利润税负变化趋势十分接近。以"(支付的税费-收到的税费返还)/利润总额"为例,制造业上市公司的利润税负在2004—2010年间波动中整体趋降,具体由2004年的106.8%降至2010年的64.6%,但自2011年起,制造业上市公司的利润税负整体趋升,具体由2011年的70.7%升至2016年的81.0%,2011—2016年的利润税负平均值达到80.8%,随后三年又开始明显下降,2020年利

---

① 考虑到异常值影响,本书在统计分析中剔除了ST和*ST公司以及支付的税费小于0、利润总额为负数以及利润税负大于10的公司。

② 扣除收到的税费返还后,部分制造业上市公司实际支付的税费变为负数,导致计算出的公司利润税负小于0。考虑到异常值影响,本书在统计分析中剔除了ST和*ST公司以及利润税负小于等于0或大于10的公司。

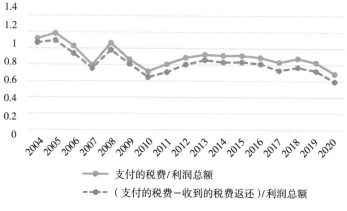

图 1-5　制造业上市公司利润税负

润税负降至 59.3%。如果将样本选择条件设定更为严格一些,进一步剔除利润税负大于 100%的样本,可以发现,制造业上市公司利润税负的变化趋势仍然保持了一致性(见图 1-6)。具体来看,利润税负在 2004—2010 年波动中趋降,以"(支付的税费-收到的税费返还)/利润总额"度量的利润税负由 2004年的 52.2%降至 2010 年的 43.2%,但自 2011 年前开始波动中趋升,2016 年升至 46.6%,随后又呈现逐年下降态势,2020 年降至 36.9%。

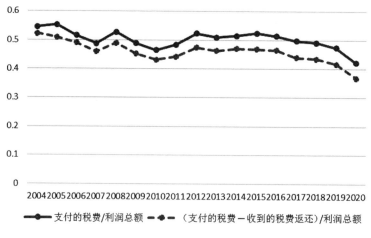

图 1-6　制造业上市公司利润税负

基于不同税负指标的分析发现,制造业上市公司税负表现出一定的阶段性特征。其中,一个比较明显的现象是:2011—2016 年是制造业上市公司总体税负比较凸显的时期。图 1-4 中,以(支付的税费-收到的税费返还)/营业总收入度量的税负连续 6 个年度保持在 7.0%以上,税负平均值为 7.2%,较2004—2010 年的平均值 6.8%高出 0.4 个百分点。图 1-5 中,以(支付的税费-收到的税费返还)/利润总额度量的税负在 2011 年改变了波动中下降的趋势,出现反弹并连续 6 个年度持续高位运行。自 2017 年起,无论用哪个指标度量企业税负,制造业上市公司的总体税负均呈现明显下降态势,在一定程度上彰显了减税降费的效果。上述数据与同期企业税负重感强烈的现实相吻合。中国中小企业发展促进中心发布的《2015 年全国企业负担调查评价报告》显示,受访的 4120 家企业中①,反映"税费负担重"的企业占比达到 52%,高达 80%的企业诉求出台税收减免政策。《2016 年全国企业负担调查评价报告》显示,受访的 5471 家企业中②,70%以上的企业呼吁出台结构性减税政策。2017—2019 年发布的全国企业负担调查报告表明③,受访企业的税负重感有所缓解。以 2019 年发布的全国企业负担调查报告为例,调查数据显示,对税收负担表示"重"和"非常重"的企业合计占比为 27%,较企业对整体负担的感受相对乐观④,认为税收负担较上年减轻的企业占比达到 45%。但需要注意的是,尽管近些年来企业的税负重感有所减轻,但企业对减税的政策需求依然强烈。2017 和 2018 年发布的全国企业负担调查报告显示,呼吁继续出台减税政策的企业占比分别高达 79%和 75%,减税政策位居企业最希望国家出台的政策之首。

---

① 其中,第二产业企业占比高达 86.1%。
② 其中,制造业企业占比 79.1%。
③ 2017—2019 年受访企业分别为 5714 家、5768 家和 6188 家,其中制造业企业占比分别为73.2%、76.2%,和 77%。
④ 受访企业中,认为总体负担"重"和"非常重"的企业占比合计为 45%,认为总体负担较上年减轻的企业占比为 26%。

二、不同类型制造业企业的税负差异分析

由于制造业企业的类型复杂多样,不同类型制造业企业的税负通常存在个体差异,为此,笔者从所有制性质和企业规模两个维度进一步分析了不同制造业企业的税负变化轨迹。

1. 所有制维度的制造业企业税负差异分析

根据 wind 数据库披露的上市公司属性,将制造业上市公司划分为中央国有企业、地方国有企业、民营企业、外资企业和其他企业五大类型①,进而计算出各类制造业上市公司的总体税负。由表 1-3 不难看出,不同所有制公司的税负存在较大差异,平均来看,外资企业的税负最高(7.86%),其次为地方国有企业(7.07%)、民营企业(6.94%)和其他企业(6.57%),相比之下,中央国有企业税负最低,平均值仅为 5.17%。

表 1-3　不同所有制类型制造业上市公司总体税负　　单位:%

	中央国有企业	地方国有企业	民营企业	外资企业	其他企业
2004	5.66	7.40	7.18	8.96	6.73
2005	5.24	7.06	6.71	10.47	6.43
2006	4.82	7.11	6.28	9.75	6.59
2007	5.27	7.20	6.79	8.43	6.35
2008	5.41	7.77	7.37	7.38	7.54
2009	5.09	7.43	7.49	7.44	6.62
2010	5.09	6.92	7.04	6.65	6.57
2011	5.15	7.78	7.48	7.87	6.94
2012	5.46	7.43	7.58	8.10	7.23
2013	5.23	7.26	7.39	8.41	7.11
2014	5.31	6.95	7.30	7.49	7.05
2015	5.40	7.44	7.53	7.76	6.92

---

① 本书将集体企业、公众企业和其他企业一并归入其他企业。

续表

	中央国有企业	地方国有企业	民营企业	外资企业	其他企业
2016	5.52	7.01	7.54	7.97	6.81
2017	5.45	7.04	6.93	7.21	6.53
2018	5.16	6.69	6.48	7.34	5.79
2019	4.53	6.31	5.63	6.64	5.38
2020	4.11	5.31	5.20	5.68	5.12
平均	5.17	7.07	6.94	7.86	6.57

注:表中制造业上市公司税负用"(支付的税费-收到的税费返还)/营业总收入"度量,剔除了 ST 和 *ST 公司以及税负小于等于 0 或大于 100%的公司。

表1-4 进一步显示了不同所有制类型的制造业上市公司利润税负。

表1-4 不同所有制类型制造业上市公司利润税负

	中央国有企业	地方国有企业	民营企业	外资企业	其他企业
2004	0.99	1.15	1.06	0.92	1.07
2005	1.18	1.23	1.02	1.02	0.79
2006	0.96	1.24	0.76	1.40	0.71
2007	0.86	1.07	0.59	0.59	0.70
2008	1.14	1.61	0.77	0.90	0.77
2009	1.11	1.27	0.63	0.60	0.57
2010	0.87	0.94	0.51	0.49	0.57
2011	0.96	1.08	0.58	0.58	0.61
2012	0.94	1.31	0.69	0.64	0.75
2013	1.12	1.43	0.72	0.68	0.79
2014	1.05	1.33	0.71	0.74	0.86
2015	1.04	1.39	0.71	0.81	0.83
2016	1.19	1.29	0.68	0.77	0.77
2017	1.03	1.10	0.62	0.69	0.72
2018	1.03	1.05	0.68	0.66	0.78
2019	0.85	1.00	0.64	0.77	0.71

续表

	中央国有企业	地方国有企业	民营企业	外资企业	其他企业
2020	0.79	0.88	0.51	0.56	0.60
平均	1.01	1.20	0.70	0.75	0.74

注:表中制造业上市公司税负用"(支付的税费-收到的税费返还)/利润总额"度量,剔除了 ST 和 * ST 公司、利润小于 0 以及利润税负小于等于 0 或大于 10 的公司。

平均来看,国有企业的利润税负高于外资企业和民营企业,这与前文以"(支付的税费-收到的税费返还)/营业总收入"度量的企业税负表现有所不同。在进一步剔除利润税负大于 100% 的样本后,不同所有制制造业上市公司的利润税负变化轨迹保持了较强的一致性(见表 1-5),民营企业和外资企业的利润税负明显低于国有企业。

表 1-5 不同所有制类型制造业上市公司利润税负

	中央国有企业	地方国有企业	民营企业	外资企业	其他企业
2004	0.48	0.56	0.51	0.56	0.52
2005	0.49	0.58	0.48	0.56	0.51
2006	0.53	0.55	0.44	0.47	0.55
2007	0.50	0.53	0.43	0.46	0.43
2008	0.49	0.53	0.48	0.44	0.51
2009	0.48	0.56	0.43	0.40	0.43
2010	0.51	0.51	0.40	0.36	0.40
2011	0.49	0.49	0.43	0.41	0.42
2012	0.49	0.52	0.47	0.47	0.47
2013	0.48	0.52	0.45	0.47	0.49
2014	0.51	0.51	0.46	0.41	0.49
2015	0.49	0.47	0.47	0.45	0.46
2016	0.49	0.54	0.45	0.47	0.47
2017	0.48	0.50	0.43	0.42	0.43
2018	0.44	0.52	0.42	0.40	0.40

续表

	中央国有企业	地方国有企业	民营企业	外资企业	其他企业
2019	0.45	0.51	0.40	0.40	0.37
2020	0.44	0.45	0.35	0.35	0.39
平均	0.48	0.52	0.44	0.44	0.46

注:表中制造业上市公司税负用"(支付的税费-收到的税费返还)/利润总额"度量,剔除了 ST 和 * ST 公司、利润小于 0 以及利润税负小于等于 0 或大于 100% 的公司。

出现上述现象的一个可能的原因在于,外资企业和民营企业的盈利能力整体高于国有企业。表 1-6 数据显示,2004—2019 年,如果以"息税前利润/营业总收入"作为企业盈利能力的度量指标,则民营企业的盈利能力最强,其次是外资企业,国有企业盈利能力最低,相对较强的盈利能力在一定程度上降低了外资企业和民营企业利润税负。

表 1-6 不同所有制类型制造业上市公司盈利能力 　　　单位:%

	中央国有企业	地方国有企业	民营企业	外资企业	其他企业
2004	10.21	10.89	13.01	12.94	12.17
2005	9.55	9.10	12.18	12.78	13.08
2006	9.81	9.77	13.25	14.33	12.75
2007	11.46	12.62	16.63	14.78	15.48
2008	10.31	10.69	15.57	13.12	15.63
2009	9.89	12.72	17.86	15.55	16.29
2010	9.56	12.43	17.54	15.63	17.13
2011	10.20	11.99	16.80	17.32	15.83
2012	10.32	11.33	15.48	15.44	13.97
2013	9.12	11.34	15.32	15.06	14.70
2014	9.48	10.78	15.29	15.55	14.14
2015	9.58	11.67	15.74	15.18	13.30
2016	9.62	10.70	16.18	15.70	14.31
2017	10.17	11.20	15.40	15.18	13.51

续表

	中央国有企业	地方国有企业	民营企业	外资企业	其他企业
2018	10.07	10.80	14.72	15.53	13.26
2019	9.14	9.88	14.17	14.72	13.12
平均	9.91	11.12	15.32	14.93	14.29

注:表中制造业上市公司盈利能力用"息税前利润/营业总收入"度量,剔除了 ST 和 *ST 公司以及息税前利润/营业总收入小于 0 和大于 1 的公司。

2.规模维度的制造业企业税负差异分析

考虑到不同规模的制造业企业税负客观上可能存在一定差异,笔者进一步刻画了2004—2020 年制造业上市公司中大型企业与中小型企业①的税负水平及演变轨迹。由表 1-7 不难看出,两类制造业上市公司的税负变化趋势总体上较为接近,但具体的税负水平呈现出阶段性差异。2007 年之前,中小制造业上市公司的税负整体低于大型制造业上市公司,但自 2008 年起开始出现反超,并且一直得以持续。平均来看,2004—2020 年间,中小制造业上市公司的平均税负高于大型制造业上市公司 0.43 个百分点。

表 1-7 不同规模制造业上市公司税负 单位:%

年份	大型企业	中小型企业
2004	7.10	5.77
2005	6.73	5.58
2006	6.47	5.59
2007	6.72	6.29
2008	7.02	7.98
2009	6.99	7.55
2010	6.54	7.40
2011	6.95	8.01

① 由于制造业上市公司中小型企业和微型企业数量较少,本书将中型企业、小型企业和微型企业进行了归并处理。

续表

年份	大型企业	中小型企业
2012	7.18	7.78
2013	6.92	7.85
2014	6.79	7.70
2015	7.08	7.88
2016	6.91	8.06
2017	6.50	7.46
2018	6.10	7.03
2019	5.49	5.95
2020	4.90	5.73
平均	6.61	7.04

注:表中制造业上市公司税负用"(支付的税费-收到的税费返还)/营业总收入"度量,剔除了 ST 和 * ST 公司、利润小于 0 以及利润税负小于等于 0 或大于 100% 的公司。

接下来进一步考察不同规模制造业上市公司利润税负的差异。由表 1-8 可以看出,大型制造业上市公司的平均利润税负为 0.47,而中小型制造业上市公司的平均利润税负为 0.42,表明税费负担对大型制造业利润的挤压程度相对更高,一个可能的原因是,中小制造业上市公司的盈利能力整体高于大型制造业企业。具体来看,2004—2019 年,中小制造业上市公司的资产报酬率(ROA)、成本费用利润率及息税前利润率分别为 11.9%、19.0% 和 17.5%,而大型制造业上市公司同期的相应数值分别为 10.1%、12.6% 和 13.1%,并且上述差异均通过了 t 检验。

表 1-8 不同规模制造业上市公司利润税负

年份	大型企业	中小型企业
2004	0.53	0.50
2005	0.52	0.46
2006	0.50	0.44

续表

年份	大型企业	中小型企业
2007	0.47	0.40
2008	0.50	0.46
2009	0.46	0.41
2010	0.44	0.39
2011	0.45	0.41
2012	0.49	0.43
2013	0.48	0.43
2014	0.49	0.43
2015	0.48	0.45
2016	0.47	0.45
2017	0.45	0.41
2018	0.45	0.40
2019	0.44	0.37
2020	0.39	0.32
平均	0.47	0.42

注:表中制造业上市公司税负用"(支付的税费-收到的税费返还)/利润总额"度量,剔除了 ST 和 * ST 公司、利润小于 0 以及利润税负小于等于 0 或大于 100% 的公司。

三、制造业企业主要税种税负的变化趋势及特征

为了厘清制造业企业的税负构成,进一步基于制造业上市公司数据刻画了增值税、企业所得税及其他税负的变化轨迹。其中,增值税税负用"实际缴纳的增值税/营业总收入"表示,企业所得税税负用"所得税费用/利润总额"表示,其他税负用"税金及附加/营业总收入"表示。由于无法直接得到制造业上市公司实际缴纳的增值税,借鉴范子英和彭飞(2017)[72]、吕冰洋等(2020)[28]及张超和徐岑(2020)[62]的做法,利用上市公司财务报表附注中的教育费附加及其适用的征收比例、消费税和营业税相关数据倒推出制造业企

业实际缴纳的增值税。需要说明的是,由于 wind 数据库并未将各上市公司的教育费附加、地方教育附加、营业税分别列示,分析过程中按照以下公式倒推出制造业企业实际缴纳的增值税:实际缴纳增值税额 = 教育费附加/(3% + 2%) - 消费税。基于数据可得性限制,仅计算出 2013—2020 年制造业上市公司的增值税税负(见图 1-7)。不难发现,2013—2016 年,制造业上市公司增值税税负率稳中趋升,2016 年达到 4.05%,之后随着营改增试点改革的全面推行及增值税系列减税举措的实施,增值税税负率趋于下降,2020 年降至 2.74%。

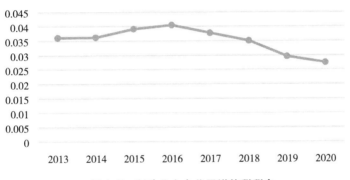

图 1-7　制造业上市公司增值税税负

由于中国自 2008 年起开始实施新的企业所得税法,实现了内外资企业所得税的统一,因此,笔者绘制了 2008—2020 年制造业上市公司企业所得税税负的演变轨迹①(见图 1-8)。由图 1-8 可以看出,2008 年以来,企业所得税税负整体呈现出一定的波动性,分阶段来看,2008—2010 年,企业所得税税负相对平稳,维持在 16.5% 左右,自 2011 年起开始攀升,由 2011 年的 17.3% 波动中升至 2016 年 17.8%,2017 年后逐渐步入下行通道,2020 年降至 15.6%。其中,2011—2016 年是制造业上市公司企业所得税税负比较凸显的时期,平均水平达到 17.6%。

---

①　考虑到异常值影响本书剔除了 ST 和 * ST 公司、利润总额为负、企业所得税税负小于等于 0 或大于等于 1 的公司。

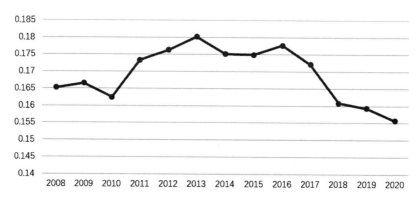

图 1-8　制造业上市公司企业所得税税负

除增值税和企业所得税外,制造业企业还同时承担了其他多个税种的税负,此处笔者还选取"税金及附加/营业总收入"这一指标刻画制造业企业的其他税负。图 1-9 显示了 2004—2020 年制造业上市公司其他税负的变化轨迹。整体来看,制造业上市公司的其他税负并不算高。具体来看,2004—2015年,制造业上市公司的其他税负整体呈现出"先降后升"的态势,由 2004 年的0.97%波动中降至 2010 年的 0.80%,随后开始反弹,并在波动中升至 2015 年的 0.92%,与同期制造业上市公司整体税负、增值税税负和企业所得税税负的变化趋势基本一致。但自 2016 年起,制造业上市公司的税金及附加与营业总收入的比值明显攀升,其中 2016—2018 年分别达到 1.19%、1.20% 和1.23%,这与同期制造业上市公司整体税负、增值税税负和企业所得税税负的变化趋势并不一致,主要原因在于:2016 年营改增试点改革全面推行后,财政部发布了财会〔2016〕22 号文件,税金及附加的核算范围扩大至印花税、房产税、城镇土地使用税和车船税,而在此之前,上述四个税种是在"管理费用"科目中体现。值得注意的是,自 2019 年以来,随着减税降费力度的加大,税金及附加占营业总收入比重的变化趋势开始与同期制造业上市公司整体税负、增值税税负和企业所得税税负趋于一致,表明近年来的减税降费政策同样减轻了制造业上市公司的其他税负。

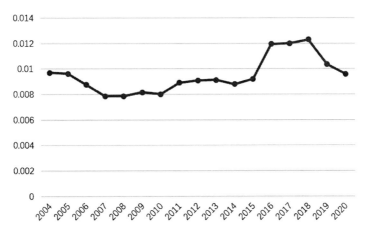

图 1-9　制造业上市公司的其他税负

第三节　制造业企业税负压力现状:基于百家
制造业企业的问卷调查

　　如前所述,近些年来随着减税降费的持续推进,制造业企业税负整体明显趋降,但仍有部分制造业企业感受到的税负压力较大。由北京大学光华管理学院牵头组成的"中国企业创新创业调查联盟"发布的《中国中小微企业创新创业的新特点暨 2021 年中国企业创新创业调查报告》披露,呼吁减税的企业占比 38.9%,减税仍是企业家最核心的需求。为进一步了解制造业企业税负压力水平及其变化趋势,笔者于 2018—2021 年自主或联合税务机关开展了四次问卷调查,围绕制造业企业税负问题进行了深入调研。调研发现,制造业企业对税负压力的感受如表 1-9 和表 1-10 所示。

表 1-9　2018 年受访制造业企业对税负压力的评价　　　单位:家、%

选项	频数	频率
非常重	47	15.11
比较重	119	38.26

续表

选项	频数	频率
一般	138	44.37
比较轻	7	2.25
非常轻	0	0
合计	311	99.99

表1-10 2019—2021年受访制造业企业对税负压力的评价

单位:家、%

选项	频 数			频 率		
	2019	2020	2021	2019	2020	2021
非常大	20	3	22	8.55	5.45	8.43
比较大	81	27	85	34.62	49.09	32.57
一般	121	23	128	51.71	41.82	49.04
比较轻	12	0	14	5.12	0	5.36
非常轻	0	2	9	0	3.64	3.45
未作答	0	0	3	0	0	1.15
合计	234	55	261	100	100	100

由表1-9不难看出,在2018年受访的311家制造业企业中,53.37%的企业表示自身税负"非常重"或"比较重",也即过半数的制造业企业感受到的税负压力较大。2019年以来,随着增值税税率的下调及其他系列减税降费举措的实施,制造业企业的税负压力有所缓解,但感到税负压力"非常大"或"比较大"的企业占比仍在40%以上,反映税负较轻的企业占比不足10%(见表1-10)。可见,即便在国家实施大规模减税降费后,制造业企业的客观税负虽趋于下降,但相当部分制造业企业的税负压力依然较大,背后的原因有待进一步深入探究。

制造业企业涉及税种的数量繁多,不同税种税负对制造业企业带来的压力却不尽相同。笔者自主或联合税务机关分别于2018年6—7月、2019年

9—11月及2020年4—5月针对311家、234家和261家制造业企业的税负调查显示,分别有61.7%、44.0%和52.1%的受访企业将增值税视为负担最重的税种,分别有21.2%、24.8%和21.8%的受访企业认为企业所得税负担最重,还有少数受访企业认为房产税等其他税种的负担最重(见表1-11)。上述调查结果表明,增值税和企业所得税是制造业企业税负压力最主要的来源,其中,增值税成为多数制造业企业税负压力最大的税种。

表1-11　样本制造业企业对增值税税负压力的感知　　单位:家、%

2018 年 6—7 月			2019 年 9—11 月			2020 年 4—5 月		
税种	频数	频率	税种	频数	频率	税种	频数	频率
增值税	192	61.7	增值税	103	44.0	增值税	136	52.1
企业所得税	66	21.2	企业所得税	58	24.8	企业所得税	57	21.8
个人所得税	17	5.5	个人所得税	10	4.3	个人所得税	6	2.3
房产税	21	6.8	房产税	18	7.7	房产税	28	10.7
消费税	0	0.0	消费税	6	2.6	消费税	1	0.4
其他	15	4.8	其他	39	16.6	其他	33	12.6
合计	311	100	合计	234	100	合计	261	99.9

第二章　中国制造业企业税负压力的形成机理：基于"三主体，六要素"的理论分析框架

第一节　制造业企业税负压力形成机理："三主体"分析框架

政府作为一种必要的存在，有其自身的特定职能，而且这些职能的履行必须依赖于一定的物质基础。无论对于中央政府还是地方政府，税收通常是满足政府支出最主要的资金来源，是国家凭借政治权力参与社会产品分配形成的一种特定分配关系。从契约论的角度看，税收实际上也是纳税人为享受政府提供的公共服务支付的价格。税收的贡献主体既包括个人也包括企业①，因此，从理论上分析，企业纳税的多少主要取决于两个因素：一是宏观层面各级政府为履行自身职能所需要的支出总量（G），二是为满足政府支出征收的税收在个人和企业之间的分布。假定通过企业筹集的资金比例为 γ，则企业为满足政府支出（G）承担的税收（T）为 γG ②。如果一国税制是以企业为主

①　纳税主体除个人和企业外，也包括其他各类组织，为行文方便，本书将个人之外的其他纳税主体统一称为企业。

②　企业对政府收入的贡献不仅仅是通过单一的税收形式，还包括各种非税形式的贡献，此处暂不讨论。

要纳税人,则满足政府支出的责任主要由企业承担,企业缴纳的税款必然较多。由于不同行业企业对国家税收的贡献度客观上存在显著差异,假定制造业企业缴纳税收在全部税收中的占比为 α ,则制造业企业承担的税收(T_1)为 $\alpha\gamma G$ 。显然, α 越大,意味着政府对制造业企业税收的依赖度越高。然而,政府无论通过企业还是个人筹集税收,必须依赖税务机关将各个税种的收入征收入库,而税务机关的税收征管水平必然会对企业税负产生一定程度影响。与此同时,政府在某些情形下也可能直接影响企业税负,比如,实践中许多地方政府出台的与企业纳税额挂钩的奖励或返还政策能够直接降低企业的实际税负。需要说明的是,中央政府和地方政府虽然同属国家行政机关,但二者的目标并不完全相同,由此导致中央政府的政策未必能够得到地方政府的有效执行(吴联生和李辰,2007)[93],并且,在政治集权体制下,中央政府对地方政府具有重大影响力,自上而下的系列制度安排很可能会对地方政府行为产生扭曲。按照这一逻辑,如果中央政府出台的减税降费政策在地方政府落实过程中打了折扣,则其为企业带来的减负效应极有可能会与预期出现偏差。此外,各级政府与税务机关也存在千丝万缕的联系,其中连接二者的一条主线便是政府的税收收入预算。政府税收预算方案经人大审议通过后便成为法定任务,税务机关作为具体的征税部门,对于完成政府的税收计划负有直接责任,尽管税收计划已由之前的"指令性"变为当前的"指导性",但政府和税务机关之间围绕税收计划的绩效考核并未随之消失,各级政府对税务机关的影响依旧不容小觑。税务机关面对上级税务机关及同级人民政府的双重任务压力,又可通过调节税收征管强度对企业税负产生影响。因此,研究制造业企业税收负担必须将政府、税务机关和制造业企业三大主体置于同一分析框架(见图2-1)。

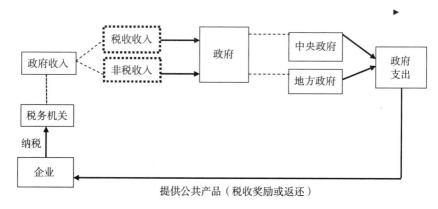

图 2-1　企业税负压力形成机理示意图：三大主体

第二节　制造业企业税负压力的形成机理：
"六要素"分析框架

一、影响制造业企业税负压力的六要素

政府的征税数量必须兼顾必要性与可能性的统一,既要考虑政府履行各项职能的财力需要,也要考虑政府筹集税收收入的现实可能。在既定的经济发展水平下,政府征税数量的多少同时取决于税收制度和政策、税收征管水平及纳税遵从度等多重因素(见图 2-2)。其中,税收制度和政策的顶层设计主要取决于中央政府,税收制度和政策的执行情况、纳税遵从度的高低主要取决于地方政府及税务机关依法征税的意识、能力和努力,同时,纳税遵从度还会受到纳税人依法纳税的意识、能力和努力的影响。但对于制造业企业这一微观主体而言,纳税金额多少与企业税负压力大小并不存在必然的对应关系,纳税金额多并不意味着企业税负压力一定大,纳税金额少也并不意味着企业税负压力一定小。这是因为,税负压力实际上是因纳税人实际承担的税负超过了自身所能承受的边界进而产生的一种负面感受,税负压力大小既取决于企

业实际承担了多少税负,也取决于企业对税负的承受能力,也就是说,企业感受到的税负压力是其纳税金额与承受能力交织作用的产物。张瑶和朱为群(2017)[94]的研究认为,近年来中国企业税负"痛感"凸显,究其原因是企业税负增长以及伴随经济下行而来的产能过剩、职工工资总额上升以及税负转嫁困难等多种因素交织的结果。通常来说,对于既定的税额,企业在效益好、承受力强的情形下感受到的压力相对较小,但在效益差、承受力弱的情形下趋于上升。概而言之,制造业企业税负压力同时取决于财政支出、税收制度和政策、税收征管、纳税遵从、税负承受能力及税费认知偏差六要素(见图2-2)。

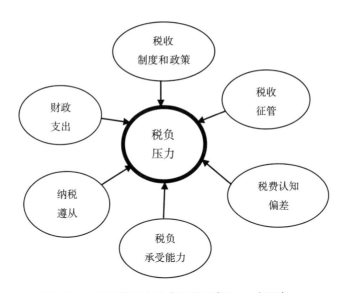

图2-2　企业税负压力形成机理示意图:六大要素

二、六要素对制造业企业税负压力的影响

从政府的角度看,影响制造业企业税负压力的因素主要有两个:一是政府履行职能需要的财政支出规模,二是税收制度和政策的顶层设计。一般来说,政府履行的职能越多,对应的财政支出规模就越大,越可能加剧政府的财政压

力。在中央和地方以及地方各级政府的财权、事权与支出责任尚未完全理顺的背景下,地方政府为满足财政支出需求和化解财政压力可能通过多种渠道加强对制造业企业课税,进而加剧制造业企业税负压力。李文和王佳(2020)[49]的实证研究发现,地方财政压力在统计上显著提高了工业企业的企业所得税有效税率。中国的税收立法权集中于中央,中央政府可以通过调整税制的构成要素及税收优惠政策改变制造业企业税负。我国现行税制脱胎于1994年的工商税制改革,当时偏低的税收征收率迫使税制的设计必须"宽打窄用"(高培勇,2006)[95],设计了较高的名义税率,但随着税收征收率的持续提升,企业的实际税率与名义税率不断逼近,原有的税制设计使得制造业税负压力日益凸显。中央政府和地方政府的目标函数并不完全一致,中央政府的政策未必能够得到地方政府的有效执行(吴联生和李辰,2007)[93],如果中央政府出台的减税降费政策不能在地方得到有效落实,则其为制造业企业带来的减负效应极有可能会与预期出现偏差。

从税务机关的角度看,影响制造业企业税负的因素主要包括税收征管强度及税收制度和政策的执行落实情况。一般来说,在既定税收制度和政策下,税收征管强度越大,制造业企业税收负担越重;减税降费优惠政策落实越到位,制造业企业税收负担越低。在过去国地税分设背景下,国地税管理体制不同,国税部门的征管强度整体高于地税部门,国地税合并后,税务机关实行以国家税务总局为主与省(区、市)人民政府双重领导管理体制,地方政府对税务机关征税的干预空间较之过去有所收窄,加之税收征管模式、技术和手段的持续改进,中国税务机关的税费征管水平进一步提升,包括制造业企业在内的各类企业通过非常规渠道偷逃税款或规避税款的空间日趋缩小。2021年3月中央办公厅和国务院办公厅发布的《关于进一步深化税收征管改革的意见》明确要求大幅提高税法遵从度,这意味着税收征管强度必然还会进一步上升,企业实际税负与法定税负的差异必将进一步缩小。与此同时,税务机关对国家减税降费政策的落实力度距离预期仍有一定差距。国家审计署2021

年第二季度对减税降费政策落实情况的审计发现,部分企业未享受减税降费优惠 1.81 亿元,主要是因为政策宣传不到位、税务机关与相关单位沟通协调不够等原因。税收征管能力和水平的提升,叠加减税降费优惠政策未能完全落实到位,一定程度上弱化了制造业企业的减税获得感。需要注意的是,税务机关与地方政府对制造业企业税负压力的影响并非孤立的。无论在国地税合并之前还是之后,税务机关与地方政府都存在着密切联系,其中连接二者的一条主线便是地方政府的财政收入预算。如前所述,政府收入预算不可避免地会通过影响税务机关税收征管行为进一步影响微观主体税负。张凯强和陈志刚(2021)[96]基于 1999—2013 年工业企业面板数据的实证研究发现,中国的政府收入预算偏离主要表现为多收,意味着税务征管部门超额完成税收任务,导致企业的实际税负较高,具体来看,政府收入预算偏离幅度提高 10%,该地区企业所得税和增值税的实际税率将分别增加 0.46%、0.25%。

从制造业企业的角度看,影响其税负压力的因素主要包括纳税遵从程度、税负承受能力和税费认知偏差。纳税遵从程度既受自身依法纳税的意识、能力和努力的影响,也受到地方政府及税务机关依法征税的意识、能力和努力的影响。随着税收征管制度的完善、征管技术的变革、纳税服务的优化以及依法治税的推进,全社会纳税遵从程度已经并将继续大幅提升,企业实际税负与法定税负的差距趋于下降,税收征收率的提升成为既定税制下企业税负攀升的重要助推因素。但对于制造业企业而言,客观税负水平的高低与主观税负压力的大小并不存在必然的对应关系,这是因为,税负压力大小既取决于企业实际承担了多少税负,也取决于企业对税负的承受能力。张瑶和朱为群(2017)[94]的研究认为,关于税负轻重的结论不仅是一个事实判断,而且包含着价值判断,近年来中国企业税负"痛感"凸显的原因是企业税负增长以及伴随经济下行而来的产能过剩、职工工资总额上升以及税负转嫁困难等多种因素交织的结果。通常来说,对于既定的税收负担,企业在效益差、承受力弱的情形下感受到的压力相对更大。随着中国经济进入高质量发展阶段,国内外经济环境的不稳定性和不确定性明显增强,尤其是在新冠肺炎疫情冲击下,宏观经济下行压力较大,制造业企业的盈利能力整体趋降,税负承受能力的下降放大了既定税收负担引发的主观负面感受。此外,税负压力还在一定程度上取决于企业对税收负担和非税负担的认知能力,由于许多行政事业性收费、政府性基金及社保收费具有一定的垄断性,缺乏公平合理的市场价格,而且受益对象不够清晰,与税收的性质比较相近(张瑶,朱为群,2017)[94],加之部分纳税人的认知能力和水平有限,容易将"费负"与"税负"混淆,出现认知偏差,进而可能放大税收负担为企业带来的压力。

综上所述,制造业企业税负压力实际上是政府、税务机关和企业三大主体交互作用的产物,每类主体都会基于不同视角对制造业企业税负产生一定影响,因此,考察制造业企业税负压力必须基于"三主体,六要素"的解析框架方能得到更全面、更深入的认识,由此提出的制造业企业税负压力化解路径方有可能实现"标本兼治"。

第三节 不同税种税负压力形成机理的差异

一、制造业企业税负压力的两个维度:盈利压力和支付压力

制造业企业的税负压力可划分为两个方面。一是税收挤压了企业的利润空间,引发企业的盈利压力。经济学中,利润动机是具有普遍意义和核心地位、能够持久支配企业行为的力量。企业作为营利性组织,追求利润是其首要选择(李炜光和臧建文,2017)[97],从长远来看,保持一定的盈利能力和水平是企业可持续发展的必要条件。根据中国现行的会计制度和会计准则,企业利润总额可表达为如下形式:利润总额=营业利润+营业外收入-营业外支出。考虑到营业利润是企业利润的主体,为简化分析,重点考察制造业企业的营业利润,并将其表达式简化为如下形式:营业利润=营业收入-营业成本-税金及

附加-期间费用①。税收作为企业的一项重要支出,显然构成了企业营业利润的减项,容易加剧企业的盈利压力。一般来说,当企业因其他因素变动导致利润空间越小时,税收对企业盈利压力的边际影响就越大。二是税收挤占了制造业企业的货币资金,引发企业的支付压力。在日常生产经营过程中,制造业企业中会发生各种各样的支出,需要相应的货币资金支付工资、购置固定资产、外购原材料、偿还贷款以及其他必需的支出项目,企业纳税额的增加可能在以下两种情形下加大企业的支付压力:(1)如果企业在支付其他各项刚性支出后出现货币资金紧张,则会加大税款支付压力,进而诱发不能按期纳税的风险,企业的应纳税额越多,此类风险发生的概率就越大;(2)如果企业在支付税款后出现货币资金紧张,则会加大支付其他支出项目的压力,进而干扰正常生产经营活动。一般来说,制造业企业的货币资金越紧张,税收对企业支付压力的边际影响就越大,并且税款支付时间的变动也会同步影响企业的支付压力。因此,分析制造业企业的税负压力时,既要关注纳税对企业盈利的冲击,也不能忽视纳税对企业货币资金的影响,既要关注企业纳税规模的大小,也不能忽视企业纳税时间的分布。

二、不同税种税负压力的形成机理

制造业企业涉及的相关税种中,不同税种税负压力的形成机理并不完全相同。在核算企业营业利润时,企业缴纳的各项税收的扣除形式不尽相同。其中,部分税种的税款计入"税金及附加"直接在发生当期扣除,如资源税、土地增值税、房产税、车船税、城镇土地使用税、印花税、城市维护建设税、教育费附加等,部分税种的税款通过计入资产成本间接地在以后各期分摊扣除,包括车辆购置税、耕地占用税、契税等。不论是直接扣除还是间接扣除,这些税种的税款一方面直接挤压了企业的盈利空间,另一方面也容易加剧企业的资金

---

① 即销售费用、管理费用和财务费用等。

压力,进而引发了企业的税负压力。企业所得税税负压力的形成机理亦不难理解,主要源于企业所得税对税后利润的挤压和对企业资金的占用。但增值税税负压力的形成机理相对比较复杂,是一个值得深入探究的话题。按照传统的税负转嫁理论,增值税是典型的间接税,企业缴纳的增值税可以通过价格渠道转嫁于他人,消费者才是增值税的最终承担者,企业在增值税链条上主要起到税款"代缴者"的角色,增值税似乎并不构成企业的实际负担。然而,现实中企业的实际感受与理论预期并不吻合,增值税反而成为包括制造业企业在内的企业感受最强烈的税种之一。在 2016 年下半年备受舆论关注的"曹德旺事件"中,"玻璃大王"曹德旺在接受媒体访谈时指出,中国制造业的综合税负比美国高 35%,其中问题主要出在增值税上。增值税在实践中引发了企业家的普遍关注,降低增值税负担成为业界的重要诉求。令人费解的是,增值税作为典型的间接税,理论上可由企业通过层层转嫁最终落到消费者身上,缘何在事实上构成了企业的经济负担并引发企业的税负压力?学术界对此尚缺乏深入系统的研究,特别是在中国政府实施大规模减税降费及大力支持以制造业为主体的实体经济的背景下,减轻制造业企业税负压力、增强制造业企业减税获得感成为重要施政取向,而减轻制造业企业增值税税负压力无疑是强化企业减税获得感的关键一招。因此,深入探究制造业企业增值税税负压力的形成机理显得必要而迫切。笔者将在后文专门讨论增值税税负压力的形成机理。

第三章　中国制造业企业税负压力的形成机理：基于政府及相关要素的视角

　　税收的首要职能是为政府筹集财政收入，是满足政府各项支出的物质基础。因此，从政府的角度看，主要有两大要素可能影响制造业企业的税负压力：一是政府的财政支出规模，二是税收制度与政策的设计。一般来说，财政支出规模越大，政府对税收收入的需求相应也越大，进而越有动机通过各种途径增加对（制造业）企业的税收获取，同时减少对（制造业）企业的各种税收返还，进而增加（制造业）企业的实际税负。与此同时，在经济发展水平、企业经营状况及税收征管强度既定的情况下，（制造业）企业缴纳税收的多少主要取决于税收制度和政策的顶层设计。从当前中国税权划分的实践看，税收制度和政策制定权主要集中于中央政府，地方政府也可在自身权限范围内制定相应的税收政策，但总体而言，地方政府对税收制度和政策的顶层设计影响比较有限。当然，从长期来看，税收制度和政策的顶层设计与政府的财政支出规模也密不可分，如果政府的财政支出规模不能得到有效控制，政府为应对不断扩张的财政支出倾向于出台重税导向的税收制度和政策，反之，如果政府的财政支出规模能够得到有效控制，则政府对增税的现实需求将会下降，此时更倾向于设计轻税导向的税收制度和政策。但如果从更深的层面看，政府支出规模又主要取决于政府的职能以及由此衍生出的事权和支出责任,因此,政府职能成为研究企业税负压力形成机理的逻辑起点。

第一节　政府职能、财政支出与制造业企业税负压力

一、政府职能对财政支出的影响分析

Hyman N.D.(2009)[98]认为,"政府是为对在社会中共处的公民的活动行使权威,并为基本的公共服务筹措经费而形成的组织。"①对于政府的职能作用,理论界一直存在不小的分歧,但总体上看,政治职能、经济职能、社会职能是政府必不可少的基本职能。亚当·斯密在《国富论》中将政府的角色界定为"守夜人",认为政府的职能主要包括保护其成员免遭人身侵犯以及建立和维护社会需要的公共工程和公共机构。总的来看,自由主义者并不认可政府改善社会福利的能力,但社会民主主义者则支持政府为了个人利益进行大量干预(Rosen S.H.& Gayer T.,2009)[99]。政府干预力度的大小必然会影响到政府的财政支出规模。19世纪德国经济学家瓦格纳通过对西方工业化国家公共支出情况的考察发现,社会进步会导致国家活动的扩张,受政治因素和经济因素影响,政府的财政支出趋向于不断扩张。由于各个国家的政治制度、经济制度、文化传统等存在显著差异,不同国家的政府职能不尽相同,即便在同一个国家,不同时期和发展阶段的政府职能往往也是动态变化的,尤其是社会职能和经济职能的差异相对更大。中国的经济社会发展正面临着深刻转型,政府职能也持续处于优化调整当中,逐步从计划经济时代指令性、大包大揽为主要特征的管制型政府转向社会主义市场经济下的服务型政府。但在政府转

---

① 大卫·N.海曼:《财政学(第九版)》,中国人民大学出版社2009年版。

型的过程中,政府支出的规模也在不断扩张,统计数据显示,1978—2021 年,一般公共预算支出由 1122.09 亿元增至 246322 亿元,增长 218.5 倍,年均增长 13.4%,高于一般公共预算收入增速 0.6 个百分点(见图 3-1)。具体到各个年度看,除 1980 年和 1981 年两个年度外,一般公共预算支出的增速均为正值,并且最高年度增速达到 25.7%(2008 年)。特别是随着中国经济进入新常态,财政收入和财政支出增速均整体趋缓,但财政支出增速明显高于财政收入增速,其中,2020 年,面对新冠肺炎疫情冲击,一般公共预算收入下降 3.9%,而一般公共预算支出增长 2.9%,呈现出一定的刚性特征。

图 3-1　1979—2021 年财政收支增速

从财政支出占 GDP 比重来看,改革开放 40 多年来,这一比重尽管在年际间有所波动,但整体呈现先降后升的态势,由 1978 年的 30.1%下降至 1996 年 11.1%,之后逐步反弹至 2021 年的 21.5%(见图 3-2)。

客观而言,1978—1996 年财政支出占 GDP 比重的变化轨迹并不符合瓦格纳法则,与这一时期政府实施"放权让利"为主基调的财税体制改革有着密切关系。从 20 世纪 90 年代后期开始,财政支出占 GDP 比重走上回升通道,瓦格纳法则在中国得到一定程度的体现。诚然,财政支出扩张是多重因素综合作用的结果。从政府职能的视角看,财政支出扩张是政府"到位"、"越位"和"错位"综合作用的产物。

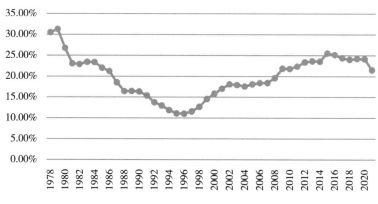

图 3-2　财政支出占 GDP 比重

1. 财政支出扩张是政府履行正当职能的现实需要

自 1988 年机构改革首次提出"转变政府职能是机构改革的关键"这一命题以来,政府职能成为历次机构改革的无法绕开的话题,人们对政府职能的认识也不断深化。党的十六大报告将政府职能界定为"经济调节、市场监管、社会管理、公共服务"十六字方针,十八届三中全会作出的《中共中央关于全面深化改革若干重大问题的决定》进一步将"环境保护"纳入政府职能范畴。党的十九大报告再次对转变政府职能提出明确要求:"转变政府职能……建设人民满意的服务型政府。"①由此可见,尽管政府职能并不唯一,涉及经济、社会、生态等多个领域,但建设人民满意的服务型政府是转变政府职能的最终落脚点。以民生为导向,提供人民满意的公共服务,无疑是转变政府职能、建设服务型政府的应有之义。随着公共财政体制和体系的不断完善以及现代财政制度的逐步建立,保障和改善民生成为政府的重要职责。党的十九大报告提出:"我国社会主要矛盾已经转化为人民日益增长的美好生活需要和不平衡不充分的发展之间的矛盾"②,增进民生福祉成为发展的根本目的,必须下大

---

① 习近平:《决胜全面建成小康社会　夺取新时代中国特色社会主义伟大胜利——在中国共产党第十九次全国代表大会上的报告》,人民出版社 2017 年版,第 39 页。

② 习近平:《决胜全面建成小康社会　夺取新时代中国特色社会主义伟大胜利——在中国共产党第十九次全国代表大会上的报告》,人民出版社 2017 年版,第 11 页。

气力补齐民生发展短板。党的二十大报告也明确提出，必须坚持在发展中保障和改善民生，不断实现人民对美好生活的向往。因此，政府在民生领域的支出具有较强的刚性，成为引领财政支出扩张的重要因素。2007—2020年，我国一般公共预算支出平均增长13.1%，以教育支出、社会保障和就业支出以及医疗卫生支出为代表的民生支出平均增长14.9%，远高于同期一般公共服务支出的平均增速(6.9%)[①]。人民对美好生活的需要永无止境，政府必须持续提升公共服务水平和质量，"在幼有所育、学有所教、劳有所得、病有所医、老有所养、住有所居、弱有所扶上不断取得新进展"[②]，并力求实现"幼有善育、学有优教、劳有厚得、病有良医、老有颐养、住有宜居、弱有众扶"[③]。诚然，财政在民生领域不能大包大揽，但必须承担主导责任，未来民生领域的财政支出仍有较大增长空间，是导致财政支出呈现刚性特征的重要因素。概而言之，政府社会职能的强化会带动财政支出的扩张。除履行社会职能外，政府还承担着经济调节职能，特别是针对一些公共领域"补短板"性质项目的政府投资，既是弥补市场失灵的重要手段，也是实施逆周期宏观经济调控的客观需要。表3-1显示了20世纪90年代中后期以来全社会固定资产投资实际到位资金的增速。

表3-1　1996—2020年全社会固定资产投资实际到位资金增速　　单位:%

年份	本年实际到位资金	其　　中				
		国家预算资金	国内贷款	利用外资	自筹资金	其他资金
1996	14.1	1.4	9.0	19.7	5.2	58.9
1997	8.1	11.3	4.6	-2.3	12.6	6.5
1998	13.7	71.9	15.9	-2.5	11.6	17.7
1999	3.6	54.7	3.3	-23.3	4.4	3.5

---

① 这里是指2007—2019年一般公共服务支出的平均增速。

② 习近平：《决胜全面建成小康社会　夺取新时代中国特色社会主义伟大胜利——在中国共产党第十九次全国代表大会上的报告》，人民出版社2017年版，第23页。

③ 参见《中共中央 国务院关于支持深圳建设中国特色社会主义先行示范区的意见》。

续表

年份	本年实际到位资金	其 中				
		国家预算资金	国内贷款	利用外资	自筹资金	其他资金
2000	11.3	13.9	17.5	-15.5	11.5	13.2
2001	14.7	20.7	7.6	2.0	15.9	20.7
2002	18.6	24.1	22.4	20.5	20.6	7.5
2003	30.1	-15.0	36.0	24.7	37.8	21.0
2004	27.2	21.1	14.5	26.4	31.2	31.8
2005	26.9	27.6	18.4	21.1	33.5	16.0
2006	25.8	12.5	20.0	8.9	29.0	28.3
2007	26.8	25.4	17.6	18.4	28.6	31.7
2008	21.3	35.8	14.8	3.5	29.7	-2.8
2009	36.8	59.5	48.6	-13.0	29.5	62.4
2010	24.3	15.7	20.2	7.9	28.4	17.1
2011	21.1	14.1	5.3	7.6	28.3	11.2
2012	18.4	27.7	11.3	-11.7	21.1	12.9
2013	20.0	17.7	15.2	-3.3	20.3	25.3
2014	10.6	19.9	9.7	-6.2	13.6	-5.0
2015	7.5	15.6	-6.4	-29.6	9.2	10.1
2016	5.6	17.1	10.1	-20.5	-0.2	30.7
2017	4.7	7.8	8.7	-3.1	2.2	11.5
2018	3.4	0.1	-5.4	-2.3	3.7	8.7
2019	4.1	-0.9	2.0	33.3	1.4	11.4
2020	7.4	32.8		-4.4	6.7	7.5

数据来源:《中国统计年鉴》(2020)。

1996—2020 年,全社会固定资产投资实际到位资金平均增速为 16.2%,分项来看,国家预算资金、国内贷款、外资、自筹资金及其他资金平均增速分别为 21.3%、13.4%、2.3%、17.4% 和 18.3%。整体来看,全社会固定资产投资实际到位资金中,国家预算资金增速明显高于其他各类资金增速,除个别年份国家预算资金增速出现负增长和个位数增长外,绝大多数年份都保持了两位数以上增速。尤其是在应对亚洲金融危机、全球金融危机和新冠肺炎疫情期间,国家预算资金增速急剧攀升,其中 1998 年和 1999 年分别高达 71.9% 和 54.7%,2008 年和 2009 年分别达到 35.8% 和 59.5%,对于促进全社会固定资产投资增长、稳定宏观经济增长发挥了积极作用。2020 年为应对新冠肺炎疫情对中国经济带来的冲击,财政加大固定资产投资力度,固定资产投资领域的国家预算资金增速大幅反弹至 32.8%。从全社会固定资产投资实际到位资金中国家预算资金的占比来看,这一比重在 1997 年亚洲金融危机发生后的几年内持续攀升,由 1997 年的 2.8% 上升至 2002 年的 7.0%,随后又逐步回落至 2007 年的 3.9%,在 2008 年爆发国际金融危机后反弹至 2009 年的 5.1%,之后又逐步降落至 2013 年的 4.5%,但从 2014 年起又出现持续回升,由 2014 年的 4.9% 升至 2017 年的 6.1%①(见图 3-3),这与 2014 年中国经济进入新常态后增速持续放缓形成鲜明对照。

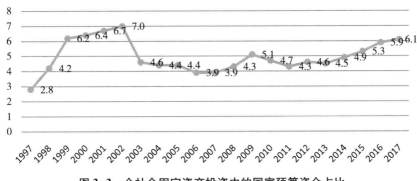

图 3-3　全社会固定资产投资中的国家预算资金占比

关于政府投资,经济学家罗斯托(1960)[100]提出的经济发展阶段论认为,政府投资在经济不同发展阶段的力度和方向是动态变化的。在早期发展阶段,政府需要为经济发展超前提供基础设施社会服务,导致政府投资占总投资比重较高,但到中后期发展阶段,政府投资主要用于弥补市场失灵,形成对私人投资的有效补充,并且公共支出不断转向教育、保健和社会福利等领域。因

① 自 2018 年起官方不再公布全社会固定资产投资的实际到位资金明细数据。

此,中国财政支出的扩张在很大程度上是政府履行正当职能的客观需要。

2. 政府履行职能过程中的"越位"和"错位"加剧了财政支出扩张

随着社会主义市场经济体制的建立和完善,中国政府的经济职能不断进行转变,市场在资源配置中的作用日益凸显。特别是十八届三中全会明确提出:"使市场在资源配置中起决定性作用和更好发挥政府作用"①,这为政府转变经济职能提供了根本遵循,也意味着政府的经济职能并非越多越好,关键是要做好市场做不了或者做不好的事情。但从现实来看,各级政府尤其是地方政府经济职能界定不够科学,职能转变进程相对滞后,政府与市场的关系没有完全理顺,政府"越位"与"错位"现象时有发生,政府投资范围过于宽泛(李明和龙小燕,2020)[101],涉及经济、社会、民生、基础设施等诸多领域及制造业和房地产业等多个行业,而且未能随着经济体制改革的深化而收窄(杨贵军和程颖慧,2019)[102],同时,政府投资决策依据不够明确和规范,公益性投资与经营性投资不分,许多地方的政府投资与企业投资界限不清、分工不明,"与民争利"现象并不鲜见(刘洪岩,2019)[103]。审计署发布的相关年度中央预算执行和其他财政收支审计工作报告显示,将财政资金投资竞争性领域的做法并不鲜见。其中,审计署对2013年度中央预算执行和其他财政收支的审计发现,被审计的9个省本级、9个市本级和18个县当年以各种名义向引资企业安排财政补贴,涉及财政资金1261.64亿元,其中70%以上的财政补贴被投向了竞争性领域,个别地方向企业拨付的支持并购海外科技型企业补贴实际用于了收购海外葡萄庄园。《国务院关于2016年度中央预算执行和其他财政收支的审计工作报告》显示,财政部和发展改革委分别将文化产业发展专项21.17亿元和物流业转型升级专项2.5亿元直接投向了竞争性领域的781个项目。政府投资失当不仅扭曲了市场机制配置资源的效率,而且容易导致财政支出的持续扩张。2019年7月1日开始实施的《政府投资条例》第三条明

---

① 参见2013年11月12日中共十八届三中全会通过的《中共中央关于全面深化改革若干重大问题的决定》。

确规定:"政府投资资金应当投向市场不能有效配置资源的社会公益服务……公共领域的项目,以非经营性项目为主。"①然而,即便在一些非经营性领域,地方政府错位的现象也时有发生,锦上添花性质的"形象工程"、"政绩工程"耗费了大量财政资金。陕西省镇安县曾是一个深度贫困县②,于2019年5月刚刚摘帽,在"再穷不能穷教育"的理念指引下,该县自2015年起开始高标准建设镇安中学,项目实际总投资高达7.1亿元,其中建造了不少与教学无关的附属设施,仅假山瀑布水景一项就花费200余万元,成为一所名副其实的"豪华中学"。该县2019年的财政收入仅为1.78亿元,财政转移支付是一般预算支出的主要资金来源。据测算,该项目需要县政府连续12年每年偿还5000余万元贷款。2020年受新冠肺炎疫情冲击,该县经济下行压力大,地方税收收入降幅较大,导致地方财政收支矛盾更加尖锐。《国务院关于2020年度中央预算执行和其他财政收支的审计工作报告》显示,16省动用财政资金修建公园、雕塑等景观工程,涉及金额达10.9亿元。

特别值得一提的是,许多地方政府为了在招商引资中吸引到优质企业和促进实体经济发展,纷纷将财政奖励、补贴或补助作为一个重要竞争举措和激励手段,但其中存在诸多不规范之处,既导致了地区之间的不公平竞争,也引发了地方财政支出的无序扩张。2017年10月23日国家发展改革委、财政部、商务部等多个机关联合印发的《公平竞争审查制度实施细则(暂行)》明确要求,不得违法违规给予特定经营者财政奖励和补贴、减免特定经营者应纳税款,不得根据企业纳税情况采取列收列支或违法违规通过即征即退、先征后返等形式给予企业特定优惠③。但在实践中,各地自行给予特定经营者财政奖励和补贴以及将财政支出与企业缴纳税收挂钩的现象并不鲜见。事实上,早

---

① 资料来源:http://www.gov.cn/zhengce/content/2019-05/05/content_5388798.htm。

② 案例来源:陈晨、邵瑞、孙正好:《学校建漂亮点本无错,为何这所"豪华中学"让人困惑?》,新华网,2020年8月13日,http://www.xinhuanet.com/local/2020-08/13/c_1126394064.htm。

③ 包括对企业进行返还,或者给予企业财政奖励或补贴。

在 2014 年,《国务院关于清理规范税收等优惠政策的通知》(国发〔2014〕62 号)就已对上述不规范行为作出了专项清理规定,但基于种种主客观原因,《国务院关于税收等优惠政策相关事项的通知》(国发〔2015〕25 号)要求对国发〔2014〕62 号的专项清理工作另行部署安排,同时提出"安排支出一般不得与企业缴纳的税收或非税收入挂钩"。但由于"一般"这一词语的表述比较含糊,为地方政府落实相关文件精神留下了一定空间,近些年来地方政府自行出台财政奖励或补贴政策、财政支出与企业缴纳税收挂钩的做法依然十分普遍(见表3-2)。由于地方政府经济职能转变不到位,自行出台的许多财政奖励、补贴或补助政策违背了现代财政的公共性和法治化原则,将大量财政支出直接用于竞争性领域,既挤占了地方政府本应用于履行正当职能的财政资金,也干扰了市场机制在资源配置中的作用,不利于构建统一开放、竞争有序的市场体系。更为关键的是,地方政府为招商引资开展的财政竞争极易导致"马太效应",越是经济发达的地区越有财力支撑更大力度的财政奖补政策,进而越容易吸引到优质项目和企业,因此,"财力比拼式"的财政竞争对于经济落后地区尤为不利,可能进一步加剧区域经济分化,同时也加大了地方政府的财政支出压力。

表3-2　全国部分地市和县(区)招商引资及促进实体经济发展的财政奖励办法①

文件名称	奖励对象	财政奖励办法
《CS 县招商引资优惠奖励政策》(常山县人民政府办公室 2019 年 8 月 29 日印发)	符合条件的总部企业②	自企业达到认定标准年度起 6 年内,按照以下办法享受奖励③:实际缴纳税收≥1亿元,给予 100%奖励;1 亿元>实际缴纳税收≥5000 万元,给予 90%奖励;5000 万元>实际缴纳税收≥1000 万元,给予 80%奖励。

---

① 表格内容仅涉及相关文件的部分代表性规定。
② 认定基本条件:总部及下属企业在常山固定资产(含土地)投资 1000 万元以上(含);总部企业年度本地入库税收不低于 1000 万元。
③ 按地方实得部分予以奖励。

续表

文件名称	奖励对象	财政奖励办法
《JJ 市人民政府关于加快培育壮大先进制造业的若干意见》(晋江市人民政府 2019 年 6 月 13 日印发)	龙头工业企业、专精特新企业、中小微企业等	(1)根据龙头工业企业产值实施差异化奖励,其中,当年度工业产值首次超过 100 亿元,一次性奖励 200 万元。(2)列入工信部制造业单项冠军企业(产品),一次性奖励 30 万元。(3)新纳统的规模以上工业企业,且纳统当年度工业产值不低于 3000 万元,参照当年比上年新增缴纳增值税、企业所得税的 30% 额度给予奖励。
《QD 市即墨区招商引资扶持奖励政策》(2019 年 7 月 31 日发布)	世界 500 强、中国 500 强、民营 100 强企业,以及知名上市或行业龙头企业	世界 500 强企业:每户一次性奖励 1000 万元。中国 500 强企业:每户一次性奖励 300 万元。民营 100 强企业:每户一次性奖励 200 万元。知名上市或行业企业龙头企业:每户一次性奖励 100 万元。
	符合条件的总部企业	自认定之起,按照企业所产生的地方贡献总额给予补助:认定后第一个完整年度补助比例为 50%,后两年补助比例为 25%。
	符合条件的非总部企业	补助与地方留成收入挂钩。自投产之日起,前两个完整年度每年度实现地方留成收入 100 万元以上的,按缴纳"两税"(增值税、企业所得税)地方留成部分的 50% 给予补助(单个企业补助上限为 1000 万元)。
《HS 区招商引资奖励办法(试行)》(武汉市洪山区人民政府 2018 年 11 月 6 日印发)	经认定的新引进总部企业	对境外世界 500 强企业、其他企业设立的总部企业分别给予 500 万元和 400 万元区级奖励(市级对应奖励也分别为 500 万元和 400 万元)。
	新引进的在本区登记注册并纳税,年度区级经济贡献超过 100 万,且租赁面积 1000 平方米以上的企业	给予租金补贴(每平方米 20 元/月),但总额度≤100 万元(期限 3 年)。

续表

文件名称	奖励对象	财政奖励办法
《ZH市进一步支持实体经济高质量发展若干政策措施》（ZH市工业和信息化局2019年10月12日印发）	总部设在本市，首次入选美国《财富》杂志公布的"世界500强"企业名单的珠海市工业企业	给予一次性3000万元奖励。
	2019—2020年期间达到规模以上标准并首次进入统计联网直报名录库的工业企业和互联网、软件和信息技术服务业企业	首年给予10万元奖励，升规后第二年仍留在统计联网直报名录库内，根据工业总产值增长幅度给予相应额度的奖励。
《TY县2020年招商引资优惠政策及奖励办法》	固定资产投资规模较大的企业	固定资产投资1亿以上：县财政按投资总额5%给予基础设施配套奖励资金；固定资产投资5000万元—1亿元：县财政按投资总额4%给予基础设施配套奖励资金；固定资产投资3000—5000万元：县财政按投资总额3%给予基础设施配套奖励资金。
	500强企业	世界500强企业投资1亿元以上的项目，一次性给予500万元投资奖励；国内500强企业投资1亿元以上的项目：一次性给予300万元投资奖励。
	外向型企业	年外贸进出口额超过（含）300万美元，一次性奖励10万元；年度利用外资超过（含）30万美元，一次性奖励3万元。
	商贸业、服务业企业以及工业园区内新建足额纳税的生产加工型企业	根据税收贡献参照相当于企业缴纳企业所得税地方留成部分一定比例的额度奖励企业扩大再生产（自企业营业年度或投产年度起三年内给予奖励，但每年的比例有所递减）。
《HZ市促进制造业高质量发展若干措施》（惠府〔2021〕17号）	工业企业	(1)工业增加值年增长超20%（含）且增值率不低于当年同行业水平的工业企业：①工业总产值首次达10亿元，奖励100万元；②工业总产值首次达50亿元，奖励200万元；③工业总产值首次达100亿元，奖励300万元。 (2)首次"新升规"工业企业奖励20万元，对"新升规"当年产值超1亿元（含）且次年工业增加值正增长的工业企业增加奖励10万元。

续表

文件名称	奖励对象	财政奖励办法
《ZS 市人民政府关于印发中山市贯彻落实国务院扎实稳住经济一揽子政策措施实施方案的通知》(中府〔2022〕52 号)	新上规上限企业、总部企业、限额以上批零住宿企业	对新上规上限企业给予一次性奖励;对连续两年有正增长的总部企业按政策给予奖励;对限额以上批零住餐企业(个体户)全年销售额(零售额)实现同比增速7%以上的,分行业按增量进行奖励,单个企业奖励最高 500 万元。
《JZ 市人民政府关于印发支持企业创新发展的若干政策的通知》(胶政发〔2022〕17 号)	规上工业企业和服务企业、限上批发企业、升规纳统企业等	对年营业收入首次超过 100 亿元、50 亿元、30 亿元、20 亿元、10 亿元的规模以上工业企业、规模以上服务业企业(不含房地产企业),分别一次性给予企业 100 万元、50 万元、30 万元、20 万元、10 万元奖励;对首次纳入统计范围的规模以上工业、规模以上服务业、限额以上批发零售业企业,给予一次性20 万元奖励,对限额以上住宿餐饮业企业给予一次性 10 万元奖励。

理论上,政府投资既是弥补市场失灵的重要手段,也是宏观经济短期波动的稳定器,对于任何一个国家都是必不可少的。近些年来,尽管中国的政府职能一直处于动态调整和优化之中,但迄今为止,政府、市场、社会三者之间的边界和关系尚未完全理顺,政府职能转变尚未完全到位,由此导致政府的事权和支出责任不够清晰,财政资源配置效率有待提升,合理支出与不合理支出并存,导致财政支出的扩张态势持续显现。一方面,随着人民对美好生活需要的日益增长,保障和改善民生的重要性日益凸显,政府的社会职能趋于强化,进而催生民生领域对财政资金的更大需求;另一方面,政府的经济职能转变滞后,政府直接配置市场资源的冲动仍然强烈,对市场活动的直接干预依然较多,在竞争性领域的财政支出依然普遍,加剧了财政支出的扩张趋向。并且,政府在履行职能过程中,政府官员作为受托人和执行人通常具有一定的利己主义动机,正如哈维·S.罗森所言:"如果认为官僚们的唯一目标就是解释和被动地履行选民及其代表意愿,那就天真了。"[1]Niskanen 的官僚模型认为,权

---

① 哈维·S.罗森、特德·盖亚:《财政学(第八版)》,中国人民大学出版社 2009 年版,第116 页。

力大小和地位高低与官僚的预算规模大小呈现正相关,自身预算最大化是官僚们的目标,由于官僚们的信息优势及官僚们产出结果衡量的困难,导致官僚机构的实际产出水平等于总成本等于总收益时的非效率产出水平,而非边际成本等于边际收益时效率产出水平。并且,"官僚增加政府开支的动机,并不局限于公共产品供给方面。这一动机是多花点钱,而不是多供给一些。然而,因为官僚们的利益随着他们所管理的预算增加,所以,把公共产品供给的职责委托给政府的结果将是公共产品超额供给。"①国外学者提出的官僚模型未必完全适用中国,但对于解释中国财政支出的扩张仍具有一定的解释力。一方面,中国仍是一个发展中大国,经济社会发展引致的基础设施和社会福利支出需求依然强劲(马郡和邓若冰,2020)[104],公共服务领域的政府支出责任有增无减(李明和龙小燕,2020)[101]。与此同时,各地之间的经济增长竞争加剧,地方政府承受着维持经济持续稳定增长的压力及政治晋升的激励,公共投资成为地方官员应对内外部压力和激励的重要工具,因此,即便在地方财政十分紧张的情形下,地方政府仍有动机保持适度的支出扩张,财政支出呈现向下的刚性特征(徐超等,2020)[105]。方红生和张军(2009)[106]基于中国1994—2004年27省面板数据的实证研究发现,无论是在衰退期还是繁荣期,地方政府支出都存在扩张倾向,并且在衰退期会实施比繁荣期更加积极的"扩张偏向的财政政策",究其原因是地方政府竞争和预算软约束相互作用的结果。

财政支出的扩张为制造业企业税负攀升埋下了伏笔,不过,财政支出对税负驱动效应的实现还需具备一个必要条件,即各级政府存在调整财税收入使其适应财政支出扩张的空间。尽管中国的税权总体上高度集中,地方的税收立法权、税法解释权十分有限,但地方政府仍有一定的税收操纵空间,比如,在税法规定的税率幅度范围内可以就高不就低,积极发展高税收产业,同时还可通过加强税收征管甚至征收"过头税"实现增税目标,其中的大多数举措无疑

---

① 阿耶·L.希尔曼:《公共财政与公共政策——政府的责任与局限》,中国社会科学出版社2006年版,第202页。

是倾向于增加企业税负的。但从理论上分析,财政支出的扩张及财政压力的加大并不必然会加重制造业企业的税负,原因在于,政府满足自身支出需求的筹资渠道是多元化的,面对财政困境时不可避免地会通过各种途径缓解财政压力(张原和吴斌珍,2019[107];郑骏川,2020[108]),可能的主要渠道包括:(1)增加行政事业性收费、政府性基金(如土地出让金)以及其他各种非税收入(包括国有资源资产有偿使用收入、国有企业上缴利润等)①;(2)发行政府债券或通过各类融资平台举借债务②;(3)上年结余、调入预算稳定调节基金等;(4)争取更多的财政转移支付资金;(5)提高政府支出效率,等等。以2019年为例,由于大规模减税降费的实施,各级政府尤其是地方财政面临巨大财政压力,为此,中央加大对地方转移支付力度,全年安排对地方转移支付超过7.5万亿元,力度创近年新高,同时,还较大幅度增加地方政府专项债券规模,全年安排2.15万亿元,较2018年增加8000亿元(刘昆,2019)[109]。尽管全年税收收入增速仅为1%,但非税收入增速高达20.2%,其中以国企上缴利润为主的国有资本经营收入带动非税收入增速约15个百分点,国有资源(资产)有偿使用收入带动非税收入增速约4个百分点③。为应对突如其来的新冠肺炎疫情冲击,财政赤字规模由2019年的2.76万亿元增至2020年的3.76万亿元,地方政府专项债券由2019年的2.15万亿元增至2020年的3.75万亿元,同时发行抗疫特别国债1万亿元。并且,为对冲地方财政压力,中央对地方的转移支付同比增长12.8%。由此可见,各级政府面对财政压力时,完全可能会通过其他渠道筹集收入满足支出需求,而不以加重企业税负为

---

① 张原和吴斌珍(2019)基于2002年中国所得税收入分享改革这一政策变化,运用双重差分模型实证考察了财政压力对地方政府财政收入行为的影响,研究发现,所得税收入分享改革引起的地市级政府收入损失越大,地市级政府的基金收入征收力度提高越多。

② 刘建勇、董晴和王玲慧等(2015年)的实证研究发现,地方财政压力对上市公司委托贷款流向具有显著影响,所在地区财政压力越大,上市公司委托贷款就越易流向地方政府融资平台。

③ 数据来源:2019年财政收支情况网上新闻发布会文字实录,http://www.mof.gov.cn/zhengwuxinxi/caizhengxinwen/202002/t20200210_3467736.htm。

代价。还需特别说明的是,不同行业的财税贡献并不相同,房地产业、批发零售业、金融业等都是政府的重要财源。尤其对于地方政府来说,房地产行业的财税收入(含土地出让收入)对地方财政的贡献举足轻重。不少实证研究发现,财政压力显著推动了土地财政规模的扩张(唐云锋和马春华,2017[110];杨寓涵和张充,2019[111];郑骏川,2020[112])。因此,即使政府尤其是地方政府通过税收渠道缓解支出压力,但将增加税收收入的着力点放在其他税收贡献较大的行业身上,那么制造业税负可能不会受到明显影响。并且,如果政府利用其他渠道筹集的财政资金加大对制造业企业的扶持力度,包括先征后返、各种财政奖励或政府补助等①,一方面可以直接增加企业收入,降低企业税负率,另一方面还有利于增加企业的现金流和增强企业的盈利能力,进而有利于减轻制造业企业的税负压力。从这个角度看,政府支出的增加反而可能会降低制造业企业的税负。

然而,如果考虑到以下两个事实,则会出现另外一种可能。第一,税收是政府获取财政收入最主要的来源,并且在中国现行税收制度下,90%的税收落在企业身上,对个人征税占比只有10%(施正文,2020)[113],中国的企业税负几乎就是宏观税负(高培勇,2017)[114]。第二,制造业是中国目前最大的税源,税收贡献度位居各行业之首(白景明和何平,2019)[115]。根据《中国税务年鉴》统计数据计算发现,2004—2019年,制造业税收占全部税收的比重尽管稳中有降,但平均比重仍高达36.1%,其中最高比重达到43.4%(2004年),最低比重为31.9%(2016年),并且,制造业税收增速与全部税收增速呈现出基本一致的变化趋势(见图3-4),制造业税收收入甚至在一定程度上决定了全国税收收入的走势。

基于制造业税收在全国税收中的重要地位,再考虑到并非所有企业都能

---

① 姜超和陈兴(2018)基于上市公司数据对政府补贴的研究发现,国防军工、纺织服装、TMT、农业和装备制造行业对政府补贴的依赖程度更深,2017年,这些行业补贴占利润总额的比重均超过9%。

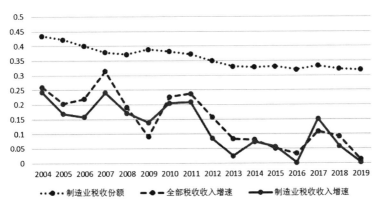

图 3-4　制造业税收占全部税收比重

享受先征后返待遇或者得到政府的财政奖励或补助,有理由推测,财政支出扩张及财政压力提升整体上极有可能会助推制造业税负攀升(见图 3-5),但上述推测需要进一步的实证支持。

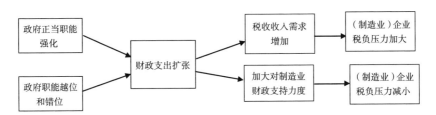

图 3-5　政府职能对制造业企业税负压力的影响机理

二、财政支出对制造业税负的影响:省级面板数据的实证

为检验财政支出扩张对制造业税负的影响,本书构建如下双向固定效应模型:

$$ztaxratio_{it} = \alpha_0 + \alpha_i + \theta_t + \beta_1 lexpratio_{it} + \beta_2 fada * lexpratio_{it} + XB + \varepsilon_{it}$$

$$(3-1)$$

其中,ztaxratio 代表制造业税负,由于各省制造业增加值数据缺失,实证分析时用制造业税收占工业增加值比近似重度量制造业税负,lexpratio 代表

地方财政支出规模,用地方财政支出占地区生产总值比重度量,X 为控制变量,B 为控制变量的系数,α_i 表示地区效应,θ_t 表示时间效应,ε_{it} 为模型扰动项。考虑到中国区域经济社会发展不平衡特征十分显著,不同发达程度地区的税源分布、财政收入结构、举债能力、政务环境、法治环境、文化观念等各个方面客观上存在明显差异,因此,地方财政支出对制造业税负的影响很有可能呈现区域性差异。为此,在模型中加入了地区虚拟变量($fada$)与地方财政支出规模的交叉项。借鉴李永友和沈玉平(2010)[116]、储德银等(2019)[117]的做法,按照人均 GDP 将我国 31 个省份划分为经济发达地区和欠发达地区两个子样本。根据 2019 年各省人均 GDP,将北京、上海、天津、江苏、浙江、福建、广东和山东 8 个省份划为经济发达地区,其余 23 个省份划为经济欠发达地区。如果某省属于发达地区,则 $fada = 1$,否则 $fada = 0$。结合理论分析,选取工业增加值($ggdp$)[①]、制造业税收份额($share$)、人均地区生产总值($pergdp$)、贸易开放度($open$)、商品零售价格涨幅($prate$)等作为控制变量。各个变量基本特征如表 3-3 所示。

表 3-3　变量描述性统计

变量名	变量定义	最小值	最大值	均值	标准差
ztaxratio	制造业税负	0.042	0.703	0.164	0.112
lexpratio	地方财政支出占地区生产总值比重	0.077	1.379	0.248	0.189
lnggdp	对数化的工业增加值	2.736	10.581	8.223	1.352
share	制造业税收占全部税收比重	0.037	0.652	0.342	0.122
prate	商品零售价格涨幅	-0.032	0.106	0.020	0.020
open	进出口额占 GDP 比重	0.013	1.843	0.306	0.382
fada	地区虚拟变量	0	1	0.258	0.438

除制造业税收和全部税收数据来源于相关年度《中国税务年鉴》外,其余

---

①　由于各省制造业增加值数据缺失,研究过程中用工业增加值近似替代。

各个变量的原始数据均源于历年《中国统计年鉴》及相关地市统计年鉴和统计公报。为减小异方差影响,对工业增加值、人均地区生产总值进行了对数化处理。实证样本数据为全国 31 个省份 2004—2019 年的面板数据。

首先对双向固定效应模型进行估计,基准回归结果如表 3-4 所示。不难看出,地方财政支出规模($lexpratio$)对制造业税负的影响在统计上均显著为正,表明地方财政支出扩张在一定程度上助推了制造业税负攀升。进一步加入地区虚拟变量与地方财政支出规模的交叉项($fada \times lexpratio$)后,地方财政支出规模的系数在统计上依然显著为正,并且交叉项的系数也显著为正,表明经济发达地区和欠发达地区的财政支出扩张对制造业税负水平均呈现一定程度的助推效应,并且这种助推效应呈现出"发达地区>欠发达地区"的特征。究其原因在于,地方财政支出规模扩张势必加大地方政府对税收收入的需求,而多数地区尤其是经济发达地区的制造业税收贡献位居各行业前列,对地方税收收入的影响举足轻重,因而会备受地方政府和税务机关关注。考虑到地方政府与税务机关存在千丝万缕的联系,当地方财政支出规模扩张时,地方政府为满足资金需求可通过加强制造业税收征管、提高制造业税收优惠门槛等途径从制造业获得更多税收收入,进而助推了制造业税负攀升。

表 3-4　地方财政支出对制造业税负的影响

自变量	因变量:ztaxratio			
	双向固定效应模型	双向固定效应模型	两步 GMM	两步 GMM
lexpratio	0.089** (0.036)	0.094** (0.037)	0.093*** (0.025)	0.110*** (0.026)
fada×lexpratio		0.403* (0.202)		0.495*** (0.179)
lnggdp	−0.082*** (0.025)	−0.078*** (0.024)	−0.086*** (0.010)	−0.080*** (0.010)
share	0.377*** (0.070)	0.392*** (0.064)	0.375*** (0.054)	0.389*** (0.051)

续表

自变量	因变量：ztaxratio			
	双向固定效应模型	双向固定效应模型	两步 GMM	两步 GMM
open	−0.025 （0.037）	−0.0003 （0.032）	−0.020 （0.017）	0.012 （0.018）
prate	0.338 （0.234）	0.284 （0.210）	0.406*** （0.149）	0.293** （0.146）
常数	0.575*** （0.180）	0.515*** （0.173）		
地区效应	是	是	是	是
时间效应	是	是	是	是
组内 R²	0.554	0.563		
未识别检验-P 值			0.002	0.002
弱工具变量（Cragg-Donald Wald F 统计量）			838.471	867.224
Hansne J 统计量—P 值			0.629	0.879
观测值	496	496	434	434

注：(1)括号内数值为聚类稳健标准误；(2)不可识别检验使用的是 Kleibergen-Paaprk LM 统计量；(3)弱识别检验依据的是 Stock-Yogo(2005)提供的临界值；(4)*、**、*** 分别代表 10%、5% 和 1% 的显著水平。

需要注意的是，地方财政支出在影响制造业税负的同时，制造业税负也可能对地方财政支出产生反向影响。背后的逻辑是，一方面，制造业税负的提升可在当期增加地方税收收入，进而为地方财政支出扩张提供财力支撑，另一方面，制造业税负的攀升会引致制造业企业的减税诉求，地方政府可能通过税收返还奖励加强对制造业扶持，由此导致地方财政支出规模（lexpratio）相应增加。制造业税负与地方财政支出规模的双向影响使得地方财政支出规模（lexpratio）出现内生性。为此，进一步选取地方财政支出规模（lexpratio）的一阶和二阶滞后项作为地方财政支出规模的工具变量，对模型进行两步 GMM 估计（见表 3-4），相关检验表明，工具变量的选取是合适的。通过对比可以看出,两步 GMM 估计与双向固定效应估计的结果十分相近,即地方财政支出对制造业税负在统计上具有显著的助推效应,而且这种助推效应呈现"发达地区>欠发达地区"的特征,表明实证结果比较稳健。在各个控制变量中,工业增加值($lnggdp$)的系数在统计上显著为负,表明随着制造业规模的扩大及制造业在地方经济发展中地位的提升,由于地方政府对制造业的支持力度及税务机关征管强度的变化等原因,导致制造业税收收入增速小于增加值增速,进而出现制造业税负下降;制造业税收份额($share$)的系数为正,并且统计上十分显著,表明一个地区对制造业税收的依赖度越大,越倾向于强化对制造业的课税,与预期相符。贸易开放度($open$)和商品零售价格涨幅($prate$)的系数为正,但统计上不太显著。

上述实证分析表明,地方财政支出扩张是制造业税负攀升的重要驱动因素。尽管学界单独研究财政支出对制造业税负影响的文献十分鲜见,但财政支出与财政收入的关系已引起不少学者关注。马兹晖(2008)[118]基于 1979—2005 年面板数据格兰杰因果检验和协整检验结果显示,中国省级政府财政收支在 1979—1993 年存在相互影响,而在 1994—2005 年期间,省级政府财政支出单方面影响财政收入。杨海生等(2014)[119]运用财政收支增长率和波动率的 GARCH-in-Mean 模型研究发现,财政支出增长率推升了财政收入增长率,而财政收入增长并没有显著促进财政支出增长。杨子晖等(2016)[120]基于动量一致门槛自回归模型的研究结果表明,中国财政收支在短期符合"收支同步假说",长期存在"支出驱动收入"的作用关系,进而认为,政府支出成为中国税负规模快速攀升的重要原因。如前所述,长期以来,中国财政支出的扩张既是政府履行正当职能的客观结果,也是政府在某些领域职能失当的必然产物。尤其对于中国式分权体制下的地方政府而言,一方面在经济利益和政治利益的共同影响下,地方政府具有发展本地经济的强烈冲动,并将财政支出尤其是生产性财政支出(如基础设施建设以及对企业的生产性补贴等)视为发展经济的重要手段,进而扩大地方政府对税收收入的需求。另一方面,随着中国经济社会发展的深刻转型,经济、政治、社会、文化和生态文明五个领域建设需要统筹推进,政府社会职能尤其是保障和改善民生的职能日趋凸显,这些领域财政支出的刚性特征更加鲜明,面对中央和地方财政事权与支出责任划分不够清晰、地方财权与事权不够匹配的制度背景,再加之新常态下经济增速明显放缓,地方财政压力持续加大。与此同时,2008 年为应对国际金融危机实施的四万亿投资计划让地方政府债台高筑,随着《国务院关于加强地方政府性债务管理的意见》(国发〔2014〕43 号)及系列有关地方政府性债务的文件出台,地方政府性债务管理的不断强化导致地方政府举债空间受限。这样一来,千方百计增加税收收入成为地方政府的现实选择。已有文献的研究表明,中国财政长期存在"以支定收"的运行特征,如果不能对财政支出的扩张实施有效控制,那么势必会演化成为加重企业税负的重要"导火索"。2019 年 12 月召开的全国财政工作会议明确提出,2020 年更加突出"以收定支",通过节约支出缓解财政收支矛盾,这既是应对经济下行压力加大、财政收入放缓的现实需要,也是巩固减税降费成果的必然选择。换句话说,政府财政支出扩张的冲动如果不能得到有效遏制,企业税负上升的风险将会更高。所以,实质性的减税降费须与政府节欲用民相结合,通过缩减政府支出帮助企业(高培勇,2020)[121]。

第二节　财政支出、非税负担与制造业企业税负压力

非税收入是政府收入的重要构成,政府会通过寻求非税收入扩张减轻财政支出压力(邓晓兰等,2018[122];谷成和潘小雨,2020[123]),政府取得非税收入的过程实际上也是(制造业)企业非税负担形成的过程。从理论上分析,税收负担和非税负担是纳税人两类不同的经济负担,非税负担本身并非税收负担的组成部分,从这个角度来看,非税负担似乎与(制造业)企业税负压力并

无直接的逻辑关联。但以下两点原因使得非税负担与(制造业)企业税负压力产生了紧密关联:一是非税负担作为(制造业)企业经营支出的组成部分,倾向于弱化企业的盈利水平,进而加剧了企业的税负压力;二是由于认知能力的局限,部分(制造业)企业对于税收负担与非税负担的界限把握并不精准,致使税收负担成为部分非税负担的"替罪羊"。因此,从政府视角考察(制造业)企业税负压力不能绕开非税负担这一重要因素。

一、财政支出对非税负担的影响:省级面板数据的实证

1.模型设定及数据说明

前文的实证分析指出,财政支出扩张是推动制造业税负攀升的重要因素。但满足政府支出的资金来源既包括税收收入,也包括非税收入。如果财政支出的扩张同步推动了非税收入增长,意味着财政支出会通过增加企业非税负担加剧企业的税负压力。为实证检验财政支出对非税负担的影响,基于省级面板数据构建双向固定效应模型,模型基本形式如下:

$$y_{it} = \alpha_0 + \alpha_i + \beta lexpratio_{it} + \theta X_{it} + \gamma_t + \varepsilon_{it} \qquad (3-2)$$

其中,y_{it} 表示非税负担,用非税收入占 GDP 比重度量($ntaxratio$),$lexpratio$ 是表示地方财政支出规模,用一般公共预算支出占地区生产总值($lexpratio$)度量,X 表示控制变量,θ 表示控制变量系数。由于模型的因变量非税负担($ntaxratio$)是一个相对指标,参考王志刚和龚六棠(2009)[124]、王佳杰等(2014)[125]、谷成和潘小雨(2020)[123]等对非税收入影响因素的研究,同时结合对非税负担影响因素的理论分析,选取了名义 GDP 增速($gdprate$)、地方财政支出对税收依赖度($taxexp$)以及第二、第三产业增加值比重($stratio$)和商品零售价格涨幅($prate$)作为控制变量。其中,地方财政支出对税收依赖度($taxexp$)用一般公共预算收入中的税收收入比重度量。α_i 和 γ_t 分别代表地区效应和时间效应,ε_{it} 为随机扰动项。

非税收入在实践中存在不同的口径。2016 年财政部印发的《政府非税收

入管理办法》提出,非税收入是指由各级国家机关、事业单位、代行政府职能的社会团体及其他组织依法利用国家权力、政府信誉、国有资源(资产)所有者权益等取得的除税收以外的其他各项收入。按照《政府非税收入管理办法》的规定,非税收入可进一步划分为 12 项收入,并要求根据非税收入的性质相应纳入一般公共预算、政府性基金预算和国有资本经营预算管理。容易看出,财税〔2016〕33 号文件界定的非税收入口径大于一般公共预算收入中的非税收入。基于数据可得性限制,实证分析涉及的非税收入仅限于纳入一般公共预算管理的非税收入,也即小口径的非税收入,主要包括专项收入、行政事业性收费、罚没收入、国有资本经营收入、国有资源(资产)有偿使用收入及其他收入。图 3-6 显示,1994—2020 年,全国一般公共预算内的非税收入增速整体保持了快速增长,大于税收收入增速的年度多达 20 个,非税收入占一般公共预算收入的比重由 1994 年的 1.7%升至 2020 年的 15.6%。

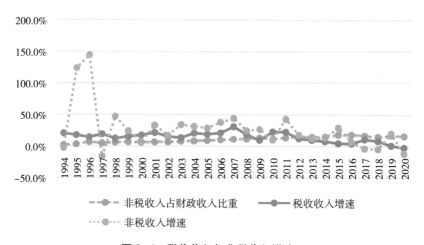

图 3-6　税收收入与非税收入增速

从非税收入的构成看,2007—2020 年,各项非税收入占全部非税收入比重呈现出"其他收入>行政事业性收费>专项收入>罚没收入"的特点,但从变化趋势看,行政事业性收费占比下降明显,由 2007 年的 33.3%降至 2020 年的 13.4%,尤其是 2015 年以来,行政事业性收费比重下降十分明

显,表明近年来中央和地方政府的降费政策效果显著。罚没收入比重在
2007—2016 年稳中趋降,但 2017 年以来出现明显反弹,表明近年来罚没收
入成为各级政府非税收入的重要增长点。相比之下,专项收入比重整体较
为平稳,其他收入比重波动中趋于上升,由 2007 年的 30.2%升至 2020 年的
50.8%(见表 3-5),主要是因为各级政府为应对财政压力不断加大对国有
资金和资产的盘活力度所致。

表 3-5　非税收入的构成

单位:%

年份	专项收入	行政事业性收费	罚没收入	其他收入
2007	21.8	33.3	14.7	30.2
2008	21.9	30.0	12.6	35.4
2009	18.2	25.8	10.8	45.2
2010	20.6	30.3	10.9	38.2
2011	21.6	28.6	9.2	40.6
2012	19.4	27.5	9.4	43.7
2013	18.9	25.8	8.9	46.7
2014	17.5	24.6	8.1	49.8
2015	25.5	17.8	6.9	49.8
2016	23.6	16.7	6.6	53.1
2017	24.9	16.8	8.5	49.8
2018	27.9	14.6	9.9	47.7
2019	22.0	12.0	9.5	56.5
2020	24.9	13.4	10.9	50.8
平均	22.1	22.6	9.8	45.5

表 3-6 报告了模型各个变量的基本特征。需要说明的是,由于缺乏分行
业的非税收入数据,分析过程中无法单独计算制造业非税负担,因此仅能基于
宏观数据从整体层面实证考察地方财政支出对经济活动主体非税负担的影
响。为保证数据统计口径的一致性,除特别说明外,本部分实证分析的原始数
据均来自相关年度《中国统计年鉴》。由于中国政府收支科目分类标准自

2007 年发生调整,使得 2007 年前后的非税收入构成发生较大变化,因此,实证分析涉及的样本所属期间为 2007—2019 年。

表 3-6　变量描述性统计

变量名	变量定义	最小值	最大值	均值	标准差
ntaxratio	非税收入占 GDP 比重	0.005	0.066	0.026	0.010
lexpratio	一般公共预算支出占地区生产总值比重	0.087	1.379	0.265	0.199
taxexp	地方财政支出对税收依赖度	0.039	0.906	0.378	0.191
stratio	第二、第三产业增加值比重	0.700	0.997	0.896	0.054
gdprate	国内生产总值名义增速	−0.250	0.299	0.124	0.076
prate	商品零售价格涨幅	−0.032	0.106	0.022	0.021

从地方非税负担与地方财政支出规模的变化趋势看,两者在 2007—2019 年间的多数年份呈现较为一致的变化轨迹(见图 3-7)。

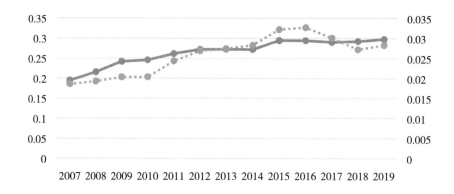

图 3-7　非税负担与地方财政支出规模的变化轨迹

进一步绘制二者的散点图发现,地方非税负担与地方财政支出规模整体呈现较为明显的正相关(见图 3-8)。但由于地方非税负担的变化是多重因素综合作用的结果,因此,地方财政支出规模对地方非税负担的影响有待进一步实证检验。

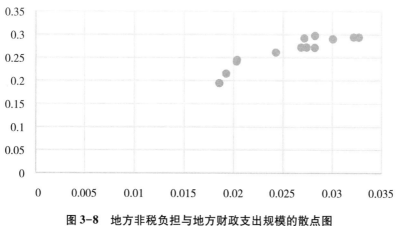

图 3-8　地方非税负担与地方财政支出规模的散点图

2.实证结果

表 3-7 报告了模型的全样本估计结果。双向固定效应估计结果显示,地方财政支出规模(*lexpratio*)的系数在统计上均显著为正,具体来看,地方财政支出占地区生产总值比重上升 1 个百分点,非税负担相应提高 0.049 个百分点,表明地方财政支出扩张是推动非税负担攀升的重要因素,与理论预期吻合。但需要注意的是,地方财政支出在推动非税负担攀升的同时,非税负担加重也可能因增加当期财政收入进而推动财政支出扩张,这种双向影响容易导致模型的核心解释变量(*lexpratio*)出现内生性。为此,在对模型进行双向固定效应估计的基础上,进一步进行了 GMM 估计①。实证结果显示,地方财政支出规模(*lexpratio*)的系数在统计上依然显著为正,并且系数值变得更大,具体来看,地方财政支出占地区生产总值比例上升 1 个百分点,非税负担上升 0.105 个百分点,意味着地方财政支出扩张确实推动了非税负担攀升。在相近的实证文献中,彭飞等(2020)[82]基于 2006—2016 年中国私营企业调查数据考察了"营改增"对企业非税负担的

---

① 选取财政支出占地区生产总值比重(lexpratio)的一阶和二阶滞后项为工具变量,未识别检验、弱识别检验及过度识别检验结果表明,工具变量的选取是合适的。

影响,研究发现,"营改增"推高了企业各项规费支出,并且,对于包括制造业在内的获得减税支持的传统增值税行业来说,营改增对非税负担的影响更加显著,而这种助推效应主要是通过加大地方财政压力和非税收入征管强度实现的。这一发现也在一定程度上佐证了上述实证结果。在各个控制变量中,地方财政支出对税收依赖度($taxexp$)的系数在统计上显著为负,表明当税收收入难以满足一个地区的财政支出需求时,非税收入易成为地方财政支出资金来源的重要补充,由此导致该地区的非税负担加重。第二、第三产业比重($stratio$)的系数在统计上显著为正,表明非税收入主要来自非农产业。国内生产总值名义增速($gdprate$)对非税负担的影响在统计上不够显著,可能的原因在于许多非税收入的征收与经济因素的关系并不十分密切。

表 3-7　财政支出对非税负担的影响

自变量	双向固定效应	两步 GMM
lexpratio	0.049 ** (0.019)	0.105 *** (0.034)
taxexp	−0.063 *** (0.023)	−0.058 *** (0.013)
stratio	0.074 *** (0.024)	0.101 *** (0.022)
gdprate	−0.001 (0.009)	0.005 (0.009)
prate	−0.007 (0.062)	0.013 (0.060)
常数	−0.033 (0.020)	
地区效应	是	是
时间效应	是	是
组内 R^2	0.541	
Underidentification test-P 值		0.000

续表

自变量	双向固定效应	两步 GMM
Weak identification test (Cragg – Donald Wald F):		239.615
Hansen J 统计量–P 值		0.583
观测值	403	341

注:(1)括号内数值为稳健标准误;(2)不可识别检验使用的是 Kleibergen-Paaprk LM 统计量;(3)弱识别检验依据的是 Stock-Yogo(2005)提供的临界值;(4)*、**、*** 分别代表 10%、5%和 1%的显著水平。

　　由于非税收入可划分为不同类型,财政支出对不同类型非税收入引致的非税负担的影响可能存在差异,为此,进一步检验了财政支出对不同类型非税负担的影响,实证结果如表 3-8 所示。

表 3-8　财政支出对不同类型非税负担影响

	zxratio		feeratio		fmratio		qtratio	
	双向固定效应	两步 GMM	双向固定效应	两步 GMM	双向固定效应	两步 GMM	双向固定效应	两步 GMM
lexpratio	0.008* (0.004)	0.021* (0.011)	0.010 (0.007)	0.026*** (0.009)	0.004*** (0.001)	0.009*** (0.003)	0.027*** (0.009)	0.053*** (0.016)
taxexp	-0.041*** (0.010)	-0.044*** (0.007)	-0.003 (0.005)	-0.004 (0.004)	-0.0005 (0.002)	-0.0003 (0.001)	-0.019 (0.021)	-0.010 (0.009)
stratio	0.047*** (0.016)	0.055*** (0.011)	-0.004 (0.009)	0.007 (0.008)	-0.002 (0.004)	0.002 (0.003)	0.034 (0.018)	0.040** (0.016)
gdprate	-0.003 (0.006)	-0.003 (0.004)	0.001 (0.005)	0.003 (0.004)	0.004 (0.003)	-0.004 (0.003)	0.005 (0.007)	0.011* (0.006)
prate	0.015 (0.020)	0.024 (0.029)	-0.017 (0.017)	-0.022 (0.017)	-0.005 (0.005)	-0.009* (0.005)	-0.0003 (0.042)	0.015 (0.039)
常数	-0.024* (0.012)		0.006 (0.009)		0.005** (0.003)		-0.020 (0.013)	
地区效应	是	是	是	是	是	是	是	是
时间效应	是	是	是	是	是	是	是	是
组内 R²	0.334		0.330		0.306		0.496	

续表

	zxratio		feeratio		fmratio		qtratio	
	双向固定效应	两步GMM	双向固定效应	两步GMM	双向固定效应	两步GMM	双向固定效应	两步GMM
Under identification test-P 值		0.000		0.000		0.000		0.000
Weak identification test(Cragg-Donald Wald F):		239.615		239.615		239.615		239.615
HansenJ 统计量-P 值		0.476		0.922		0.575		0.217
观测值	403	341	403	341	403	341	403	341

注:(1)括号内数值为稳健标准误;(2)不可识别检验使用的是 Kleibergen-Paaprk LM 统计量;(3)弱识别检验依据的是 Stock-Yogo(2005)提供的临界值;(4) *、**、*** 分别代表 10%、5%和 1%的显著水平。

可以看出,双向固定效应估计结果与 GMM 估计结果整体比较接近,只不过各个变量的系数值存在一定差异。由于 GMM 估计结果考虑了地方财政支出的内生性,因此,此处以 GMM 估计结果为例对模型进行解释。地方财政支出占地区生产总值比重($lexpratio$)对各类非税负担均在统计上表现出显著的正向影响,即地方财政支出的扩张推动了各类非税负担的攀升。从地方财政支出对各类非税负担影响的排序看,呈现出"其他收入>行政事业性收费>专项收入>罚没收入"的特点。其他收入包含的收入种类较多,其中,国有资本经营收入和国有资源(资产)有偿使用收入占比最高,2014—2020 年,上述两类收入占其他收入的平均比重高达 76.6%,占全部非税收入的平均比重为 32.9%[①],占比位居各项非税收入之首,这也在一定程度上表明,地方财政支出扩张对非税负担的影响主要是通过国有资产这一渠道实现的。在 2019 年上半年财政收支情况新闻发布会上,财政部相关负责人表示,非税收入增长较

————

① 同期专项收入、行政事业性收费收入、罚没收入占全部非税收入的平均比重分别为 28.1%、19.9%和 9.9%。

快并非提高收费增加的收入,主要是中央和地方财政为弥补减税引发的减收而多渠道盘活国有资金和资产筹集的收入。表3-8的实证结果部分支持了这一观点,但地方财政支出扩张对其他各类非税负担的影响也不容忽视。尤其对于罚没负担来说,尽管罚没收入占非税收入的比重并不算高,地方财政支出对罚没类非税负担的影响程度相对较小,但近几年来,随着减税降费力度的加大及地方财政压力的加剧,罚没收入增速及其占非税收入的比重出现明显反弹(见图3-9),这一现象值得警惕。2020年10月,14个国务院督查组分赴14个省(区、市)和新疆生产建设兵团开展实地督查,部分督察组发现,一些基层政府过度使用行政处罚手段,与财政收入增速普遍下降或负增长形成鲜明对照的是,不少地方罚没收入逆势上升。

图3-9　罚没收入增速变化趋势图

3. 异质性检验

如前所述,地方财政支出扩张势必加大地方政府的资金需求,非税收入作为灵活性最高、地方政府干预能力最强的筹资手段之一(赵仁杰和范子英,2021)[126],在实践中备受地方政府青睐,尤其是在税收增长乏力的情形下,非税收入更易成为地方财政收入的重要增长点。图3-10显示,2007—2020年,地方财政非税收入比重整体呈现上升态势,由2007年的18.3%升至2016年的 25.8%,2017 和 2018 年略有下降,分别为 24.9% 和 22.4%,但 2019 年起又出现反弹,2020 年升至 25.4%。

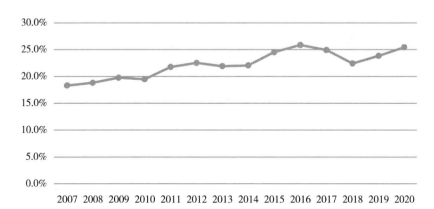

图 3-10 2007—2020 年非税收入比重变化图

需要注意的是,地方财政非税收入比重在整体攀升的同时还呈现出明显的区域性差异。由表 3-9 看出,2007—2019 年,多数省份①的非税收入的平均比重高于 20%,个别省份甚至超过 30%(包括天津、山西、湖南、广西、重庆、西藏、甘肃)。其中,重庆市 2012 年非税收入占比甚至高达 43.0%。相比之下,仅有少数经济发达省份的非税收入占比相对较低,北京、上海、江苏、浙江、广东和海南的非税收入比重低于 20%,其中,北京、上海、浙江的非税收入比重甚至低于 10%。总体来看,多数经济发达省份的财政收入对非税收入依赖度相对较低。

表 3-9 2007—2019 年各省非税收入平均比重   单位:%

省份	非税收入比重	省份	非税收入比重
北京	7.9	湖北	27.2
天津	30.8	湖南	35.5
河北	25.0	广东	18.1

① 为行文方便,将省、自治区和直辖市统称为省份。

省份	非税收入比重	省份	非税收入比重
山西	29.6	广西	33.1
内蒙古	29.0	海南	16.4
辽宁	24.9	重庆	34.6
吉林	27.5	四川	27.2
黑龙江	26.6	贵州	27.8
上海	8.9	云南	26.1
江苏	17.8	西藏	31.3
浙江	9.8	陕西	28.0
安徽	27.2	甘肃	32.7
福建	20.5	青海	23.0
江西	28.3	宁夏	26.4
山东	23.9	新疆	27.1
河南	28.5		

由于各省的经济发展水平、体制机制、营商环境等客观上存在一定差异，地方财政支出扩张对非税负担的影响也会有所不同。为此，借鉴储德银等（2019）[117]的做法，以 2019 年人均 GDP 为标准，将全国 31 个省份划分为经济发达地区和欠发达地区两个样本①，分别考察财政支出对非税负担的影响。统计数据显示，2007—2019 年，31 省的平均非税负担为 2.58%，其中发达省份的平均非税负担为 1.99%，欠发达省份的平均非税负担为 2.78%②，后者在统计上显著高于前者。但一个值得注意的现象是，2007—2019 年期间，尽管经济发达地区的非税负担在平均意义上低于欠发达地区，但两者的变化趋势却十分相似，整体均在波动中趋升。其中，经济发达地区的平均非税负担由 2007 年的 1.14% 升至 2016 年的 2.84% 后，连续 2 年出现下降，但 2019 年

---

① 其中发达地区包括北京、上海、天津、江苏、浙江、福建、广东和山东 8 个省份。

② 非税负担用非税收入占地区生产总值比重度量。

又反弹至 2.61%,经济欠发达地区的平均非税负担则由 2007 年的 2.10%
升至 2016 年的 3.41%,随后 2 年连续下降,但 2019 年又反弹至 2.90%。从
财政支出占地区生产总值的变化趋势看,经济发达地区的这一比重由 2007
年的 12.14% 波动中升至 2015 年的 18.07%,随后 3 年持续下降,并于 2019
年反弹至 17.44%,期间平均比重为 15.48%;欠发达地区的这一比重由
2007 年的 22.02% 波动中升至 2019 年的 34.04%,期间平均比重为 30.32%
(见图 3-11 和图 3-12)。通过计算发现,经济发达地区财政支出与非税负
担的成对相关系数为 0.345,经济欠发达地区财政支出与非税负担的成对
相关系数为 0.258,初步判断发达地区财政支出对非税负担的影响大于欠
发达地区。

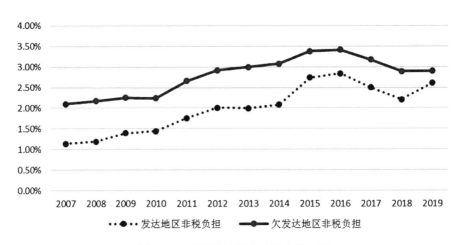

图 3-11 不同发达程度地区非税负担

考虑到发达地区的样本数量相对较少,为检验地方财政支出对制造业税
负影响的地区差异,在模型中加入地区虚拟变量(fada)与地方财政支出规
模(lexpratio)的交叉项,实证结果如表 3-10 所示。不难发现,双向固定效应
估计结果与 GMM 估计结果比较相近,但由于 GMM 估计考虑了地方财政支出
可能存在的内生性,进一步以 GMM 估计结果为例对模型进行解释。具体来
看,地方财政支出规模的系数在统计上显著为正,地区虚拟变量与地方财政支

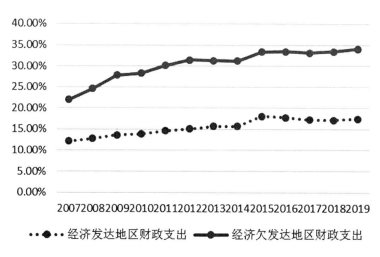

图3-12 不同发达程度地区财政支出

出规模的交叉项($fada \times lexpratio$)系数在统计上也显著为正,表明无论在经济发达地区还是欠发达地区,地方财政支出扩张均对非税负担具有显著的正向影响,但在经济发达地区,地方财政支出规模每上升1个百分点,对其非税负担的影响要较欠发达地区高出0.078个百分点。可能的原因在于,一方面,经济欠发达地区的财政自给率整体偏低①,对上级政府转移支付的依赖度较高,财政支出扩张的资金需求可以更多地通过转移支付满足,进而降低了对非税收入的依赖。另一方面,财政支出扩张或财政压力加大会导致政府加大非税收入征管强度,发达地区的非税收入征管挖潜空间整体上大于欠发达地区。此外,不同地区的非税收入构成存在一定差异,不同类型非税收入的收入来源及征管挖潜空间不尽相同,而且经济发达地区和欠发达地区对不同类型非税收入的依赖度也有所不同,由此导致财政支出扩张对非税负担影响的区域性差异。

---

① 如果用一般公共预算收入与一般公共预算支出的比值度量财政自给率,2008—2019年,经济发达地区的财政自给率平均值为0.780,而经济欠发达地区财政自给率平均值仅为0.389。

表 3-10　财政支出对非税负担影响的区域差异

自变量	双向固定效应	两步 GMM
lexpratio	0.050 ** （0.018）	0.106 *** （0.033）
fada×lexpratio	0.085 （0.062）	0.078 ** （0.034）
taxexp	−0.047 * （0.026）	−0.045 *** （0.015）
stratio	0.078 *** （0.020）	0.104 *** （0.021）
gdprate	−0.001 （0.008）	0.006 （0.008）
prate	−0.031 （0.061）	0.0003 （0.061）
常数	−0.041 ** （0.017）	
地区效应	是	是
时间效应	是	是
组内 R^2	0.550	
Under identification test（P 值）		0.000
Weak identification test （Cragg – Donald Wald F）：		250.029
Hansen J 统计量—P 值		0.555
观测值	403	341

注：（1）括号内数值为稳健标准误；（2）不可识别检验使用的是 Kleibergen-Paaprk LM 统计量；（3）弱识别检验依据的是 Stock-Yogo（2005）提供的临界值；（4）*、**、*** 分别代表 10%、5% 和 1% 的显著水平。

　　尽管经济发达地区和欠发达地区的财政支出扩张均在一定程度上推动了非税负担的攀升，但仍有一个问题有待回答：上述助推效应在两类地区究竟是通过哪类非税负担实现的？只有厘清财政支出扩张对不同地区非税负担影响的结构性差异，才能提出针对性政策举措减轻非税负担。如前所述，不同地区对不同类型非税收入的依赖度客观上存在一定差异。表 3-11 显示了 2007—

2019 年经济发达地区和欠发达地区各类非税收入占一般公共预算收入的比重。整体来看,经济欠发达地区的各类非税收入占比均显著高于经济发达地区,但从地方财政对各类非税收入的依赖度来看,两类地区具有较强的相似性,呈现出"其他收入>专项收入>行政事业性收费>罚没收入"的特征。

表 3-11 不同发达程度地区各类非税收入占一般公共预算收入比重

单位:%

	经济发达地区	经济欠发达地区	t 检验-P 值
专项收入占比	4.58	7.09	0.000
行政事业性收费占比	4.38	6.84	0.000
罚没收入占比	1.97	3.11	0.000
其他收入占比	6.28	10.91	0.000
非税收入占比	17.21	27.95	0.000

注:其他收入包括国有资本经营收入、国有资源(资产)有偿使用收入及其他收入。

接下来在模型中加入地区虚拟变量($fada$)与地方财政支出规模($lexpratio$)的交叉项,再次对模型进行双向固定效应和两步 GMM 估计,实证结果如表 3-12 所示。

表 3-12 财政支出对各类非税负担影响的地区差异

	zxratio		feeratio		fmratio		qtratio	
	双向固定效应	两步GMM	双向固定效应	两步GMM	双向固定效应	两步GMM	双向固定效应	两步GMM
lexpratio	0.008 ** (0.004)	0.022 ** (0.011)	0.010 (0.007)	0.025 *** (0.009)	0.004 *** (0.001)	0.009 *** (0.003)	0.027 *** (0.009)	0.054 *** (0.016)
fada×lexpratio	0.045 * (0.025)	0.052 *** (0.017)	-0.034 (0.022)	-0.043 ** (0.018)	0.022 (0.014)	0.024 * (0.013)	0.052 (0.057)	0.047 * (0.028)
taxexp	-0.032 ** (0.013)	-0.036 *** (0.008)	-0.010 (0.007)	-0.011 *** (0.004)	0.004 (0.003)	0.004 (0.002)	-0.009 (0.019)	-0.002 (0.011)
stratio	0.048 *** (0.014)	0.057 *** (0.012)	-0.006 (0.010)	0.005 (0.008)	-0.001 (0.003)	0.003 ** (0.003)	0.036 * (0.018)	0.042 *** (0.016)

续表

	zxratio		feeratio		fmratio		qtratio	
	双向固定效应	两步GMM	双向固定效应	两步GMM	双向固定效应	两步GMM	双向固定效应	两步GMM
gdprate	-0.003 (0.005)	-0.003 (0.004)	0.001 (0.004)	0.002 (0.003)	-0.004 * (0.002)	-0.004 ** (0.002)	0.005 (0.006)	0.011 ** (0.005)
prate	0.002 (0.018)	0.015 (0.028)	-0.007 (0.019)	-0.015 (0.018)	-0.011 * (0.006)	-0.013 ** (0.006)	-0.015 (0.039)	0.008 (0.040)
常数	-0.026 *** (0.009)		0.015 (0.009)		0.002 (0.004)		-0.031 ** (0.014)	
地区效应	是	是	是	是	是	是	是	是
时间效应	是	是	是	是	是	是	是	是
组内 R^2	0.346		0.347		0.372		0.502	
Under identification test(P 值)		0.000		0.000		0.000		0.000
Weak identification test(Cragg-Donald Wald F):		250.029		250.029		250.029		250.029
Hansen J 统计量-P 值		0.525		0.988		0.708		0.201
观测值	403	341	403	341	403	341	403	341

注:(1)括号内数值为稳健标准误;(2)不可识别检验使用的是 Kleibergen-Paaprk LM 统计量;(3)弱识别检验依据的是 Stock-Yogo(2005)提供的临界值;(4)*、**、*** 分别代表10%、5%和1%的显著水平。

由表3-12不难看出,无论采用双向固定效应估计还是两步 GMM 估计方法,地区虚拟变量与地方财政支出规模交叉项(fada × lexpratio)的系数符号均保持一致,但在统计上的显著性存在一定差异。由于 GMM 两步估计法考虑了地方财政支出规模可能存在的内生性,仍以两步 GMM 估计结果为例对模型进行解释。不难看出,无论在经济发达地区还是欠发达地区,地方财政支出规模(lexpratio)对各类非税负担的影响在统计上均显著为正,但这种影响存在一定程度的区域性和结构性差异。具体来看,经济发达地区地方财政支出规模对专项非税负担、罚没非税负担以及其他非税负担的影响大于欠发达地区,但对行政事业性收费非税负担的影响呈现出"欠发达地区>发达地区"的特点。这表明,尽管两类地区财政支出扩张均会导致非税负担攀升,但与经济欠发达地区相比,经济发达地区更倾向于通过增加专项收入、罚没收入及国有资本经营收入和国有资源(资产)有偿使用收入等途径满足财政资金需求,而经济欠发达地区则更倾向于通过增加行政事业性收费弥补收支缺口,可能的原因在于,与经济发达地区相比,欠发达地区财政收入对行政事业性收费的依赖度相对较高,同时这些地区的法治环境、政务环境、政商环境、市场环境仍有较大改进空间,涉企收费监管力度有待进一步提升,违规收费的现象更易发生。

当然,上述实证分析涉及的非税负担仅限于一般公共预算收入中的非税收入引发的经济负担,显然这并不是非税负担的全部。实践中的涉企非税负担还包括中介机构、商业协会等各类主体收取的经营服务性收费、政府性基金、社保费等,甚至包括行政垄断行业的产品价格。刘蓉等(2017)[127]基于对某市1012家企业①的问卷调查显示,认为非税费用负担"很重"和"较重"的企业占比为32.6%,关于非税费用的分布,认为主要集中在中介机构收费和政府机关收费的样本企业分别占比43.6%和30.8%。博娟等(2019)[128]基于对云南省近200家企业的研究发现,不同口径的非税负担差异十分明显,2015—2017年,涉企行政事业性收费和政府性基金占企业总成本的比例由2015年的0.3%降至2017年的0.25%,如果考虑到经营服务性收费和社保缴费,则同期非税负担占总成本的比例由1.71%升至1.80%,如果进一步考虑融资成本和公用事业产品成本,则非税负担占总成本的比例在2017年达到21.57%,进而认为,企业非税负担的主要来源是行政垄断行业产品价格引致的企业负担。这一发现也得到工信部中国中小企业发展促进中心发布的全国企业负担调查评价报告②的佐证。其中,

---

①　其中包含制造业、建筑业等第二产业的企业502家。
②　全国企业负担调查的对象虽然并不局限于制造业企业,但制造业企业占据了绝大多数,以2018年为例,共有5768家企业完成了有效问卷,其中制造业企业占76.2%。因此,调查结果能够较好地刻画制造业企业的税费负担状况。

2016 年和 2017 年的全国企业负担调查评价报告显示,分别有 45% 和 42% 的受访企业认为水、电、气等资源要素垄断机构收费在涉企收费领域中负担最重或较重。在 2019 年 9—11 月针对 234 家制造业企业的问卷调查中,当问及涉企收费(包括行政事业性收费、政府性基金、罚款罚没收入等)对企业造成的压力大小时,表示"非常大"和"比较大"的企业分别占比 6.4% 和 21.8%,两者合计达到 28.2%,这一比重与刘蓉等(2017)[127] 的调查结果比较接近,而表示"比较小"和"非常小"的比例分别为 12.0% 和 3.0%,两者合计仅为 15.0%,表明对于多数受访制造企业而言,涉企收费负担仍然不轻。当进一步追问企业最不满意的涉企收费项目时,受访企业的作答主要集中在残疾人就业保障金、社保费、行政事业性收费三个方面,还有少数企业提及了地方教育附加、工会经费等收费项目。尽管近几年来国家出台了大力度降费举措,但涉企收费依然存在不少问题。中国中小企业促进中心发布的《2020 年全国企业负担调查评价报告》指出,与行政机关要求相关的行政事业性收费依然较多,中介服务竞争不足导致收费标准高,以罚款代替监管、要求企业接受指定机构提供中介服务的现象仍有发生。各类非税负担增加了企业的经营支出,倾向于弱化企业的盈利水平,进而放大了税收负担对税负压力的影响。

二、非税负担对制造业企业税负压力的影响分析

税负是政府通过筹集税收收入而对企业造成的一种经济负担,但政府来自企业的收入并非仅仅税收一种形式,还包括各类非税收入。从企业的视角看,非税收入与税收收入一道构成企业的经济负担,是经济活动主体"痛感"的来源之一(谷成和潘小雨,2020)[123]。尽管企业的非税负担并非全部由政府的非税收入引发,但非税收入无疑是企业非税负担的重要源泉。按照 2018 年政府工作报告对于降低企业非税负担的部署,企业的非税负担涉及面非常广,不仅包括行政事业性收费、政府性基金、"五险一金"以及中介经营服务性收费,而且包括电、气、水、交通等公用事业产品的价格(傅娟等,2019)[128]。

但笔者认为,现实中的部分企业在谈论税负压力时之所以将部分非税负担(如教育费附加、地方教育附加、行政事业性收费、社保费)也考虑在内,一个重要原因在于企业的这些非税支出项目与税收比较相似,由政府或其职能机关征收,直接构成了政府收入,从企业来看,均是由政府或其职能机关直接行使行政权力引致的企业经济负担,具有较为明显的强制性,现实中的许多制造业企业尤其是小微企业从业者对税收及准税收性质收费的界限把握并不十分精准,易将两者混为一体。并且,与税相比,费的法治化水平相对较低,征收弹性相对更大,部分收费与企业经营状况关联度不高,特别是在税收增速下滑、政府财政压力加大时,增加非税收入成为满足财政支出刚性增长、缓解政府收支矛盾的现实选择,"税不够,费来凑"的现象在许多地方时有发生,包括罚没收入在内的非税收入甚至成为一些地方政府增加收入的主要突破点(马光远,2012)[129],加剧了非税负担对包括制造业企业在内的企业税负压力的影响。2016—2020年审计署公布的国家重大政策措施落实情况跟踪审计结果显示,违规收取非税收入的行为屡有发生。其中,2020年第一季度审计结果显示,一些地方发生违规收费、违规开展中介服务或违规向企业转嫁应由财政保障的费用等行为,涉及金额达到2.06亿元,2020年第二季度和第三季度审计结果同样披露了类似现象,涉及金额分别为1475.15万元和1248.95万元①。经营服务性收费、公用事业产品价格诚然也可能因行政权力的间接干预导致收费或价格过高,但对于企业而言,支付中介经营服务性收费以及电、气、水、交通等公益事业产品价格属于平等市场主体之间交易支付的对价,并不具有强制性,也不属于政府进行社会管理的需要,况且企业支付的中介经营服务性收费和公益事业产品价格本身并不直接构成政府收入,这与行政事业性收费、政府性基金以及社保缴费等有着明显不同。此外,国发〔2016〕48号印发的《降低实体经济企业成本工作方案》中将企业成本划分为六大类。企

①　其中,部分违规收费涉及制造业企业。

业为公用事业产品支付的价格(如用电价格、公路收费等)被归入能源成本、物流成本,并未将其视为企业的税费负担,而且,在降低企业税费负担方面,方案将降低费负的重点放在了涉企行政事业性收费和政府性基金方面。因此,考察非税负担对制造业企业税负压力的影响时,需要对非税负担"分类处理,区别对待"(如图3-13所示)。一类属于准税收性质的非税负担(如教育费附加、地方教育附加、社保费、残疾人就业保障金等),从个体纳税人的角度看,此类非税收入与税收具有相似的特征,均表现出一定程度的强制性、非直接偿还性和固定性,进而在认知范畴中将其视为自身的税收负担,主观上扩大了税收的外延,无形中放大了税收对企业税负压力的影响。另一类是其他非税负担,包括行政事业性收费、经营服务性收费以及支付公益事业产品价格等,这些非税负担是因企业自愿要求享受特定服务或者购买特定产品引发的,具有一定的补偿性,并不属于政府施加于企业的普遍性和强制性非税负担,与税收负担存在明显差异,从认知范畴来看,企业通常不会将其与税收负担混为一谈。但这绝不意味着准税收性质以外的其他非税负担与企业税负压力无关,这是因为行政事业性收费的项目及标准是由政府及其职能机关确定的,许多经营性服务以及水、电、燃气等垄断性公益事业产品也实行政府定价或政府指导价,如果收费项目泛滥、收费标准及价格过高,势必会加大企业的要素成本和经营费用,压缩企业的盈利空间,弱化企业的支付能力,进而降低企业对税负的承受能力,使得既定税额对企业产生的压力攀升。由此可见,非税负担的背后大多有政府的"有形之手"在进行直接或间接干预,各类非税负担可通过不同机制影响制造业企业的税负压力,即便一些纯粹市场化的经营性服务收费也会因政府行政审批前置项目的存在演变成企业的强制性支出。张连起(2017)[130]指出,企业对税和费的感受紧密相连,如果减税而不降费,企业仍会感到负担过重,各类不规范收费带给企业的负担远高于税收。更为重要的是,在财政支出需求刚性增长的压力下,各种非税收入规模的扩张会使通过减税政策降低的税收负担通过非税收入重新施加于企业,进而弱化政府减税政策的红利(谷成和潘小雨,2020)[123],影响企业的减税获得感。因此,化解制造业企业税负压力必须坚持税费联动,这也是近几年来政府实施大规模减税降费的重要缘由。此外,从政府层面来看,导致制造业企业非税负担加重的因素还包括各类制度性交易成本。笔者在2021年5月针对H市SW公司的访谈中发现,该公司对环保部门每个年度开展的环保年审意见较大,并且这种年审形式重于实质,由此产生的制度性交易成本每年在万元以上,给企业带来较重负担。2017年1月4日召开的国务院常务会议上,国务院总理李克强指出,有声音认为企业税负过高,主要还是因为企业非税负担过重,而企业成本主要高在制度性交易成本①。

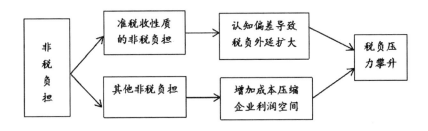

图3-13　非税负担对制造业企业税负压力的影响示意图

　当然,上述分析主要侧重对非税负担与制造业企业税负压力的关系进行定性分析,非税负担究竟是否推高了制造业企业税负压力,将在后文基于中国制造业上市公司数据进行定量考察。

第三节　税收制度和政策设计与制造业企业税负压力

在税收征管水平、制造业企业经营状况及纳税遵从度既定的条件下,税收

---

① 参见 http://cnews.chinadaily.com.cn/baiduMip/2017-01/09/cd_27903926.html。

制度和政策成为决定企业税负水平的核心要素。中国现行的税收制度脱胎于
1994年的工商税制改革,尽管20多年来发生了局部性调整,但基本框架并未
发生根本性改变。考虑到税收制度及政策涉及内容十分宽泛,为了找准分析
的切入点,首先基于实地调研数据刻画了制造业企业对现行税制及税收政策
感受比较集中的领域。在2018年6—7月针对311家制造业企业开展的问卷
调查中,166家受访企业反映税负"比较重"或者"非常重",进一步追问税负
重感的原因①,排在前四位的依次是:税率太高(38.0%)、盈利水平太低
(22.2%)、税种数量太多(18.0%)和税收优惠太少(14.4%)。在2019年9—
11月针对234家制造业企业开展的问卷调查中,43.2%的受访企业认为自身
的税负压力"非常大"或"比较大",对于税负压力的成因,企业反映比较集中
的领域主要有:盈利能力低,税负承受能力差(48.7%);社保负担太重
(45.3%);税收优惠太少(35.9%);税种税率太高(35.5%);税种数量太多
(34.2%)②。当进一步追问税负压力最突出的成因时③,受访企业的回答情
况如下:盈利能力低,税负承受能力差(29.1%);税种税率太高(19.2%);社
保负担太重(18.8%)、税收优惠太少(10.7%)。在2021年4—5月针对261
家制造业企业开展的问卷调查中,41.0%的受访企业反映税负压力"比较大"
和"非常大",对于税费压力的主要来源,排在前五位的原因依次是:盈利水平
太低(41.4%);社保负担太重(33.3%);税种税率太高(30.3%)、税收优惠太
少(28.7%);税种数量太多(21.5%)。对比三次调查结果不难发现,税率高、
税收优惠少、税种数量多均是引致制造业企业税负压力的重要因素,这些都属
于税收制度和政策设计的范畴。不同的是,在2018年6—7月的问卷调查中,
税率因素位居第一,但在2019年9—11月和2021年4—5月的问卷调查中,
税率因素对税负压力的影响力有所下降,这应该主要归因于2019年4月1日

---

① 本道题目为单项选择题。
② 本道题目为多项选择题,故各选项百分比之和大于100%。
③ 本道题目为单项选择题。

起增值税税率的下调。不过,整体来看,税率水平、税收优惠力度及税种数量仍是制造业企业税负压力的重要影响因素。接下来,分别从税率水平、税种数量及税收优惠三个视角阐述税收制度和政策对制造业税负压力的影响机理。

一、税率对制造业企业税负压力的影响机理

税率是税收制度的中心环节和基本要素,税率高低是反映税负轻重的重要指标。1994 年工商税制改革设定的税率水平有着多重考量,其中,偏低的税收征收率迫使税制的设计必须"宽打窄用"(高培勇,2006)[95],为满足财政支出的需要,必须设定较高的名义税率,"高税率,松征管"导致法定税负与实际税负存在巨大偏差。由于不同税种对制造业企业税负的影响力存在明显差异,因此,分析税率对制造业企业税负压力的影响应将着力点放在主要税种上。在现行的 18 个税种中,增值税和企业所得税无疑是制造业企业最主要的税负来源。在 2018 年 6—7 月针对 311 家制造业企业的问卷调查中,61.7%的受访企业认为税负最重的税种是增值税,21.2%的受访企业认为税负最重的是企业所得税,两者比例合计高达 82.9%。这一调查结果得到了 2019 年9—11 月问卷调查的进一步佐证,在 234 家受访制造业企业中,反映增值税税负最重的企业占比为 44.0%,认为企业所得税税负最重的企业占比为24.8%,两者比例合计达到 68.8%。按照 1994 年的税制设计,增值税的基本税率是 17%,企业所得税的基本税率是 33%。对此,高培勇(2006)[95]指出,上述税种的税负水平同其他国家的相关税制相比显然并不算轻。制造业作为实体经济的主体,行业内的多数企业一直适用增值税和企业所得税的基本税率。2008 年内外资企业所得税制正式统一后,企业所得税税率降至 25%,较之原来下降 8 个百分点,但在全球仍处于中等偏上水平。在 2019 年 9—11 月开展的问卷调查中,当问及制造业企业在企业所得税纳税方面存在的主要问题时,44.4%的企业选择了"税率太高"。对于盈利企业来说,企业所得税税率影响企业税负的逻辑比较直接,较高的企业所得税税率显然会增加企业的

所得税费用,降低企业的税后利润。增值税基本税率自1994年起20多年内维持在17%的水平,适用于制造业的增值税税率在全行业中居于高位,学术界普遍认为制造业增值税税率过高(刘建民等,2020)[35]。2018年5月1日起,制造业适用的增值税基本税率由17%降至16%,随后自2019年4月1日起进一步下降3个百分点降至13%。通过对两次调查结果的比较可以发现,2019年认为增值税税负最重的受访企业比重较2018年明显下降,在一定程度上表明增值税税率下调3个百分点对于减轻制造业企业增值税负担具有积极作用。在调查问卷中设计了如下问题:贵企业对2019年出台的下列哪项优惠政策的减税效果最满意?调查结果显示,234家受访企业中,23.5%的企业选择了"制造业企业增值税税率下调3个百分点"。但值得注意的是,仍有44.0%的企业认为当前税负最重的税种是增值税,当问及企业在增值税纳税方面的主要问题时,41.9%的企业选择了"税率太高",在各个选项中位居第二。这表明尽管增值税税率较之过去已有较大幅度下降,但距离相当部分制造业企业的预期仍然存在差距。尤其对于一些劳动密集型的加工制造业企业来说,人工成本占据成本支出的大头,但人工成本的进项税额无法抵扣,其他可供抵扣的进项税额又相对较少,进而加重了企业的增值税负担。笔者在对惠州市SW公司进行调研时发现,该公司主要为部分大中型企业提供零部件加工业务,适用的增值税税率为13%,但由于公司的人工成本占比高达70%—80%,可供抵扣进项税额的项目主要限于辅助材料、水电费用及厂房租金,导致公司的增值税实际税负率接近10%,由此引发的增值税税负重感十分强烈。SW公司的财务负责人表示,从该公司税负承受能力的角度看,增值税税率下降至10%左右比较合适。横向来看,中国增值税税率在下调3个百分点后,与欧盟、OECD成员国甚至金砖国家相比并不算高,但与亚太周边国家和地区相比仍不算低。OECD成员国的增值税平均标准税率由2008年的17.6%升至2018年的19.1%(周华伟,2018)[128],欧盟主要成员国增值税平均标准税率超过20%,亚太周边国家的增值税标准税率一般位于6%—12%之

间(杨志勇,2018)[132],亚洲区域近一半的国家增值税标准税率不高于 10%
(李旭红,2020)[133]。基于国际比较的视野来看,中国的增值税标准税率处于
中等水平(见表 3-13),与制造业企业的预期及多数亚太国家和地区相比,仍
有一定下调空间,尤其是考虑到增值税征收率的提升使得增值税实际税负与
法定税负不断逼近,继续适度下调增值税税率是减轻制造业企业税负压力的
现实选择。

表 3-13　部分欧盟国家和亚太国家增值税标准税率① 　　　单位:%

欧盟国家	税率	亚太国家和地区	税率	金砖国家	税率
法国	20	中国	13	中国	13
德国	19	日本	10	南非	15
丹麦	25	韩国	10	印度	18②
意大利	22	澳大利亚	10	俄罗斯	20
波兰	23	越南	10		
荷兰	21	印度尼西亚	10		
西班牙	21	蒙古	10		
瑞典	25	新加坡	7		
芬兰	24	泰国	7		

数据来源:(1)欧盟国家增值税税率截至 2022 年 3 月,数据源于欧盟官网;(2)亚太国家和地区增值税
　　税率截至 2019 年,根据中国报告网查询整理(其中南非的增值税标准税率源于 OECD 出版
　　的《2018 税制改革》)。

　　然而,一个有趣的问题是:下调制造业增值税税率后,制造业企业的增值
税负担是否一定下降? 从逻辑上分析,答案似乎是肯定的,但现实情况可能要
复杂得多。刘建民等(2020)[32]指出,名义税率的下降并不等于企业实际税
负的减轻。2019 年 4 月 1 日起,制造业增值税税率下调 3 个百分点,对于制
造业一般纳税人企业来说,理论上无疑是一项重大的减税举措。但从制造业

---

　　①　不同国家和地区对增值税的称谓有所不同,比如日本称之为消费税,中国台湾称之为加
值型营业税。
　　②　印度的货物和劳务税(GST)税率包括 5%、12%、18% 和 28% 四档,其中 18% 适用最为广泛。

中国制造业企业税负压力的形成机理及化解路径研究

企业的主观评价来看,下调增值税税率的减税效果与预期尚存在一定差距。2019 年 9—11 月针对 234 家制造业企业问及了以下问题:贵企业对 2019 年出台的下列哪项优惠政策的减税效果最满意? 调查结果显示,在受访的 134 家一般纳税人企业中,选择"制造业增值税税率下降 3 个百分点"的企业仅有 47 家,占比为 35.1%。龚辉文(2020)[134]的研究认为,通过下调制造业增值税税率降低制造业(企业)增值税负担进而降低制造业(企业)成本的逻辑未必成立,应当基于整个链条而非单个环节考察增值税,2018 年和 2019 年增值税税率的下调不能直接降低制造业的成本,但通过降低整个链条的增值税税负降低了消费端的价格,有利于刺激消费和提升供应端的市场空间及盈利能力。但笔者认为,基于整个链条分析增值税忽视了各个环节企业增值税税负的异质性,并且,龚辉文(2020)[134]没有考虑增值税税率调整对企业销售价格及采购价格的影响。为了进一步考察增值税税率下调对制造业增值税负担的影响,在借鉴龚辉文(2020)[131]分析思路的基础上,构建了税率下调对制造业企业增值税负担的影响机理。假定在下调增值税税率之前,一家代表性制造业企业销售环节适用的增值税税率为 t,单位产品的销售价格为 P(不含税),并且 $P = C + V + M$,其中,C 表示单位产品的物化成本,V 表示单位产品的人工成本,M 表示单位产品的利润,其中物化成本 C 是制造业企业进项税额抵扣的主要来源,$M = P - C - V$。现实中制造业企业物化成本的构成往往复杂多样,为简化分析,假定制造业企业采购环节适用的增值税税率同样为 t。这样一来,在增值税税率下调之前,制造业企业的应纳增值税额(VAT)可表达为如下形式:

$$VAT = PQt - CQt \tag{3-3}$$

则制造业企业的增值税税负率(τ)可用应纳增值税额与产品销售收入的比值表示:

$$\tau = t - \frac{Ct}{P} \tag{3-4}$$

108

当制造业增值税税率下调至 t' 时,制造业企业的应纳增值税额在很大程度上取决于税率调整对企业销售价格和采购价格的影响。假定制造业增值税税率下调后,制造业企业将产品的含税销售价格调整为 P' , $P(1 + t') \leqslant P' \leqslant P(1 + t)$,同时购进价格调整为 C' , $C(1 + t') \leqslant C' \leqslant C(1 + t)$,此时产品的销售数量设为 Q' ,则制造业企业的应纳增值税额(VAT')可表达为如下形式:

$$VAT' = \frac{P'Q't'}{1 + t'} - \frac{C'Q't'}{1 + t'} \tag{3-5}$$

则制造业企业的增值税税负率(τ')①如下:

$$\tau' = t' - \frac{C't'}{P'} \tag{3-6}$$

此时制造业增值税税负率的变化量为:

$$\Delta\tau = (t' - t) - \left(\frac{C't'}{P'} - \frac{Ct}{P}\right) \tag{3-7}$$

由于 $P(1 + t') \leqslant P' \leqslant P(1 + t)$, $C(1 + t') \leqslant C' \leqslant C(1 + t)$, $\frac{C}{P} < 1$

当 P' 和 C' 分别为 $P(1 + t)$ 和 $C(1 + t)$,即制造业企业的含税销售价格和采购价格保持不变时,制造业企业在销售端独享了降税率的红利,但在采购端却未能享受降税率的红利,此时 $\Delta\tau < 0$,意味着制造业企业增值税负担随着制造业税率的下降而降低。单位商品的利润 $M' = \frac{(P - C)(1 + t)}{1 + t'} - V$,大于增值税税率下调之前的单位商品利润。此种情形下,制造业企业不仅增值税负担下降,而且盈利水平趋于上升。

当 P' 和 C' 分别为 $P(1 + t')$ 和 $C(1 + t')$,即制造业企业的不含税销售价格和采购价格保持不变时,制造业企业在销售端没有享受降税率的红利,但在采购端独享了降税率的红利,此时 $\Delta\tau < 0$,意味着制造业企业增值税负担随着制造业税率的下降而降低。单位商品的利润 $M' = P - C - V$,与增值税税率

---

① 增值税税负率用应纳增值税额与不含税销售收入的比值度量。

下调之前的单位商品利润相同。此种情形下,制造业企业的增值税负担有所下降,但单位商品的盈利水平保持不变,不过,由于增值税税率下调后,企业含税销售价格的降低可助推销售数量攀升,在其他条件既定的情况下,企业的整体盈利水平会趋于上升。

当 P' 和 C' 分别为 $P(1+t)$ 和 $C(1+t')$,制造业企业的含税销售价格和不含税采购价格保持不变时,制造业企业同时享受了销售端和采购端降税率的红利,此时 $\Delta\tau$ 的符号并不确定。具体来看,当 $\dfrac{C}{P} < \dfrac{1+t}{1+t'+t}$ 时, $\Delta\tau < 0$,当 $\dfrac{C}{P} > \dfrac{1+t}{1+t'+t}$ 时, $\Delta\tau > 0$ 。单位商品的利润 $M' = \dfrac{P(1+t)}{1+t'} - C - V$,大于增值税税率下调之前的单位商品利润。此种情形下,尽管制造业企业的增值税负担变化方向并不确定,但在其他条件既定的情况下,企业的盈利水平趋于上升。

当 P' 和 C' 分别为 $P(1+t')$ 和 $C(1+t)$,制造业企业的不含税销售价格和含税采购价格保持不变时,制造业企业在销售端和采购端均未享受降税率的红利,此时, $\Delta\tau < 0$,制造业企业增值税税负随着制造业税率的下降而降低。单位商品的利润 $M' = P - \dfrac{C(1+t)}{1+t'} - V$,显然, $M' < M$ 。此种情形下,制造业企业的增值税负担虽然下降,但单位商品的盈利水平也同时降低。不过,由于企业产品含税销售售价下降可助推销售数量攀升,企业整体盈利水平变化方向并不确定,取决于单位商品盈利水平降幅与产品销售数量涨幅的对比关系。

当 $P(1+t') < P' < P(1+t)$, $C(1+t') < C' < C(1+t)$,即制造业企业的含税销售价格和含税采购价格较之原来有所下降,但不含税销售价格和含税采购价格较之原来有所上升时,即制造业企业在销售端和采购端部分享受了降税率的红利,此时 $\Delta\tau$ 的符号并不确定。单位商品的利润 M' 介于

$[P - \frac{C(1+t)}{1+t'} - V]$ 与 $[\frac{P(1+t)}{1+t'} - C - V]$ 之间,既可能大于原来的盈利水平,也可能低于原来的盈利水平。此种情形下,制造业企业增值税负担的变化方向并不确定,企业盈利水平的变化方向也不明确。

综合以上分析不难发现,制造业增值税税率的下调对制造业一般纳税人企业增值税负担的影响机理十分复杂,税负变化的最终方向主要取决于增值税税率对于企业采购价格及销售价格的影响,而这种影响又在很大程度上取决于企业与上下游客户的议价能力。更为关键的是,制造业增值税税率的调整不仅会影响制造业企业的增值税负担,而且,还会影响到制造业企业的盈利水平。如果下调增值税税率既能降低企业增值税负担,又可提升企业盈利水平,则企业的减税获得感将会比较明显,如果下调增值税税率在减轻企业增值税负担的同时,却降低了企业的盈利水平,则企业的减税获得感将会趋于弱化甚至缺失。尽管前面的分析表明,下调制造业增值税税率后,如果制造业企业的含税采购价格和销售价格不变,或者不含税采购价格和销售价格不变,企业的增值税负担理论上会出现下降,盈利水平会有所上升,但这一结论是建立在其他条件不变的前提之下的,现实情况的复杂性在于,制造业企业的物化成本不仅会受到增值税税率的影响,还会受到原材料供求、原材料生产成本等多重因素影响①,同时,企业的人工成本及市场环境同样处于动态变化之中,尤其是随着企业人工成本的攀升及市场拓展难度的加大,下调增值税税率为企业带来的减税红利很有可能因其他因素的负向冲击而减少,再加之企业本身可能存在的认知偏差,进而影响企业对降税率的减税获得感②。王乔和徐佳佳

---

① 2019 年 4 月 1 日起,制造业增值税税率下调了 3 个百分点,如果不考虑其他因素影响,制造业一般纳税人企业采购原材料的含税价格应该保持不变或趋于下降,但在 2019 年 9—11 月受访的 134 家制造业一般纳税人企业中,23.0%的企业反映原材料的采购价格(含税)有所上升,这在一定程度上表明,原材料的采购价格同时会受到其他因素影响。

② 也有一些制造业企业因留抵税额较大,应纳增值税额为负,因此,并未感受到下调增值税税率对企业增值税负担带来的影响。

(2020)[135]运用投入产出模型实证考察了2019年4月1日起实施的增值税改革对制造业增值税负担的影响,研究发现,制造业增值税税率由16%降至13%后,90%以上的制造业行业增值税税负下降,但少数传统制造业行业①由于增值额为负,并且其供应链上游主要为增值税减税明显的行业,导致增值税税负不降反增,解决问题的关键在于推动制造业企业提高市场竞争力和盈利能力。

制造业小规模纳税人企业由于实行简易征税办法,下调制造业增值税税率并不直接影响企业的增值税负担,但这并不意味着下调增值税税率不会对小规模纳税人产生任何影响。如果小规模纳税人的采购对象是一般纳税人,则增值税税率的调整会通过影响一般纳税人产品售价间接影响小规模纳税人采购成本。但在2019年9—11月开展的问卷调查中,受访的100家制造业小规模纳税人企业中,仅有11%的企业表示2019年4月1日下调增值税税率后原材料的采购价格有所降低,表明下调制造业增值税税率的红利并未惠及多数小规模纳税人。

二、税收优惠对制造业企业税负压力的影响机理

1. 制造业企业对税收优惠的享受情况不及预期

实施税收优惠是减轻制造业企业税负压力的重要途径。从税收优惠在税法中的地位来看,可以将其划分为法定税收优惠、特定税收优惠和临时税收优惠。一般来说,法定税收优惠在各税种的基本法规中有原则性规定,在较长时期内具有较强的确定性和适用性,有利于纳税人形成稳定的预期。特定税收优惠和临时税收优惠则是根据国民经济社会发展需要或基于某种特定目的②出台的带有一定时效性的税收优惠,这类优惠政策通常由国务院或国务院税

---

① 主要是家具制造业、纺织服装和服饰业以及文教、工美、体育和娱乐用品制造业。
② 比如更好地发挥税收调节功能或者解决纳税人经营过程中出现的暂时困难。

收主管部门以及地方人大或地方政府制定的税收行政法规、税收部门规章、税收地方法规或税收地方规章加以规定。以企业所得税税收优惠为例,《中华人民共和国企业所得税法》第二十八条规定:"符合条件的小型微利企业,减按20%的税率征收企业所得税。"显然,这属于企业所得税的法定税收优惠。为了更好支持小微企业发展,减轻小型微利企业的税收负担,符合条件的小型微利企业还可享受进一步的税收优惠政策。比如,根据《财政部 税务总局关于实施小微企业普惠性税收减免政策的通知》(财税〔2019〕13号)规定,对年应纳税所得额不超过100万元的部分和年应纳税所得额超过100万元但不超过300万元的部分分别实施不同力度的优惠,执行相关优惠后,前者的实际税负率相当于5%,后者的实际税负率相当于10%。上述优惠属于企业所得税的特定优惠,具有一定的时效性。新冠肺炎疫情暴发后,为支持小微企业复工复产和缓解小微企业经营资金压力,《国家税务总局关于小型微利企业和个体工商户延长缴纳2020年所得税有关事项的公告》(国家税务总局公告2020年第10号)进一步提出小型微利企业可在规定时间内延迟缴纳企业所得税①,此举是为应对新冠肺炎疫情针对企业所得税出台的临时性税收优惠。事实上,近些年来,除法定税收优惠外,各级政府和部门根据经济社会发展实际需要陆续出台了大量特定和临时税收优惠政策,如果制造业企业能够做到"应知尽知,应享尽享",对于减轻自身税负压力无疑具有积极意义。但从调查情况来看,制造业企业对税收优惠政策的实际享受情况并不十分乐观。表3-14显示了在2019年9—11月针对234家制造业企业税收优惠政策享受情况的调查结果。由于增值税和企业所得税是制造业企业税负最主要的来源,研究过程中重点调查了制造业企业对增值税和企业所得税两个税种税收优惠政策的享受情况。不难看出,受访企业享受的税收优惠政策主要集中在小型微利企业所得税优惠政策和小规模纳税人增值税起征点优惠,同时,高新技术

---

①　2020年5月1日至2020年12月31日,小型微利企业在2020年剩余申报期按规定办理预缴申报后,可以暂缓缴纳当期的企业所得税,延迟至2021年首个申报期内一并缴纳。

企业所得税优惠政策落实情况较好①。但享受其他类型税收优惠政策的制造业企业比例偏低,表明多数制造业企业享受的税收优惠政策类型相对比较单一。2020 年 3—4 月和 2021 年 4—5 月开展的问卷调查结果同样支持上述发现,分别有 58.2%和 52.5%的受访企业享受过小微企业的企业所得税优惠,成为覆盖率最高的一项税收优惠。值得一提的是,研发费用税前加计扣除优惠作为一项鼓励企业增加研发投入、提升企业创新能力的重要制度安排,惠及面不及预期。2019 年 9—11 月、2020 年 3—4 月以及 2021 年 4—5 月的问卷调查中,分别仅有 10.7%、20.0%和 19.2%的受访企业享受过研发费用税前加计扣除优惠。2022 年 3—4 月,笔者对广东省 42 家制造业企业研发费用加计扣除优惠享受情况进行了专项调查,调查结果显示:仅有 40%受访企业成功享受研发费用加计扣除优惠,12%的受访企业申报享受研发费用加计扣除但未能成功,36%的受访企业主动放弃了研发费用加计扣除优惠,还有 12%的受访企业因条件不符无法享受研发费用加计扣除优惠。此外,固定资产加速折旧也是近年来国家扶持制造业发展的重要税收优惠政策,但在实践中,享受这一优惠政策的制造业企业占比同样不高,2020 年 3—4 月和 2021 年 4—5 月的两次问卷调查中,分别仅有 14.6%和 7.7%的制造业企业享受过固定资产加速折旧优惠。

表 3-14   制造业企业税收优惠政策享受情况   单位:家、%

优惠政策	频数	频率
20%的企业所得税低税率	55	23.5
小型微利企业减半征收企业所得税	92	39.3
小规模纳税人销售额低于一定标准免征增值税	79	33.8
固定资产加速折旧	10	4.3

① 受访的 234 家制造业企业中,高新技术企业共 25 家,其中 21 家企业享受到了高新技术企业的企业所得税优惠政策。

优惠政策	频数	频率
符合条件的固定资产税前一次性扣除	15	6.4
研发费用加计扣除	25	10.7
安置残疾人员就业工资加计扣除 100%	12	5.1
高新技术企业所得税优惠	21	9.0
增值税即征即退、先征后退	10	4.3
增值税免税	26	11.1
企业购置符合规定的环境保护、节能节水、安全生产等专用设备抵免企业所得税	10	4.3
资源综合利用减计收入减免税额	1	0.4
符合条件的技术转让所得减免企业所得税	4	1.7
其他	33	14.1

2.税收优惠政策的设计影响税收优惠政策实施效果

制造业企业对税收优惠政策的享受情况并不十分乐观,既有税务机关的原因,也受制于企业自身因素。但需要注意的是,税收优惠政策的实施效果不仅取决于政策的落实情况,还取决于政策设计本身是否科学合理,如果政策设计存在先天性不足,即便政策不折不扣地得以落实,最终实施效果也恐难尽人意。在 2019 年 9—11 月针对 234 家制造业企业的问卷调查中,当问及涉企税收优惠政策存在的主要问题时,样本企业的回答情况如表 3-15 所示。

表 3-15　税收优惠政策存在的主要问题　　　　单位:家、%

选项	2019 年 9—11 月		2020 年 3—4 月	
	频数	频率	频数	频率
税收优惠力度太小	111	47.4	24	43.6
税收优惠政策变化太频繁	84	35.9	14	25.5
税收优惠政策设计过于复杂	62	26.5	14	25.5
享受税收优惠政策的条件过于苛刻	54	23.1	16	29.1
税收优惠政策的期限太短	36	15.4	11	20.0
纳税人了解税收优惠政策的渠道不畅通	50	21.4	5	9.1

续表

选项	2019 年 9—11 月		2020 年 3—4 月	
	频数	频率	频数	频率
享受税收优惠政策的手续太复杂	37	15.8	12	21.8
其他	30	12.8	7	12.7

不难看出,两次调查涉及的制造业企业反映的问题中,选项占比均超过20%的包括税收优惠力度太小、税收优惠政策变化太频繁、税收优惠政策设计过于复杂以及享受税收优惠政策的条件过于苛刻四个方面。显然,上述问题均与税收优惠政策的制度设计有关。以小规模纳税人免征增值税政策为例,自2019年1月1日起,小规模纳税人增值税免税标准已由原来的月销售额3万元(季度销售额9万元)上调至月销售额10万元(季度销售额30万元),但对于多数小微企业而言,10万元的免税标准明显偏低。按照《统计上大中小微型企业划分办法(2017)》的划分标准,制造业小型和小型企业的标准如表3-16所示。

表3-16 制造业小微企业划分标准

	计量单位	小型企业	微型企业
从业人员(X)	人	20≤X<300	X<20
营业收入(Y)	元	300≤Y<2000	Y<300

数据来源:统计上大中小微型企业划分办法(2017)。

需要说明的是,根据大中小微型企业划分标准的说明,小型企业必须同时满足从业人员和营业收入的指标下限,否则下滑一档,而微型企业仅需满足两个指标中的一项即可。按照表3-16所示的小微企业划分标准,小型企业年销售额至少300万元以上,折算月销售额为25万元,远超过小规模纳税人月销售额10万元免税标准,这就意味着制造业小型企业基本无缘小规模纳税人免征增值税政策。对于制造业微型企业而言,经营规模普遍较小,并且大多从事劳动密集型行业,若要享受小规模纳税人免征增值税优惠政策,则企业月销售额不得超过 10 万元,折合年销售额不得超过 120 万元。2020 年《中国统计年鉴》数据显示,2019 年制造业城镇私营单位就业人员平均工资为 52858 元,假定该微型企业属于法人,同时是增值税小规模纳税人,从业人员为 15 人,仅工资支出一项就高达 792870 元,如果再考虑到原材料成本及各项期间费用,年销售额 120 万元或使企业处于保本微利甚至亏损状态。因此,对于许多属于小规模纳税人的制造业法人小微企业来说,月销售额 10 万元的起征点明显偏低,限制了小规模纳税人起征点优惠政策的受益范围。更重要的是,增值税起征点仅适用于小规模纳税人,而那些销售额较少、盈利能力较弱的一般纳税人,尽管从其规模来看也是小微型企业,对增值税优惠的需求同样迫切,但因其增值税纳税人身份的限制而无缘起征点优惠。在 2019 年 9—11 月调查的234 家制造业企业中,小微企业 178 家,小规模纳税人 100 家,但实际享受到小规模纳税人免征增值税优惠的企业仅 79 家,占小微企业的比重仅为44.4%,占小规模纳税人的比重不足 80%。值得一提的是,《财政部 税务总局关于明确增值税小规模纳税人免征增值税政策的公告》(财政部 税务总局公告 2021 年第 11 号)将享受增值税免税优惠的小规模纳税人月销售额标准由原来的 10 万元(或季度销售 30 万元)进一步上调至 15 万元(或季度销售额45 万元),这在一定程度上有利于扩大小规模纳税人免征增值税优惠政策的受益面,但整体影响依然相对有限。在企业所得税税收优惠方面,按照《中华人民共和国企业所得税法》的规定,符合条件的小型微利企业可适用 20% 的优惠税率,在此基础上,为进一步扶持小型微利企业发展,符合特定条件的小型微利企业还可享受减半征收企业所得税优惠政策①,相当于符合条件的小型微利企业实际的企业所得税税负率为 10%。从理论上说,减半征收企业所得税对于小型微利企业而言可谓一项含金量较高的税收优惠政策,但这项政策的一个突出问题在于,调整频率高,时效性强,企业缺乏稳定预期。享受减

---

① 即小型微利企业的所得减按 50% 计入应纳税所得额,按 20% 税率缴纳企业所得税。

半征税小型微利企业的年度应纳税所得额的标准由 2011 年的 3 万元依次上调至 2012 年的 6 万元、2014 年的 10 万元、2015 年的 20 万元和 30 万元①、2017 年的 50 万元、2018 年的 100 万元以及 2019 年的 300 万元,2012 年至 2019 年 8 年之内进行了 7 次调整,小微企业对企业所得税减半征税优惠政策缺乏稳定预期。自 2019 年起,小型微利企业适用的企业所得税优惠政策发生了重大调整,引入了超额累进计税法,按照新的优惠规则,企业年度应纳税所得额不超过 100 万元的部分,实际税负率为 5%②,超过 100 万元但不超过 300 万元的部分,实际税负率为 10%③,并且员工人数和资产总额的上限也进行了大幅上调④。上调小型微利企业判定标准后,适用于小型微利企业的企业所得税优惠政策覆盖率大幅提升⑤。但在 2019 年 9—11 月针对 234 家制造业企业的问卷调查中,当问及企业对 2019 年最满意的税收优惠政策时,仅有 17.5%的受访企业选择了引入超额累进计税方法的小型微利企业所得税优惠政策,而在其中的 178 家小微企业中,做出这一选择的企业占比也仅为 20.7%。究其原因主要包括四个方面。一是小型微利企业最新企业所得税优惠政策刚刚实施,企业尚未有充分时间感受这一政策带来的减税红利。二是由于企业所得税的课税对象是企业的应纳税所得额,只有应税所得大于零时才有可能缴纳企业所得税,因此,从企业所得税优惠政策中受益最大的企业应

---

① 2015 年 10 月 1 日起,享受减半征税小型微利企业应纳税所得额标准由 20 万元上调至 30 万元。

② 根据财政部 国家税务总局公告 2021 年第 12 号规定,对小型微利企业应纳税所得额不超过 100 万元的部分,在财税〔2019〕13 号文的基础上再减半征收企业所得税。

③ 根据《国家税务总局关于小型微利企业所得税优惠政策征管问题的公告》(国家税务总局公告 2022 年第 5 号),自 2022 年 1 月 1 日至 2024 年 12 月 31 日,对小型微利企业年应纳税所得额超过 100 万元但不超过 300 万元的部分,减按 25%计入应纳税所得额,按 20%的税率缴纳企业所得税,相当于实际税负率为 5%。

④ 从业人数和资产总额的上限分别上调至 300 人和 5000 万元。

⑤ 财政部部长助理许宏才在 2019 年 1 月 15 日举行的国新办新闻发布会上指出,上调小型微利企业判定标准后,认定为小型微利企业户数达到 1798 万户,占全部纳税企业的比重超过 95%。

当是那些盈利水平较高的企业,当企业盈利水平较低甚至出现亏损时,企业所得税减免对于企业的税负影响较小,甚至毫无影响,进而弱化了企业对企业所得税优惠的减税获得感。在受访的 178 家小微企业中,表示经营状况良好的企业占比仅为 25.8%,58.4% 的企业经营状况一般,另外 15.7% 的企业处于亏损状态,尽管 2019 年小微企业企业所得税优惠政策中应纳税所得额的标准上调至 300 万元,但整体不容乐观的经营状况影响了许多企业对企业所得税优惠的减税获得感。三是在小微企业的税负中,增值税占比相对较高,税负相对较重,而企业所得税占比相对较低,税负负担相对较轻。孙玉栋和孟凡达(2016)[52] 基于六省 2484 家企业的调查结果显示,小型企业增值税和企业所得税占比分别为 62.3% 和 19.8%,微型企业增值税和企业所得税占比分别为 60.2% 和 23.0%,两类企业增值税与企业所得税的比值远高于大中型企业。中国人民大学财税研究所等(2019)[136] 基于 2008—2017 年上市公司数据分析发现,企业增值税平均负担呈现"小型企业>中型企业>大型企业"的特征。由于企业所得税在制造业小微企业税负中占比较小,在一定程度上弱化了小微企业对企业所得税优惠政策的减税获得感。四是小微企业不同税种优惠政策对受益主体的界定不统一。其中月销售额(季度销售额)低于规定标准免征增值税的政策仅适用于小规模纳税人,而现实中的小微企业并非全是小规模纳税人,减按 20% 税率并减半征收企业所得税的政策适用于小型微利企业,但这一优惠政策对小型微利企业判定标准与国家统计局对小微企业的划分标准并不完全一致,由此导致部分小微企业难以享受增值税和企业所得税的优惠,影响了小微企业的减税获得感。再以研发费用加计扣除优惠为例,2022 年 3—4 月针对 42 家制造业企业的问卷调查显示,55% 的受访企业认为研发费用存在 3 种不同归集口径影响对研发费用加计扣除优惠的享受,48% 的受访企业反映申报享受研发费用加计扣除政策的成本较高,45% 的受访企业认为加计扣除政策对财务核算体系要求较高,部分中小型制造业企业、财务核算体系不健全的制造业企业因无法准确核算归集研发费用而难以享受研发费用加计扣除优惠。显然,这些问题的产生与研发费用加计扣除优惠政策设计息息相关。

三、税种设计对制造业企业税负压力的影响机理

自 1994 年工商税制改革以来,中国的税收制度框架总体保持稳定,但税种数量随着部分税法的废、改、立发生了一定变化,2018 年正式开征环境保护税后,现有的税种数量为 18 个。从理论上分析,制造业企业可能会涉及全部税种,但在实践中,不同制造业企业由于所处的具体行业及发生的业务类型有所差异,实际缴纳的税种数量有所不同。不过,不同税种对制造业企业税负的影响存在显著差异,其中,增值税和企业所得税是影响最大的两个税种。从课税对象的角度进行划分,增值税和企业所得税属于不同税类,前者属于货劳税,后者属于所得税。但如果进一步分析,两者的课税对象存在一定的交叉。对于制造业一般纳税人企业来说,增值税是对企业产品的增值额课征的一种税。一定时期内,制造业企业产品的不含税总售价(P)可以表达为如下形式: $P = C + V + M$ 。其中, C 表示企业的物化成本①, V 表示企业的人工成本, M 表示企业的利润。从理论上分析, $V + M$ 即为企业的增值额,是增值税的课税对象。实践中,如果采购环节的进项税额不能得以全部抵扣,则增值税的课税对象除了 V 和 M 外,还会包含一部分物化成本 C_1 。假定制造业企业适用的增值税税率为 T_1 ,销售商品的应纳增值税额(vat)可以表达为如下形式:

$$vat = (C_1 + V + M)T_1 \qquad (3-8)$$

企业所得税的课税对象为企业应纳税所得额,假定无其他纳税调整事项,应纳税所得额可用利润(M)来替代,企业所得税的税率为 T_2 ,则企业应纳企业所得税额(sds)可以表达为如下形式:

---

① 对于制造业企业来说,物化成本主要包括原材料、设备、物资动力等成本。

$$sds = MT_2 \qquad (3-9)$$

通过公式(3-8)和(3-9)可知,按照增值税和企业所得税的制度设计,企业所得税税基和增值税税基存在交叉,企业利润同时被课征了增值税和企业所得税。另外,根据公式(3-8)不难发现,制造业企业增值税额的大小除了受到增值税税率及企业利润影响外,还与人工成本及采购环节进项税额抵扣程度有关,在保持利润不变的情况下,不得抵扣的进项税额越多,人工成本上涨越多,企业的增值税额相应越大。

由于中国制造业正处于转型升级的爬坡过坎期,劳动密集型企业依然占据较高比重,随着人口数量红利的趋弱,人工成本上升已成为制约制造业企业生存发展的头号因素。在2019年9—11月针对234家制造业企业的问卷调查中,当问及受访企业成本压力的主要来源时,90.2%的企业选择了"人工成本",位居各选项之首,并且45.3%的受访企业认为"人工成本"是其最大的成本压力。在2020年3—4月针对55家制造业企业的问卷调查中,也有34.6%的受访企业反映人工成本占经营支出的比重最高。那么,人工成本上涨如何影响制造业企业的税负压力? 为了简化分析,假定制造业企业进项税额应抵尽抵,则制造业企业的增值税税负(vat)可以简化为如下形式:

$$vatratio = \frac{[V + M]T_1}{P} \qquad (3-10)$$

假定企业物化成本(C)保持不变,人工成本(V)涨幅为 α ,制造业企业为了保持利润(M)不变,相应将总售价上调幅度为 β ,此时制造业企业的增值税税负表达变为如下形式:

$$vatratio' = \frac{[V(1+\alpha)+M]T_1}{P(1+\beta)} \qquad (3-11)$$

这样一来,增值税税负的变化量 $\Delta vatratio$ 为:

$$\Delta vatratio = \frac{[V(1+\alpha)+M]T_1}{P(1+\beta)} - \frac{(V+M)T_1}{P} \qquad (3-12)$$

经过计算可知,当 $\dfrac{V}{V+M} > \dfrac{\beta}{\alpha}$ 时,$\Delta vatratio > 0$。这就意味着,制造业企业人工成本占增值额的比重越高,增值税税负上升的概率相应越大。

更一般地,考虑到多数制造业企业(尤其是产能过剩行业企业)面临的市场竞争十分激烈①,当企业人工成本上升时产品售价提升空间相对有限,进而可能压缩企业利润,假定人工成本涨幅为 α 时,企业利润降幅为 γ,此时增值税税负的变化量 $\Delta vatratio$ 为:

$$\Delta vatratio = \frac{\left[V(1+\alpha)+M(1-\gamma)\right]T_1}{P(1+\beta)} - \frac{(V+M)T_2}{P} \qquad (3\text{-}13)$$

经过计算可知,当 $\dfrac{V\alpha - M\gamma}{V+M} > \beta$,即制造业一般纳税人企业增加值的涨幅大于总售价涨幅时,企业增值税负担出现提升,并且,当企业人工成本越高、涨幅越大时,企业增值税负担上升的概率相应越大。同时,因人力成本上升引致的价格涨幅越小,制造业增值税一般纳税人企业增值税负担上升的概率相应越大。

上述分析是针对制造业一般纳税人企业而言的,对于制造业小规模纳税人企业来说,由于不得抵扣进项税额,相当于是对企业销售收入全额课税,则其增值税负担($vatratio$)可表示为:

$$vatratio = \frac{(C+V+M)t}{P} \qquad (3\text{-}14)$$

其中,C 表示企业的物化成本②,V 表示企业的人工成本,M 表示企业的利润,t 为小规模纳税人适用的征收率。假定制造业小规模纳税人企业的物化成本保持不变,人工成本涨幅为 α,考虑到制造业企业面临的市场竞争比较激烈,人工成本上涨时企业产品售价上调幅度有限,由此可能导

---

① 2018 年 6—7 月基于对 311 家制造业企业的问卷调查显示,86.1%的受访企业认为自身所处行业市场竞争激烈。

② 对于制造业企业来说,物化成本主要包括原材料、设备、物资动力等成本。

致企业利润减少,降幅设为 γ ($\gamma \geq 0$),此时企业的增值税负担表达形式如下:

$$vatratio' = \frac{[C + V(1 + \alpha) + M(1 - \gamma)]t}{P(1 + \beta)} \quad (3-15)$$

经过计算可知,在制造业小规模纳税人企业人工成本上涨时,如果 $\frac{V\alpha - M\gamma}{C + V + M} > \beta$,则制造业小规模纳税人企业增值税负担出现提升。不难看出,人工成本越高、涨幅越大,制造业小规模纳税人企业增值税负担上升的概率就越大。同时,因人力成本上升引致的价格涨幅越小,制造业小规模纳税人企业增值税负担上升的概率也越大①。

表 3-17 数据显示,中国制造业城镇非私营单位就业人员平均工资由 2009 年的 26810 元增至 2019 年的 78147 元,年均增长 11.3%,制造业城镇私营单位就业人员平均工资由 2009 年的 17260 元增至 2019 年的 52858 元,年均增长 11.8%。与发达国家相比,中国制造业劳动报酬呈现出低水平、增长快等特点(钱诚,2020)[137]。与制造业就业人员平均工资快速上涨呈现鲜明对照的是,第二产业从业人数自 2013 年起呈现下降态势,逐年由 2013 年的 23170 人降至 2019 年的 21305 人,同期占全部就业人员的比重相应由 30.1% 降至 27.5%。由于当前中国的制造业对人工的依赖程度较高,用工荒、招工难的来临加剧了过度依赖人工的现象,推动了制造业人工成本上升(张建清和余道明,2018)[138]。人工成本上涨一方面助推了制造业企业增值税负担上升,另一方面,也会在一定程度上挤压企业的盈利空间,进而弱化了企业对税负的承受能力,特别是对于劳动密集型中小企业及轻资产的高新技术企业更是如此。

---

① 当然,对于制造业小规模纳税人企业来说,由于其采购环节的进项税额不得抵扣,因此物化成本的上涨同样会影响企业的增值税负担,在企业面临市场竞争激烈进而价格上调空间有限的条件下,物化成本越高,涨幅越大,企业增值税负担上升的概率就越大。

表 3-17　制造业就业人数和就业人员平均工资

	就业人员数量（人）	就业人员比重（%）	城镇非私营单位就业人员平均工资（元）	城镇私营单位就业人员平均工资（元）
2009	21080	27.8	26810	17260
2010	21842	28.7	30916	20090
2011	22544	29.5	36665	24138
2012	23241	30.3	41650	28215
2013	23170	30.1	46431	32035
2014	23099	29.9	51369	35653
2015	22693	29.3	55324	38948
2016	22350	28.8	59470	42115
2017	21824	28.1	64452	44991
2018	21390	27.6	72088	49275
2019	21305	27.5	78147	52858

注:由于缺乏制造业就业人数及就业人员比重数据,表中用第二产业就业人数和就业人员比重近似替代。

　　尽管增值税和企业所得税是制造业企业税负最重的两个税种,但却并非引发制造业企业税负压力的唯一税种。在其余各个税种中,房产税是对制造业企业税负压力影响较大的一个税种。在2018年6—7月针对311家制造业企业的问卷调查中,21家受访企业认为税负最重的税种是房产税,占比为6.7%。在2019年9—11月针对234家制造业企业的问卷调查中,18家受访企业认为税负最重的税种是房产税,占比7.7%。一般来说,房产税是向房产产权所有人征收的一种财产税。对于企业来说,房产税的计税方式有两种:一是按照房产余值计税,对应的税率是1.2%;二是按照租金计税,对应的税率是12%。对于制造业企业自有房产来说,房产税存在两个突出问题。其一,房产税计税余值是按照房产原值扣除一定比例①后计算得到,计税依据和税率均相对固定,因此,房产税是企业刚性较强的一个税种,通常并不随着企业

---

① 扣除比例为10%—30%。

经营状况的好坏而变化,特别是当经济下行压力大、企业效益下滑时,房产税对企业造成的税收负担更加凸显。其二,房产原值的确定与土地价值密切相关。根据财政部和国家税务总局下发的《关于安置残疾人就业单位城镇土地使用税等政策的通知》(财税〔2010〕121 号),按房产原值计税的房产,其房产原值包括地价①,这就相当于企业自有房产占用的土地每年都要按照地价的1.2%计征一道税,与此同时,企业每年还要按照规定标准②计算缴纳城镇土地使用税,意味着国家对企业自有房产占用的土地同时课征了从价税和从量税。现行的房产税实质上已经演变成为房地产税,如果在此基础上进一步课征城镇土地使用税,不仅缺乏税理的支撑,同时也加重了企业税负。

---

① 包括为取得土地使用权支付的价款、开发土地发生的成本费用等。
② 目前适用的是定额税率。

第四章 中国制造业企业税负压力的形成机理:基于税务机关及相关要素的视角

    税务机关是国家税收法律、法规和政策的主要执行者,严格依法征收相关税费是税务机关的基本职责。对于一个国家或地区来说,实现税源向税收收入的转化不仅取决于税收制度和政策的顶层设计,还在很大程度上受到税收征管水平的制约。名义税率和实际征收能力共同决定了国家真实的"财政汲取能力"(解洪涛,2017)[139]。在中国,尽管征税主体并不唯一,但税务机关无疑是征税的绝对主力。以 2021 年为例,全国税收收入共计 172731 亿元,其中税务机关组织税收收入(已扣减出口退税)154573 亿元,占全部税收收入的89.5%。尽管海关也是一个重要的征税主体,但海关负责征收的关税、船舶吨税以及代征的进口环节增值税和消费税均属中央独享的税收收入,地方税收收入可以说全部依靠税务机关征收。因此,税务机关的征管水平基本上决定了既定税制下国家真实的财政汲取能力,研究制造业企业的税负压力显然不能不涉及税务机关征管因素的影响,可以认为,税收征管强度是税务机关影响制造业企业税负压力的核心要素。

    此外,前文的研究结果表明,地方财政支出扩张是助推制造业税负攀升的重要因素。但财政支出扩张又是如何加重了制造业企业税负?这个问题仍然悬而未决。由于地方政府与税务机关存在千丝万缕的联系，那么，中国是否存在"地方政府支出扩张→税收征管强度加大→制造业税负上升"的逻辑？从理论上分析，上述逻辑极有可能存在，但从现实来看，情况又十分复杂。对于地方政府来说，加强税收征管无疑是把"双刃剑"，一方面有利于在短期内增加税收收入，满足当前财政支出需求或缓解现实财政压力，但在长期容易导致本地在地区间的税收竞争中处于不利地位，尤其对于制造业而言，税基流动性强，过于严格的税收征管可能会驱使制造业资本外流，进而缩减本地税源。而且，对于那些过度依赖转移支付的地方政府来说，还有可能担心加强税收征管引致的税收增加会导致获得转移支付的减少。因此，当财政支出扩张或财政压力加大时，地方政府未必会对税务机关的征税工作施加压力，税务机关的税收努力程度未必会发生明显变化，甚至还有可能出现下降。即便地方财政支出扩张或财政压力加大会助推税务机关税收努力程度提高，但这种努力程度的提高是否一定会体现于制造业企业也未可知。如前所述，房地产业、金融业等行业也是重要税源，尤其是房地产业，实践中经常成为税务机关征管挖潜的重点，如果税务机关征管挖潜的重点放在了制造业以外的其他行业身上，那么制造业企业的税负未必会随着税务机关税收征管强度的整体提升而增加。由此可见，"地方政府支出扩张→税收征管强度加大→制造业税负上升"的逻辑有待进一步实证检验。

第一节　税务机关影响制造业企业税负压力的机理分析：征管视角

　　税务机关对制造业企业税负的影响机制并不唯一。一方面，税务机关的存在和运作本身离不开必要的经费支撑，工资性支出、公务性支出、业务性支出、基本建设性支出等各项支出均是政府财政支出的组成部分。与许多发达国家相比，中国的税收征收成本相对较高。孟春和李晓慧（2015）[140]的研究发现,2007—2012 年,中国的征税成本节节攀升,与同期美国征税成本稳中有降的态势形成鲜明对比,征税成本收入率明显高于美国。前面的实证分析已经表明,财政支出扩张是助推制造业税负攀升的重要因素,因此,税务机关较高的征税成本可能通过推动财政支出扩张引致制造业企业税负上升。另一方面,税务机关的税收征管水平与制造业企业税负息息相关。在企业经营状况及纳税遵从度既定的条件下,税务机关"应收尽收"的决心越大,税收征管和税收稽查越严,企业少缴税款的难度相应越大,企业税负也就越有可能攀升。那么,中国税务机关征管水平的提升是否真的推动了制造业税负的上升?学术界对此尚未给出清晰的回答。

一、税收征管对制造业企业税负压力的影响:理论分析

1994 年的分税制改革扭转了"两个比重"①下降的态势,税收收入连续近20 年保持两位数高速增长②(见图 4-1)。1994—2012 年,全国税收收入平均增速高达 18.0%,税收的持续高速增长似乎成为一个不易破解的"世纪之谜"(高培勇,2006)[95]。围绕税收持续高速增长的难解之谜,学术界和实务机关进行了积极探索,先后出现"三因素"论③、"多因素论"④、"特殊因素"论⑤等多种解释,也有学者将税收持续高速增长的影响因素概括为经济因素、管理因素、政策因素和税制因素(吕冰洋和郭庆旺,2011)[141]。无论哪种理论解释,都有其内在的合理性,但这里需要注意两点。一是税收增速高并不等价于税收负担重,税收持续高速增长的各种理论解释不能简单套用于税收负担尤其

① 即财政入占 GDP 比重和中央财政收入占全部财政收入比重。
② 受国际金融危机影响,2009 年税收收入增速降至 9.8%,但 2010 年就出现快速反弹。
③ 即经济增长、政策调整和加强征管三个因素。
④ 即经济增长、物价上涨、累进税率制度、GDP 与税收结构的差异、加强税收征管、外贸进出口对 GDP 与税收增长的影响差异六个因素。
⑤ 即中国税务机关的征管空间巨大。参见高培勇:《中国税收持续高速增长之谜》,《经济研究》2006 年第 12 期。

是制造业税负的解释;二是关于税收持续高速增长的各种理论解释中,征管因素的重要性十分凸显。因此,基于税收征管视角探讨制造业企业的税负压力形成机理是一个重要切入点。

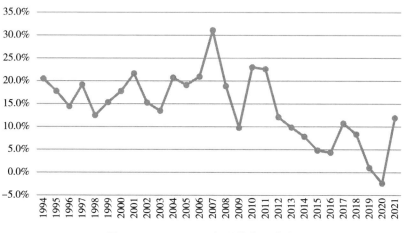

图 4-1 1994—2021 年税收收入增速

诚然,一个国家的税收征管水平会受到多重因素制约,但税务机关作为税收征管任务的直接执行者,所有因素的影响必然集中体现为税务机关的实际行为及其效果。1994 年的分税制改革将中国税务机关分设为国税和地税两个系统,并规定了各自的征税范围。自此以后,学术界有关税收征管的文献不断涌现。多数学者的研究发现,分税制改革以来中国的税收征管水平有了显著提高。根据国家税务总局的分析报告,如果以实征税负与法定税负的比值度量税收征收率,则中国的税收征收率由 1994 年的 50% 左右上升到 2003 年的 70% 以上(高培勇,2006)[95]。学术界不少研究表明,20 世纪 90 年代以来,中国的税收征管效率有所上升(吕冰洋和李峰,2006[142];卢洪友和尹俊,2016[143];张斌,2018[144]),但总体上仍不够理想,存在很大优化空间(李嘉明和闫彦彦,2014)[145],并且税收征管效率的提升显著推动了税收收入增长(吕冰洋和李峰,2007[142];李建军,2013[146])。至于税收征管对税负的影响,高培勇(2006)[95]指出,由于税收征收率的因素,法定税负与实征税负存在差异,如果说现行税制诞生之时的法定税负虽高,但考虑到税收征收率因素后的实征税负比较适当,那么,多年后随着税收征收率的大幅提升,企业承受的实征税负绝不在适当水平之列。李建军(2013)[146]的实证研究发现,税收征管效率的提升显著提高了宏观实际税率及增值税、企业所得税等主要税种的实际税率。上述文献的视角相对比较宏观,未能涉及税收征管对企业税负的具体影响。于文超等(2018)[148]基于世界银行2012中国企业调查数据的实证结果表明,税收征管活动不仅提高企业的主观税负,而且加大了企业非正规活动支出。尽管尚未发现有专门文献研究税收征管对制造业企业税负的影响,但由于制造业是政府税收的支柱行业,税收征管对制造业企业税负的影响不容忽视。

税收征管效率固然是衡量税收征管水平的重要指标,但对于征管效率的内涵理论界和实务界并未达成,对于征管效率的度量也莫衷一是。从学术界的实证研究来看,已有文献对税收征管效率的测度既有参数方法,也有非参数方法,具体涉及DEA方法、SFA方法、Malmquist方法、DEA-Malmquist指数模型等多种方法。但不管运用哪种方法,测度出来的税收征管效率值在很大程度上依赖于投入指标和产出指标的选择,指标选择不当可能会得出错误结论(解洪涛,2017)[139],这也是已有文献对税收征管效率变化趋势未能达成共识的一个重要原因。更关键的是,从理论上来说,用上述方法测度的税收征管效率与企业税负之间并不存在必然关系,这是因为税收征管效率反映的是税收征管投入与产出之间的关系,这种效率的提升未必是以加重企业税负为代价。比如,现代化信息技术在征管领域的应用可以减少对税务人员的数量需求,进而有助于减少人员经费支出,纳税申报流程和税收优惠享受流程的优化有助于降低纳税人的遵从成本,客观上有利于提高税收征管效率,但这种情形下企业的税负通常不会随着税收征管效率的提高而攀升。如果基于税收征管的视角探讨制造业企业的税负压力,与税收征管效率相比,税收征管强度应是一个更为合意的指标,它在很大程度上刻画了税务机关"应收尽收"的力度。税收征管强度的提升显然会提高企业的纳税遵从度,减少偷逃税款等违法行为发生,如果强度过大,还有可能出现"过头税",在企业经营状况既定的条件下,企业税负会大概率攀升。

实践中,税收征管强度同样受到诸多因素影响,但从根本上应当取决于税务机关的征税能力和征税努力。税务机关的征税能力取决于税务人员的数量、技能、素质、信息化水平以及征管制度等因素,而征税努力程度是指征税能力被利用的程度(吕冰洋和郭庆旺,2011)[141],税务机关的努力程度不仅取决于税务人员自身的敬业精神,还取决于税务机关因各种激励引致的内部动力以及感受到的外部压力和约束,也就是说,税务机关努力程度是内部动力与外部压力综合作用的结果(如图4-2所示)。

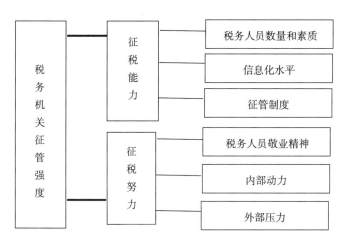

图4-2　税收征管强度的决定因素

1.税务机关征税能力的决定因素分析

税务人员是税收征管活动中最能动的主体,他们的数量和素质是影响税务机关征税能力的核心因素。2004—2017年,国地税系统从业人员数量由737963人增至879622人,其中,2008—2017年,税务系统从业人员数量始终稳定在85万至88万之间(见表4-1)。2018年的国务院机构改革将国地税进行合并,按照"瘦身"与"健身"相结合的原则,税务系统从业人员减少至

740196 人。税务系统人员规模在保持总体稳定的同时,从业人员的文化程度有了显著提升。具体来看,国税系统中,具有本科及以上文化程度的人员比重由 2004 年的 32.6%升至 2017 年的 63.4%,地税系统的这一比重也由 2004 年的 31.8%升至 2017 年的 65.5%,从国地税系统的整体情况来看,具有本科及以上文化程度的人员比重由 2004 年的 32.2%升至 2017 年的 64.4%。2018年国地税合并后,具有本科及以上文化程度的人员比重较 2017 年进一步提高近 10 个百分点,表明税务机关从业人员的整体素质在不断提高。

表4-1 国税和地税从业人数及学历结构　　　　单位:人、%

年份	国税		地税		合计	
	从业人数	本科及以上人员比重	从业人数	本科及以上人员比重	从业人数	本科及以上人员比重
2004	392205	32.6	345758	31.8	737963	32.2
2005	464125	34.5	390157	34.8	854282	34.6
2006	459975	38.2	393740	39.5	853715	38.8
2007	395522	47.7	352696	48.5	748218	48.1
2008	462351	43.9	398520	46.8	860871	45.3
2009	462971	46.1	393254	50.7	856225	48.2
2010	463784	48.0	396822	53.2	860606	50.4
2011	463110	49.4	404153	54.8	867263	51.9
2012	462470	50.9	408158	56.3	870628	53.4
2013	460801	52.9	411174	58.0	871975	55.3
2014	458091	55.0	411087	59.6	869178	57.2
2015	458091	57.6	410405	61.4	868496	59.4
2016	470591	60.5	409151	63.5	879742	61.9
2017	473200	63.4	406422	65.5	879622	64.4
2018	—	—	—	—	740196	74.1
2019	—	—	—	—	720258	75.8

注:从业人数源于相关年度《中国税务年鉴》,本科及以上人员比重由笔者计算整理得到。

从税收征管信息化方面来看,始于 1994 年的"金税工程"可谓是征管信息化的主线(解洪涛,2017)[139]。经过 20 多年的探索、试点和完善,"金税工程"基本形成覆盖全部增值税一般纳税人和部分小规模纳税人的国家税务信息系统(王长林,2015)[149]。前期的"金税工程"共分三期①,其中,金税三期工程自 2005 年获批立项,经过分批试点运行,已于 2016 年在全国推行。与金税工程一期和二期相比,金税工程三期对税收机关进行全国联网,充分运用大数据、云计算等技术手段,实现企业税种全覆盖,大大提高了税收征收率(吉赟和王贞,2019)[150],实现涉税信息监管能力的飞跃(张克中等,2020)[4],在推动"以票控税"转向"信息管税"、查处涉税违法行为、减少税收流失等方面发挥了重要作用。然而,依靠金税工程尤其是金税三期工程加强税收征管无疑是把"双刃剑",它在堵塞税收征管漏洞、减少国家税收流失的同时,却可能因税收征收率的提高增加企业税负。吉赟和王贞(2019)[150]以金税三期工程作为政策实验,利用中国上市公司 2006—2016 年数据和双重差分模型进行的实证研究发现,金税三期工程导致企业的所得税费用负担率上升。张克中等(2020)[4]依托"计税三期"工程这一准自然实验,基于 2008—2016 年上市公司数据及双重差分方法的实证结果表明,信息监管技术进步降低了企业逃税程度,提高了企业实际税负。

从税收征管制度来看,法制化以及组织变革和流程重组是税收征管制度改革的两条主线索(解洪涛,2017)[139]。十八届三中全会明确提出"落实税收法定原则",近些年来,中国税收立法层次稳步提升,越来越多的税收暂行条例陆续上升为税收法律,包括税收管理员制度、纳税评估管理办法、大企业税收管理规程等在内的广义税收征管法体系也日趋完善,同时,税收征管的组织变革和流程重组通过建立省市相关机构垂直监督和合作分工体系以及实现税务机关内部科学合理分工,极大约束了基层征管

---

① 金税四期即将投入使用。

人员的自由裁量权和贪污的可能,并且,实证研究发现,征管流程重组提高了税收征管效率、减少了税收流失(解洪涛,2017)[139]。总的来看,依法征税、应收尽收已成为税务机关组织收入的基本原则,随意减免税、越权减免税的现象尽管在实践中并未完全杜绝,但操作空间正在随着税收法治化水平及税收征管组织变革和流程重组不断压缩,进而有利于推动税收征收率攀升。

2.税务机关努力程度的决定因素分析

前面指出,税务机关的努力程度会受到税务人员敬业精神以及税务机关受到的激励和面临的压力等多重因素影响。其中,税务人员的敬业度在较长时期内相对稳定,相比之下,税务机关的内部动力及其感受到的外部压力对征税努力程度的变动更富解释力。关于税务机关加强税收征管的动力,吕冰洋和郭庆旺(2011)[141]从契约论的角度给出了一个理论解释。他们认为,与财政包干体制相比,分税制财政体制下,实行分税合同为主的契约使得中央和地方税权边界比较清楚,税收风险和税收收益基本都由各自承担,双方的边际税收努力能够100%地体现于边际税收收入上,由此带来的税收激励提高了国税和地税机关的征税努力程度。而且,为激励税务机关完成甚至超额完成税收任务,地方政府通常会通过与评优评先、职务晋升及物质奖励等挂钩的绩效考核给予税务机关和人员一定的激励(田彬彬等,2020)[48]。表4-2显示了部分地区对国地税机关的奖励方案,这些奖励既包括集体奖励,也包括个人奖励,还有些地方政府将税务机关任务完成情况与其工作经费挂钩,超额完成任务按照一定标准增加工作经费。中央和地方之间实行的分税制度安排,叠加实践中税务机关面临的与其征税任务完成情况挂钩的各种奖励,可以激发税务机关加强税收征管的内在动力,进而有利于推动征税努力程度的提升。

表4-2　部分地方政府税收奖励办法

文件名称	内　容
朔政发〔2009〕40号	对超进度完成首季"开门红"任务的市国税局和地税局各奖励6万元。
浔府办字〔2013〕8号	(1)国家税务局完成基数奖励600万元(班子成员10万元额外奖励),对完成任务有贡献人员可增发10个月津补贴;达到确保任务数另奖励290万元(主要负责人额外奖励10万元)。 (2)地方税务局完成基数奖励600万元(班子成员额外奖励10万元),其中,每个干部职工的相关奖励不超过3万元;达到确保任务再奖励290万元(主要负责人额外奖励10万元)。完成确保数,可对完成任务有贡献的人员再增发10个月津补贴。
吴政发〔2016〕5号	国税和地税机关足额完成下达县政府各项征收任务后,按其县级收入任务额的0.6%以及超收额的15%予以奖励。
泰政办发〔2018〕3号	基数奖励:综合核定国税局基数奖励额度3000万元,如果国税局完成收入预期目标获得基数奖励,如果未能完成,按完成比例结算。 超收奖励:按超收部分的4%进行奖励①。 结算方式:平时预拨,年底清算。 奖励资金用途:主要用于国税局执行地方津补贴政策和征管工作经费等。

　　然而,分税合同契约安排引致的税收激励自1994年以来一直存在,并且,过去20多年中,越来越多的税种开始变为共享税②,部分共享税的分享规则也在动态调整③,不管对于中央还是地方来说,围绕共享税的税收努力得不到100%的回报,这与财政包干制下的分成合同契约实质是一样的。因此,分税制的税收分权契约能够较好地解释为什么分税制财政体制下税务机关的努力程度比财政包干体制下大幅提升,但对于实施分税制财政体制以来税务机关努力程度变化的解释力显得不再那么充分。此外,地方政府依据征税任务完成状况对税务机关进行奖励的做法虽然在实践中时有发生,但并非在任何地

---

　　① 超收部分是指国税局当年牵头征收的一般公共预算收入超人代会收入预算部分。

　　② 比如,自2002年起,原本属于地方税的企业所得税和个人所得税变为共享税,央地分享比例由2002年的50∶50调整为2003年及以后的60∶40。

　　③ 比如,随着营改增试点改革的全面推行,自2016年5月1日起,央地增值税分享比例由75∶25调整为50∶50。

方普遍存在,这就难以解释为何没有与征税任务挂钩奖励的税务机关在加强税收征管方面同样十分努力。在新的经济形势下,相对于内部动力而言,外部压力对于税务机关征税努力程度的提升更具解释力。毋庸置疑,依法征税既是税务机关的基本权利,也是税务机关的基本职责,税收任务的完成状况是税务机关绩效考核的重中之重。过去很长一段时期内,税务机关的税收收入任务指标是指令性的,是各级税务机关必须完成的硬性任务。面对指令性的税收任务,层层分解、层层加码、层层考核的做法并不鲜见,征税目标责任制的实施对于提高各级税务机关努力程度、确保完成税收任务无疑具有积极影响,但与依法治税的理念并不相容。从实践来看,确保实现财政预算确定的收入目标一直是各级税务机关工作的基本任务①。表 4-3 显示了 2013 年以来全国税务工作会议对于税务系统组织税收收入及税收征管的工作部署。

表 4-3 全国税务工作会议对组织税收收入及税收征管工作部署

会议时间	内容提要
2013 年 12 月 26 日	严格依法征税,严防征收"过头税",继续堵漏增收,不断强化税务稽查。
2015 年 1 月 8 日至 9 日	依法组织税收收入,实事求是确定收入目标,从年初开始就要认认真真抓收入。加快推进以信息化支撑下税收风险管理为核心的征管改革,进一步提高税务稽查打击的准确性和震慑力。
2016 年 1 月 15 日至 16 日	切实抓好组织收入工作,坚持依法征税,应收尽收,主动依规减免税,执行中不打折扣,坚决不收过头税。大力推进信息管税。
2017 年 1 月 12 日	做到"四个坚决"②,保质保量完成预算确定的税收收入任务。
2018 年 1 月 17 日	继续做到"四个坚决",不折不扣完成两个目标,即预算确定的税收收入目标和预算确定的减免目标。
2019 年 1 月 17 日	各地税务机关要牢固树立收入任务观,不折不扣坚决完成税费收入预算。同时,依法规范征收税费,杜绝征收"过头税费"。

---

① 特别是 2018 年和 2019 年的全国税务工作会议更是明确地提出,牢固树立收入任务关,不折不扣地完成预算确定的收入目标。

② 坚决依法收好税,坚决不收"过头税",坚决落实减免税,坚决打击偷骗税。

续表

会议时间	内容提要
2020 年 1 月 6 日	巩固和拓展减税降费成果,依法依规征收,坚决不越收"过头税费"的红线,坚决依法打击虚开骗税行为,努力实现组织税费收入量质兼优。
2021 年 1 月 8 日	进一步大幅提高税法遵从度,严打涉税违法行为;继续抓实抓细延续实施和新出台的税费优惠政策落实;扎实稳妥完成预算确定的收入任务,既要依法依规应收尽收,又要坚守不征收"过头税费"的底线。
2021 年 12 月 30 日	认真落实好大规模、阶段性、组合式减税降费政策,确保完成全年预算任务。始终把依法依规贯穿于组织收入全过程,绝不收"过头税费"。

对历年全国税务工作会议的部署进行进一步凝练,核心要点莫过于以下五个方面:一是依法征税,不收"过头税";二是应收尽收;三是不折不扣落实减免税;四是坚决完成预算确定的税收收入任务;五是加强税收征管和税务稽查。如果对上述要点进行认真审视,多数内容似曾相识,依法征税、应收尽收、不收过头税、完成税收任务历来都是税务机关征税的基本遵循,是对税务机关征税工作的常态化要求。但问题的特殊性在于,当这些基本遵循和常态化要求与中国经济发展的新形势、新特征进行交汇时,便显现出不一样的效果。与税收息息相关的经济新形势、新特征集中体现在三个方面。一是经济增速由原来的高速增长逐步转向中高速增长。图 4-3 显示了 1994 年以来中国 GDP 年度增速的变化轨迹。不难看出,1994—2011 年,除 1998 和 1999 两个年度经济增速因受亚洲金融危机影响阶段性低于 8% 以外,其余年份均保持了 8% 以上的高速增长,即便在 2008 年遭受全球金融危机冲击后,经济增速依然保持在 9% 以上的水平。但自 2012 年以来,中国经济增速开始告别过往的高速增长,呈现稳中趋缓态势,由 2012 年的 7.9% 逐年降至 2019 年的 6.0%。2020 年受新冠肺炎疫情冲击,经济增速进一步下滑至 2.3%,2021 年经济增速虽明显反弹,但在很大程度上归因于基数效应,两年平均增速仅为 5.1%。二是减税降费力度空前。自 2012 年营改增试点改革以来,中国减税降费深入推进。

新一轮减税大不同于以往,主要体现在:(1)减税与降费联动,有利于防止"按下葫芦浮起瓢";(2)减税降费规模空前①;(3)制度性减税与政策性减税并行,特别是增值税税率下调引发的持续减税效应明显;(4)多类型税收减免全面发力,税基式减免、税率式减免和税额式减免并行不悖;(5)覆盖税种全面,既包括增值税、企业所得税等大税种,也涉及房产税、城镇土地使用税、城市维护建设税等小税种;(6)普惠性减税与结构性减税有机结合,既能统筹兼顾,又能突出重点。三是政府减税与增支同行。大规模减税降费的同时,财政支出呈现刚性增长。尤其是在应对新冠肺炎疫情期间,适度扩大财政支出规模是更好落实积极财政政策、统筹疫情防控和经济社会发展的内在要求。财政部统计数据显示,2020 年,全国一般公共预算收入同比下降 3.9%,而一般公共预算支出则同比增长 2.8%。

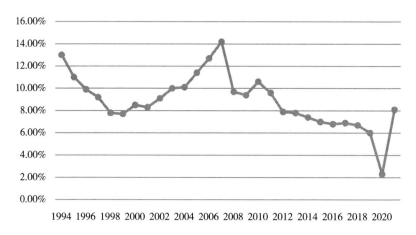

图 4-3　中国经济增速变化轨迹

　　随着中国经济进入新常态,税收收入增长的逻辑会发生一定变化。一方面,经济增速放缓和减税降费导致税收增长难度加大,另一方面,税务机关的

---

　　① 　2016 年全面推行营改增,为企业减轻税负 5700 多亿元,2017 年减税降费超过 1 万亿元,2018 年减税降费约 1.3 万亿元,2019 年减税降费超过 2.3 万亿元,2020 年减税降费 2.6 万亿元,2021 年减税降费 1.1 万亿元。

税收任务还要确保完成,而且又须依法征税、不征"过头税"。面对复杂的约束条件,"征管挖潜"、"应收尽收"成为各级税务机关应对税收任务压力最现实的选择,由此催生了税务机关更高程度的税收努力。不少实证研究发现,税收计划和税收任务对税收征管强度具有显著的正向影响,并且,完成税收计划和税收任务的压力越大,税收征管强度往往也越大(白云霞等,2019[47];田彬彬等,2020[48])。即便在面临较大征税压力的情况下,各级税务机关通常也会想方设法完成年度计划和任务。白云霞等(2019)[47]基于对2002—2012年省级税务机关的数据分析发现,样本期内,尽管55%的地税局和42%的国税局在年度工作报告中表示征税压力较大,但99%的地税局和97%的国税局都完成了税收计划。税收征收率的上升使得企业实际税负与名义税负的差距缩小,在企业税负承受能力不变甚至有所下降的情形下,税负痛感开始突显,导致减税降费的呼声上涨(见图4-4)。

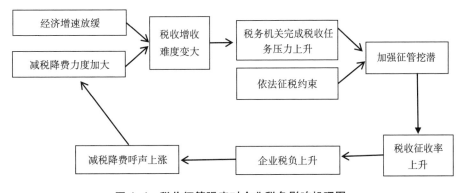

图4-4　税收征管强度对企业税负影响机理图

3. 税收征管强度对制造业企业税负的影响机制分析

通常情况下,一个税种的税额等于税基与税率的乘积。为简化分析,不再区分税种,将制造业企业的税额统一表达为以下基本形式:

$$T = \gamma t Y - \frac{1}{\gamma} T_0 \qquad\qquad (4-1)$$

其中，T 代表实际纳税额，t 表示法定税率①，Y 为法定税基②，γ 是征收率，可以用来刻画税务机关的税收征管强度，体现了税务机关征税时应收尽收的程度，T_0 表示法定减免税额③，则企业税负率可以表示为如下形式：

$$\frac{T}{Y} = \gamma t - \frac{1}{\gamma Y}T_0 \qquad (4-2)$$

为满足政府的刚性支出需求，税收收入需要保持一定增速。但如前所述，随着经济增速的放缓以及各项减税制度和政策的实施，法定税基 Y 增速明显收窄，名义税率 t 趋于下降。对于各级税务机关来说，名义税率和法定税基是相对客观的外部变量，人为操纵的空间不大，因此，若要保持一定的税收收入增速，完成预算确定的税收收入任务，提高税收征收率无疑是最有效的抓手。而且，相对于征税能力而言，征税努力程度的弹性相对较大，短期内更易成为提高税收征收率的利器。因此，税负率与征管强度呈现正相关，税收征管越严格，税负率相应就越高。

但上述分析尚未揭示税收征管强度对制造业企业税负的具体影响机制。为此，将公式(4-1)进行适当变形得到如下表达式：

$$T = t_1 Y_1 - T_1 + T_2 \qquad (4-3)$$

其中，T 为制造业企业实际纳税额，t_1 为企业实际适用税率，Y_1 为企业实际税基，T_1 为企业实际享受到的减免税额，T_2 为制造业企业补缴的往年税款。通常情况下，高征管强度下税务机关对企业征税时实际执行的税率、税基及减免税额与低征管强度下的情形会存在一定差异，也即税务机关对企业征税时实际执行的税率、税基及减免税额是税收征管强度（γ）的函数，此时，公式(4-3)可以变形为如下形式：

$$T = t_1(\gamma)Y_1(\gamma) - T_1(\gamma) + T_2(\gamma) \qquad (4-4)$$

---

① 即税法规定适用的税率。
② 即按税法规定计算出的真实税基。
③ 一般来说，企业实际享受到的减免税额与税务机关的税收征管强度程反比，这是因为税收征管强度越大，企业享受减免税的门槛可能越高。

则企业的税负率(τ)可以进一步表达为以下形式:

$$\tau = \frac{T}{Y} = \frac{t_1(\gamma)Y_1(\gamma)}{Y} - \frac{T_1(\gamma)}{Y} + \frac{T_2(\gamma)}{Y} \qquad (4\text{-}5)$$

其中,Y 为法定税基。

这样一来,税收征管强度(γ)对企业的税负率(τ)的边际影响可用如下公式表达:

$$\frac{\partial \tau}{\partial \gamma} = \frac{\partial t_1}{\partial \gamma}\frac{Y_1}{Y} + \frac{t_1}{Y}\frac{\partial Y_1}{\partial \gamma} - \frac{\partial T_1}{\partial \gamma}\frac{1}{Y} + \frac{\partial T_2}{\partial \gamma}\frac{1}{Y} \qquad (4\text{-}6)$$

由公式可以看出,税收征管强度主要通过四个渠道影响制造业企业税负。一是税率渠道。制造业企业涉及税种数量众多,而且,不同税种的税率并不唯一,比如,增值税的税率除了 13% 的基本税率外,还包括 9% 和 6% 两档低税率,不同类型的货物和服务适用的税率不尽相同。现实中,制造业企业涉及的业务复杂多样,兼营、混合销售等经济行为十分普遍,当有些经济业务性质难以准确判定导致征纳双方就税率问题产生分歧时,税务机关为了保全国家税收或者完成税收收入任务,通常倾向于就高不就低,进而提高了企业实际适用的增值税税率。二是税基渠道。在适用税率既定的条件下,税基成为决定企业纳税多少的关键因素。这一方面比较典型的税种是企业所得税。企业所得税是制造业企业的重要税种之一,税前扣除项目种类繁多,扣除规则十分复杂。实践中,有些企业由于对税法规定不够熟悉,或者为了减少应纳税款,可能会出现一些违规做小税基的方式,比如应税收入误计入不征税收入或免税收入,费用支出错计科目①,漏计或隐瞒营业收入,虚列或者多列支出,等等。在税收征管相对宽松的条件下,上述行为被发现的概率相对较小,即使被税务机关发现,企业受到的处罚力度可能相对比较温和。但随着税收征管力度的

---

① 比如将业务招待费错计入会议费,按照企业所得税法的相关规定,业务招待费按照实际发生额的 60% 扣除,但最高不能超过当年销售(营业)收入的 5‰,但会议费的税前扣除则没有这一限制,如果能够提供费用支出的有效证明材料,可以据实扣除。

加大,企业通过人为做小税基偷漏税被查处的概率不断增加。同时,税务机关对企业享受税基式优惠政策①的审查会变得更加严格,进而会增加企业享受税前扣除优惠的难度。这些都会在一定程度上导致企业实际税基变大,进而助推税负上升。三是税额渠道。税额减免是企业税收优惠的重要内容,但通常情况下,企业享受减免税政策需要具备一定条件,同时税务机关需要进行审批或备案管理。即便随着简政放权的深入推进,越来越多的税额减免政策可以由企业自行判别享受,但仍需相关资料留存备查。当税收征管加强时,税务机关对企业享受税额减免政策的审查可能会变得更加严格,变相提高了企业享受税额减免的门槛,进而使得企业税负趋于上升。四是补税渠道。“征管挖潜”通过堵塞税收征管漏洞,不仅会加大当年税收“应收尽收”的力度,而且还会涉及对往年税收的查补,让企业补缴过往的应缴未缴税款成为税务机关面对税收任务压力时增加税收收入的一个重要渠道,而且,一般来说,税收征管强度越大,企业补缴的税款相应越多,越容易加重企业当年的税负。

4. 税收征管强度对制造业税负的影响:省级面板数据的实证

(1)模型设定

为实证检验税收征管加强是否成为助推制造业税负攀升的因素,构建如下省级面板数据模型:

$$ztaxratio_{it} = \alpha_0 + \alpha_i + \theta_t + \beta_1 zg_{it} + XB + \varepsilon_{it} \qquad (4-7)$$

其中, $ztaxratio$ 代表制造业税负,用制造业税收占工业增加值比重度量, zg 代表税务机关的税收征管强度, X 为控制变量, B 为控制变量的系数, α_i 表示地区效应, θ_t 表示时间效应, ε_{it} 为模型扰动项。结合理论分析,选取工业增加值占地区生产总值比重($gyratio$)、制造业税收份额($share$)、人均地区生产总值($pergdp$)②、贸易开放度($open$)、商品零售价格涨幅($prate$)等作为控制变量。

---

① 如研发费用加计扣除政策。

② 为减小异方差,对人均 GDP 进行了对数化处理。

需要注意的是,上述模型仅能从整体上分析税收征管强度对制造业税负的影响。但在 2018 年之前,制造业税收由国税和地税两个部门分别征管,并且呈现出鲜明的"国税主导"特征。统计数据显示,2001—2017 年,制造业税收收入中,国税部门负责组织的收入占比最低为 85.3%(2001 年),最高为 87.9%(2004 年),平均比重高达 86.8%,远高于同期地税部门负责组织的收入占比(见图 4-5)。由于国税和地税两个部门实行不同的管理体制,征税能力及努力程度客观上也存在一定差异,由此导致税收征管强度的变化趋势可能并不一致,对制造业税负的影响程度理应有所不同。为此,需要进一步区分国地税部门对制造业税收征管强度的差异。

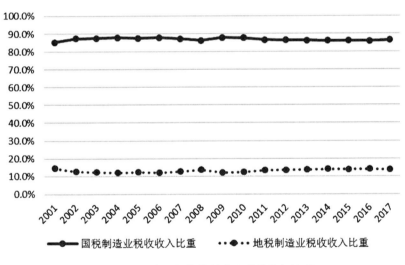

图 4-5　国地税征收的制造业税收收入比重

(2)税收征管强度的度量

税收征管强度是模型的核心解释变量,税收征管强度的度量是实证分析的关键。前面指出,已有文献在实证研究税收征管对企业税负的影响时,对税收征管的度量主要有三种思路:一是利用 DEA、DEA-Malmquist 指数模型等方法测算税收征管效率(李建军,2013[147];张斌,2018[144]);二是将"金税三期"工程这一准自然实验作为税收征管加强的标志性事件(吉赟和王贞,2019[150];

张克中等,2020[4]);三是利用税务检查和税务稽查力度作为税收征管活动的度量指标(于文超等,2018[148];申珍妮,2018[151])。从逻辑上分析,税务机关作为税收征管的主体,各种影响税收征管的因素最终都会内化为税务机关的征税能力和税收努力,二者共同决定了税务机关的税收征管强度。而且,在某些情形下,税务人员主观上的税收努力还可以转化为客观征税能力的提高(吕冰洋和郭庆旺,2011)[141]。无论是基于 DEA 等方法测算的税收征管效率,还是"金税三期"工程以及税务检查和税务稽查力度,均难以全面反映税务机关的税收征管强度。为此,笔者在度量税收征管强度时整体上借鉴了Mertens(2003)[152]的分析思路,但在实证分析时对模型进行了适当调整。Mertens(2003)指出,在相关研究文献中,税收收入占 GDP 的比重被认为是税收能力(tax capacity)和税收努力(tax effort)的函数,实际税收份额与预期税收份额的比值可以作为税收努力的度量指标,实证分析过程中,可先通过回归方法测度税收能力,然后用实际税收与潜在税收的比值计算税收努力。事实上,税务机关实际征收的税收收入规模大小不仅取决于税收努力的程度,也是征税能力变动的结果,因此,实际税收收入与预期税收收入比值反映的应该是税务机关的征税强度。陈德球等(2016)[153]在其实证研究中也正是选取实际税收收入与预期可获取的税收收入比值来衡量税务机关的税收征管强度。

Mertens(2003)[152]实证模型的因变量选取了税收收入占 GDP 比重作为实际税收收入的度量指标,选取 GDP 中的农业份额、GDP 中的工业份额以及进口额占 GDP 比重三个影响纳税能力(taxable capacity)的因素作为解释变量,运用最小二乘法估算出了预期税收收入,然后通过计算实际税收收入与预期税收收入比值得到税收努力指数。Mertens(2003)的实证方法得到国内许多学者的认同,并在相关实证研究中广为借鉴(叶康涛和刘行,2011[154];童锦治等,2016[155];陈德球等,2016[153])。但考虑到第二、第三产业是中国税收收入的主要税源,而且,一个国家的贸易开放度不仅取决于进口额还取决于出口额,参考陈德球等(2016)[153]的做法,构建如下双向固定效应模型:

$$tax_{it} = \alpha_0 + \alpha_i + \theta_t + \beta_1 gdp2_{it} + \beta_2 gdp3_{it} + \beta_3 open + \varepsilon_{it} \qquad (4-8)$$

其中,tax 代表税务机关实际征收的税收收入,用实际税收收入与地区生产总值的比值度量(tax/GDP),$gdp2$ 和 $gdp3$ 分别表示第二产业增加值和第三产业增加值占地区生产总值比重,$open$ 表示贸易开放度,用进出口总额占地区生产总值比重度量,α_i 和 θ_t 分别代表地区效应和时间效应,i 和 t 分别表示省份和年份,其中,$i = 1,2,3\cdots31$,$t = 2004,2005,2006\cdots2019$。

上述模型估计采用 2004—2019 年 31 个省份的面板数据。各个变量原始数据来源如下:①地区生产总值及第二、第三产业增加值均源于历年《中国统计年鉴》;②税务机关组织的税收收入源于历年《中国税务年鉴》;③进出口总额源于 wind 数据库,并根据当年人民币对美元汇率平均价进行折算。根据原始数据进一步计算出模型中相关变量数值,基本特征如表4-4所示。

表4-4 变量描述性统计

变量名	变量定义	最小值	最大值	均值	标准差
tax	税务机关征收税收收入占地区生产总值比重	0.057	0.557	0.174	0.092
gdp2	第二产业增加值占 GDP 比重	0.162	0.615	0.453	0.086
gdp3	第三产业增加值占 GDP 比重	0.286	0.835	0.436	0.095
open	进出口额占 GDP 比重	0.013	1.843	0.306	0.382

运用 Stata16.0 对双向固定效应模型进行估计,根据实证结果计算出预期税收收入(tax^*/GDP),并进一步通过计算实际税收收入与预期税收收入的比值得到税务机关的税收征管强度(zg)(见图4-6)。

由图 4-6 容易看出,2004 年以来,税务机关的税收征管强度在波动中整体趋于上升。具体来看,2004—2007 年,税收征管强度虽有波动,但整体相对平稳。2008 年随着国际金融危机对中国经济影响逐步显现,税收征管强度开始步入上行通道,由 2008 年的 0.981 升至 2012 年的 0.992。2013—2015 年,税收征管强度保持相对稳定,但自 2016 年以来,随着营改增试点

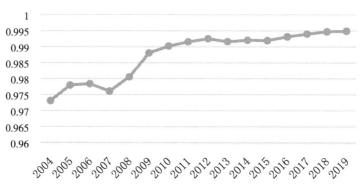

图 4-6　2004—2019 年税收征管强度

改革的全面推行及大规模减税降费的实施,税收征管强度再次出现攀升。如果再对 2004 年以来的税收征管强度与经济增速进行比较可以发现,二者整体上呈现反向变化关系,Pearson 相关系数为-0.829(见图 4-7),这在一定程度上表明,经济下行时期,加强税收征管成为税务机关应对收入任务压力现实选择。

图 4-7　税收征管强度变化趋势

需要注意的是,税务机关的税收征管强度在整体趋升的同时,还呈现出显著的区域性差异。表 4-5 显示了 2004—2019 年各省的平均税收征管强度。

表 4-5　各省平均税收征管强度(2004—2019)

省份	税收征管强度	省份	税收征管强度	
北京	2.385	湖北	0.699	
天津	1.394	湖南	0.623	
河北	0.687	广东	1.148	
山西	0.922	广西	0.742	
内蒙古	0.761	海南	1.616	
辽宁	0.957	重庆	0.767	
吉林	0.758	四川	0.745	
黑龙江	0.822	贵州	1.078	
上海	2.369	云南	1.296	
江苏	0.891	西藏	0.867	
浙江	1.060	陕西	0.830	
安徽	0.764	甘肃	0.888	
福建	0.796	青海	0.771	
江西	0.706	宁夏	0.863	
山东	0.709	新疆	1.162	
河南	0.537	全国平均	0.988	
		发达地区平均	1.344	ttest-P 值 0.000
		欠发达地区平均	0.864	

由表 4-5 可以看出,2004—2019 年,各省的平均税收征管强度为 0.988,但地区之间税收征管强度存在显著差异。其中,北京、上海、海南、天津、云南、新疆、广东、浙江、贵州等省份的税收征管强度大于 1,既包括东部地区经济发达省份,也包括西部地区经济落后省份,但以东部发达省份为主;河南、湖南、河北、山东、湖北、江西等省份的税收征管强度不足 0.7,这些省份大多属于中西部地区。整体来看,经济发达地区的税收征管强度高于经济欠发达地区。李香菊和赵娜(2017)[156]利用 2003—2014 年的省级面板数据,基于 SFA 方法

测度了各省企业所得税的税收努力程度,结果显示,东部地区的税收努力程度明显高于中西部地区,与表4-5的测算结果比较相近①。

还需强调一点,上述方法得到的税收征管强度反映的是国地税部门整体上的税收征管强度,但整体的税收征管强度与制造业的税收征管强度未必完全一致。在对部分地区税务部门的实地访谈中发现,实践中,当面临较大的税收任务压力时,加强对房地产行业税收征管往往成为优先选择,这就意味着税务机关的征管强度可能会出现行业性差异。考虑到制造业税负更多地应取决于税务机关对本行业的征管强度。为此,还需进一步测算税务机关对制造业的税收征管强度。由于鲜有文献单独考察税务机关对制造业税收征管强度,按照"税柄法"的基本思路,首先通过构建模型测算出制造业预期税收收入($ztax^*$),然后计算制造业实际税收收入($ztax$)与预期税收收入($ztax^*$)的比值,进而得到制造业的税收征管强度(zzg)。为测算制造业预期税收收入,构建如下双向固定效应模型:

$$ztax_{it} = \alpha_0 + \alpha_i + \theta_t + \beta_1 ggdp_{it} + \beta_2 open_{it} + \beta_3 prate_{it} + \varepsilon_{it} \quad (4-9)$$

其中,$ztax$ 为制造业实际税收收入,$ggdp$ 为工业增加值,$open$ 为贸易依存度,$prate$ 为商品零售价格涨幅。模型估计过程中,为减小异方差影响,分别对 $ztax$ 和 $ggdp$ 进行了对数化处理。

运用stata16.0对双向固定效应模型进行估计,根据实证结果估算出制造业预期税收收入的对数值,并通过计算实际税收收入对数值与预期税收收入对数值的比值得到各省税务机关对制造业的税收征管强度(zzg)。2004—2019年,各省制造业平均税收征管强度如图4-8所示②。不难看出,制造业税收征管强度整体上也呈现出稳中趋升的态势,由2004年的

---

① 李香菊、赵娜:《我国企业所得税税收努力程度及其影响因素的实证研究——基于随机前沿分析方法(SFA)》,《审计与经济研究》2017年第2期。

② 由于2018年国税和地税实现合并,因此,国税征管强度和地税征管强度根据2004—2017年省级面板数据估计和计算得到,对应表中的国地税征管强度是2004—2017年的平均值。

0.982 升至 2019 年的 0.992。

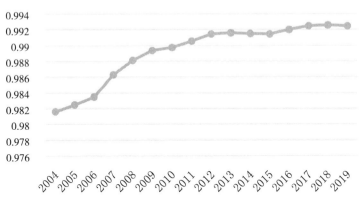

图 4-8　2004—2019 年各省制造业平均税收征管强度

进一步进行省际比较可以发现,各省制造业税收征管强度同样存在显著差异(见表 4-6)。

表 4-6　各省制造业平均税收征管强度(2004—2019)

省份	税收征管强度			省份	税收征管强度		
	税务机关	国税	地税		税务机关	国税	地税
北京	1.068	1.078	1.107	湖北	1.041	1.047	1.012
天津	1.149	1.177	1.006	湖南	1.036	1.043	0.997
河北	1.054	1.053	1.078	广东	1.185	1.200	1.251
山西	0.911	0.907	0.896	广西	0.968	0.967	0.914
内蒙古	0.878	0.850	0.924	海南	0.904	0.898	0.647
辽宁	1.099	1.103	1.139	重庆	0.967	0.965	0.943
吉林	1.006	1.011	0.961	四川	0.996	0.990	1.034
黑龙江	0.919	0.910	0.892	贵州	0.939	0.927	0.933
上海	1.258	1.290	1.230	云南	1.095	1.104	1.078
江苏	1.192	1.211	1.254	西藏	0.334	0.312	—
浙江	1.168	1.179	1.239	陕西	0.981	0.980	0.972
安徽	1.021	1.014	1.061	甘肃	0.950	0.943	0.893
福建	1.065	1.078	1.053	青海	0.710	0.710	0.327
江西	0.960	0.948	0.933	宁夏	0.769	0.741	0.623

省份	税收征管强度			省份	税收征管强度		
	税务机关	国税	地税		税务机关	国税	地税
山东	1.147	1.156	1.200	新疆	0.912	0.901	0.845
河南	0.984	0.979	1.018	平均	0.989	0.989	0.982

由表 4-6 可以看出,各省税务机关对制造业的税收征管强度客观上存在一定差异,其中税收征管强度最大的是上海(1.258),最小的是西藏(0.334)。整体来看,经济发达地区的制造业税收征管强度明显高于经济欠发达地区(见表 4-7)。同时,国税部门和地税部门对制造业的税收征管强度也不尽相同,整体来看,国税部门的税收征管强度高于地税部门。这一发现与部分学者的研究有一定相似之处。范子英和田彬彬(2013)[157]基于 2002 年所得税分享改革这一自然实验的研究发现,地方政府间的税收竞争会降低地方税务机关的税收执法力度,进而导致制造业大范围避税,并且税收执法力度不足主要缘于主观征税努力不足,而国税部门具有相对独立性,其征税努力大于地税部门。

表 4-7　经济发达地区和欠发达地区制造业税收征管强度差异

	税务机关		国税		地税	
	发达地区	欠发达地区	发达地区	欠发达地区	发达地区	欠发达地区
均值	1.154	0.932	1.171	0.926	1.168	0.915
ttest-P 值	0.000		0.000		0.000	

图 4-9 进一步显示了 2004—2019 年整个税务系统、国税部门和地税部门对制造业税收征管强度的变化趋势①。由于国税部门负责征收了制造业的绝大部分税收,因此,国税部门的税收征管强度与整个税务系统的税收征管强度基本一致,在图中表现为两条曲线基本重合,地税部门的税收征管强度略低于

---

① 由于 2018 年起国地税实现合并,因此,国税和地税系统的税收征管强度数据。

整个税务系统及国税部门的税收征管强度。从整体走势来看,自2004年以来,国地税部门对制造业的税收征管强度稳中趋升,特别是地税部门对制造业的税收征管强度上升幅度相对更大。

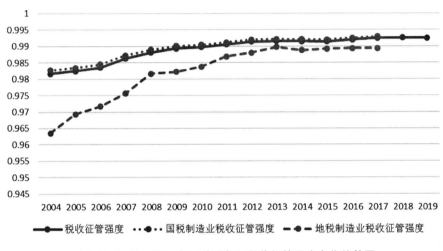

图4-9　2004—2019年国地税部门税收征管强度变化趋势图

(3)模型估计结果

首先对模型(4-9)进行双向固定效应估计,得到基准回归结果如表4-8所示。不难看出,税收征管强度(zg)及制造业税收征管强度(zzg)的系数均在统计上显著为正,并且制造业税收征管强度(zzg)的系数值显著大于税收征管强度(zg)的系数值,表明(制造业)税收征管强度提升确实推动了制造业税负攀升。地区虚拟变量与税收征管强度(zg)及制造业税收征管强度(zzg)两个变量的交叉项系数值均为正,但统计上不太显著。

表4-8　(制造业)税收征管强度对制造业税负的影响

自变量	双向固定效应	两步 GMM
zg	0.122*** (0.053)	0.134*** (0.035)
fada×zg	0.077 (0.086)	0.044 (0.054)

续表

自变量	双向固定效应		两步 GMM	
zzg		0.289* (0.162)		0.264*** (0.088)
fada×zzg		0.079 (0.271)		0.406** (0.178)
gyratio	−0.316*** (0.080)	−0.384*** (0.106)	−0.366*** (0.043)	−0.412*** (0.053)
share	0.379*** (0.043)	0.262*** (0.086)	0.380*** (0.044)	0.270*** (0.062)
open	−0.036 (0.032)	−0.043 (0.034)	−0.037** (0.017)	−0.050*** (0.017)
prate	0.003 (0.172)	0.310 (0.205)	−0.039 (0.154)	0.475*** (0.154)
常数	−0.010 (0.044)	−0.102 (0.145)		
地区效应	是	是	是	是
时间效应	是	是	是	是
组内 R²	0.679	0.538		
未识别检验-P 值			0.000	0.000
弱识别检验 （Cragg – Donald Wald F statistic）			210.642	417.330
Hansen J 统计 量-P 值			0.265	0.518
观测值	496	496	434	434

注:(1)括号内数值为稳健标准误;(2)不可识别检验使用的是 Kleibergen-Paaprk LM 统计量;(3)弱识别检验依据的是 Stock-Yogo(2005)提供的临界值;(4)*、**、***分别代表 10%、5%和 1%的显著水平。

　　需要注意的是,税务机关加强税收征管会倾向于加重制造业企业税负,但制造业企业税负反过来也可能会影响税收征管强度。这是因为,当制造业企业的税负过重时,企业的减税诉求将会变得更加强烈,而且税负过重还会使得一个地区在吸引资本投资方面陷于被动,不利于提升本地的经济竞争力,为此,地方政府和税务机关可能会适当调整税收征管强度,由此导致税收征管强度成为一个内生变量。为此,选取税收征管强度的滞后一期和二期作为工具变量进行两步 GMM 估计(见表 4-8)。不难看出,税收征管强度(zg)的系数在统计上依然显著为正,与双向固定效应估计结果较为一致,表明实证结果比较稳健。此外,考虑到税务机关对各个行业的税收征管强度可能存在一定差异,进一步用制造业税收征管强度(zzg)替代税收征管强度(zg)对模型再次进行估计(见表 4-8),结果显示,制造业税收征管强度(zzg)的系数在统计上显著为正,并且在数值上明显大于税收征管强度(zg)的系数值,表明制造业税收征管强度提升是助推制造业税负攀升的重要因素。值得关注的是,在两步 GMM 估计中,地区虚拟变量与制造业税收征管强度的交叉项系数在统计上显著为正,在一定程度上表明,发达地区制造业税收征管强度对制造业税负的助推效应相对更大,可能的原因是,经济发达地区的税源相对比较丰裕,完成税收任务的压力相对较小,由于实践中各地通常采用"基数+增长率"的方式确定下个年度的税收任务,为减轻下个年度的征管压力,税务机关在基本完成或适度超额完成本年度税收任务的前提下会主动放松税收征管[1](田彬彬等,2020)[48],进而对包括制造业在内的税源留下较大的征税余地,因此,当制造业税收征管强度加大时,发达地区制造业税负受到的影响更为明显。在各项控制变量中,工业增加值占地区生产总值比重($gyratio$)的系数在统计上显著为负,制造业税收份额($share$)的系数在统计上显著为正,均与前文的实证结果保持一致。贸易开放度($open$)的系数为负,但在统计上的显著性不够稳健,商品零售价格涨幅($prate$)对制造业税负的影响在多数回归方程中并不显著。

还需提及一点,制造业企业面对的征税主体包括国税和地税两个部门,由于国地税系统的领导管理体制不尽相同,地方政府对两个系统的影响力通常会存在一定差异。地税系统实行的是双重领导管理体制,因此,其受到的地方

---

① 比如通过不征、减征或推迟征收等方式隐藏税收。

政府干预程度通常更高,国税系统虽然实行垂直管理体制,但因其与地方政府之间存在千丝万缕的联系,实践中难免会受到地方政府各种形式的影响。为此,笔者进一步检验了国税对制造业税收征管强度($gzzg$)和地税对制造业税收征管强度($dzzg$)对制造业税负的影响,实证结果如表 4-9 所示。可以看出,无论采用双向固定效应估计还是两步 GMM 估计,国税对制造业税收征管强度($gzzg$)的系数在统计上均显著为正,表明国税对制造业税收征管强度的提升是助推制造业税负攀升的重要因素。相比之下,地税对制造业税收征管强度($dzzg$)的系数明显小于国税对制造业税收征管强度($gzzg$),并且在统计上的显著性也相对较低,表明地税对制造业税收征管强度的提升虽然也会助推制造业税负攀升,但其影响程度相对比较微弱,主要原因在于,国地税合并之前,制造业税收收入主要由国税部门征收,地税部门负责征收的制造业税收收入占制造业全部税收收入的比重仅为 15% 左右。以 2017 年为例,全国制造业税收收入为 517750598 万元,其中地方税务局征收的制造业税收收入为 70651537 万元,占比仅为 13.6%。

表 4-9　国地税制造业税收征管强度对制造业税负的影响

自变量	双向固定效应		两步 GMM	
gzzg	0.354 * (0.198)		0.390 *** (0.111)	
dzzg		0.090 (0.054)		0.063 * (0.037)
gyratio	−0.185 ** (0.082)	−0.134 (0.091)	−0.214 *** (0.049)	−0.183 *** (0.051)
share	0.170 (0.127)	0.365 *** (0.090)	0.160 * (0.084)	0.401 *** (0.064)
lnpergdp	−0.112 ** (0.051)	−0.106 ** (0.048)	−0.106 *** (0.024)	−0.083 *** (0.023)
open	−0.028 (0.032)	−0.005 (0.035)	−0.031 * (0.016)	−0.008 (0.018)

续表

自变量	双向固定效应		两步 GMM	
prate	0. 218 (0. 229)	0. 275 (0. 233)	0. 305* (0. 164)	0. 406** (0. 199)
常数	0. 863* (0. 463)	0. 965** (0. 468)		
地区效应	是	是		
时间效应	是	是		
组内 R^2	0. 594	0. 526		
未识别检验-P 值			0. 000	0. 000
弱识别检验 (Cragg - Donald Wald F statistic)			328. 912	135. 108
Hansen J 统计量-P 值			0. 633	0. 675
观测值	434	420	372	360

注:(1)括号内数值为稳健标准误;(2)不可识别检验使用的是 Kleibergen-Paaprk LM 统计量;(3)弱识别检验依据的是 Stock-Yogo(2005)提供的临界值;(4)*、**、*** 分别代表 10%、5%和 1%的显著水平。

4. 实证结果的进一步讨论

前文的实证结果表明,税务机关税收征管强度的提升助推了制造业税负攀升,但究竟哪些因素推动了税收征管强度提升有待进一步考察。如前所述,税收征管强度主要取决于税务机关的征税能力和征税努力。以"金税工程"为代表的税收信息系统的完善、税收征管流程的优化和重组以及税务人员素质的提高显然是有利于提升税务机关征税能力的重要因素,并且已有实证研究也证实了这一点(吉赟和王贞,2019[150];张克中等,2020[4])。理论上,税务人员的敬业精神、税务机关的内部动力及外部压力是影响税务机关征税努力程度的重要因素,并且这些因素的主观性较强,弹性相对较大,由此增大了税务机关征税努力伸缩的空间。从实证的角度看,定量刻画税务人员的敬业精神和税务机关的内部动力并非易事,笔者主要基于外部压力的视角发掘税收征管强度的影响因素。

税务机关是政府的重要职能部门,现有文献一般认为,国家税务局和地方税务局分别是中央政府和地方政府的代理机构(吕冰洋和郭庆旺,2011)[141],依法收好税、完成税收任务是其基本职责。因此,税务机关征税的外部压力理应主要源于各级政府。由于税收是满足政府支出最主要的收入来源,因此,政府支出需求大、收支矛盾突出的情形下,税务机关征税活动受到的政府干预通常更强。国地税合并之前,地方税务局和国家税务局实行的管理体制并不完全相同。其中,地方税务局实行的是双重领导管理体制,具体来看,省级地方税务局实行省级人民政府和国家税务总局双重领导、以地方政府领导为主的管理体制,省以下地方税务局实行同级地方政府和上级税务机关双重领导、以上级税务机关领导为主的管理体制。相比之下,国家税务局的领导管理体制比较单一,无论省级国家税务局还是省以下国家税务局,均实行垂直管理体制。由于地方税务局接受的是双重领导,上级税务机关和同级人民政府均是其直接领导者,因此,地方税务局既要完成上级税务机关下达的税收任务,也要完成地方政府预算下达的税收任务。对于地方政府来说,当其面临较大的收支压力时,往往会通过不同形式对地方税务机关的征税工作进行指导或批示,进而转化成为地方税务机关的外部压力,加强税收征管自然成为地方税务机关应对这种外部压力的重要手段。国家税务局实行的是垂直管理体制,上级税务机关是其本级税务机关的唯一领导者,同级人民政府对其并不具有直接领导权,但这并不意味着地方政府对同级国家税务机关不会产生影响。实践中,地方政府官员前往同级国家税务局考察指导的情形十分常见,并会通过各种形式对国家税务局的工作提出要求或作出指示。而且,国税部门在日常工作中也离不开地方政府的支持(孙刚,2017[158];于文超等,2018[148]),这些无疑都会在一定程度上提升地方政府对国税部门税收工作的影响力,通常情况下,国税部门会尽量完成地方政府下达的税收任务(于文超等,2018)[148]。2018年,时隔24年后,国地税合二为一,开始实行国家税务总局为主与省

(区、市)人民政府双重领导的管理体制。实施新的税收征管体制后,地方政府对同级税务机关拥有直接领导权,地方各级税务机关面临着来自上级税务机关和同级人民政府的双重任务压力,当经济下行压力加大、地方政府财政收支矛盾突出时,地方政府极有可能通过多种方式对税务机关施加压力,进而引致税务机关税收征管强度的提升。表4-10显示了近年来地方党政主要领导在税务局考察调研时提出的工作要求,不难发现,加强税收征管、堵塞征管漏洞、挖掘税收潜力、应收尽收几乎是地方党政领导对税务局工作要求的"标配"。

表4-10　地方政府官员对税务局的工作要求

地方政府官员 到税务局考察调研	工作要求
CZ 市市长(2018 年 6 月 13 日)①	坚定完成税收任务的决心;坚持依法治税,加大税款催缴力度,堵塞征管漏洞,提高征管水平;强化税源管理,尤其要做好"以电控税",挖掘税收潜力。
XX 市市委常委、常务副市长(2019 年 3 月 7 日)②	强化税收征管力度,确保应收尽收,确保圆满完成 2019 年各项税收目标任务。
ZZ 市市委常委、常务副市长(2019 年 7 月 19 日)③	既要扎扎实实地推进减税降费政策落地,又要全面加强税收管理,做到应收尽收,尽全力组织好收入。
WF 市市长(2019 年 6 月 10 日)④	加强税源分析,挖掘税收潜力,做到依法征收、应收尽收。
PD 市市长(2020 年 2 月 25 日)⑤	坚持抓征管、补漏洞、清陈欠、拓空间,确保应收尽收、圆满完成全年税收目标任务。
HR 市委书记(2020 年 11 月 25 日)⑥	加大税收征管力度,确保圆满完成全年税收目标任务;强化重点税源管理,补足征管短板,堵塞管理漏洞,严厉查处偷税、扣税、逃税行为;积极推进综合治税,形成征管合力,确保应收尽收;引导监督企业依法纳税,守法经营,争创税收收入新高。

---

① 资料来源:http://www.cangzhou.gov.cn/zwbz/zwdt/xfgdt/btf/537574. shtml。

② 资料来源:https://m.sohu.com/a/299930915_120093573。

③ 资料来源:http://shandong.chinatax.gov.cn/art/2019/7/23/art_126_8943. html。

④ 资料来源:http://www.wfcmw.cn/weifang/headline/2019-06-11/361433. html。

⑤ 资料来源:https://www.sohu.com/a/375806242_349522。

⑥ 资料来源:http://www.zghr.gov.cn/hrdt/hryw/202011/t20201127_311922. html。

续表

地方政府官员 到税务局考察调研	工作要求
DY 市委书记（2021 年 12 月 31 日）①	各征收部门要依法治税、依法征税，紧盯税收征管薄弱环节，密切跟踪重点税源企业；要做到"抓大不放小"，抓好零星税源征管，加大税收稽查（核查）力度，依法打击偷税、逃税、漏税等行为，确保税收及时足额入库、颗粒归仓。
HB 市委书记（2022 年 3 月 25 日②）	围绕"税""财"做文章，在组织收入、税收征管上下工夫，强化担当、主动作为。

根据上述分析提出以下两个研究假设：

假设 I：地方政府财政支出扩张是推高税收征管强度的重要因素。

假设 II：税收征管强度是地方财政支出扩张助推制造业税负攀升的中介变量。

（1）模型设定及变量选择

为实证检验地方财政支出对税收征管强度的影响，构建如下双向固定效应模型：

$$zg_{it} = \varphi_0 + \alpha_i + \gamma_t + \varphi_1 lexpratio_{it} + \varphi_2 gdp2_{it} + \varphi_3 gdp3_{it} + \varphi_4 lnpergdp_{it}$$
$$+ \varphi_5 zjl_{it} + \varphi_6 open_{it} + \varphi_7 prate_{it} + \varepsilon_{it} \qquad (4-10)$$

其中，zg 为税收征管强度，$lexpratio$ 为地方财政支出规模，用地方财政支出占地区生产总值比重量。但考虑到整体税收征管强度和制造业税收征管强度并不完全相同，为了检验实证结果的稳健性，还进一步选取制造业税收征管强度（zzg）作为税收征管强度的替代变量进行实证分析。结合理论分析及杨德前（2014）[159]、王怡璞和王文静（2018）[160]、储德银等（2019）[117]及于井远（2021）[161]的研究成果，选取的控制变量包括：第二产业增加值比重（$gdp2$）、第三产业增加值比重（$gdp3$）、人均地区生产总值（$pergdp$）、财政自给率（zjl）、贸易开放度（$open$）及商品零售价格涨幅（$prate$）。其中，财政自

给率用一般公共预算收入与一般公共预算支出的比值度量,同时,为减小异方差影响,对人均地区生产总值进行对数化处理。各个变量的基本特征如表4-11所示。

表 4-11　变量描述性统计

变量名	变量定义	最小值	最大值	均值	标准差
zg	税收征管强度	0.421	2.660	0.988	0.445
zzg	制造业税收征管	0.079	1.306	0.989	0.173
lexpratio	地方财政支出规模	0.077	1.379	0.248	0.189
gdp2	第二产业增加值占 GDP 比重	0.162	0.615	0.453	0.086
gdp3	第三产业增加值占 GDP 比重	0.286	0.835	0.436	0.095
lnpergdp	人均地区生产总值	8.346	12.009	10.380	0.697
zjl	财政自给率	0.064	0.951	0.495	0.203
open	进出口额占 GDP 比重	0.013	1.843	0.306	0.382
prate	商品零售价格涨幅	−0.032	0.106	0.020	0.020

(2)实证结果

首先以税收征管强度(zg)为因变量,对模型(1)进行双向固定效应估计,得到实证结果如表4-12 所示。

表 4-12　地方财政支出对税收征管强度的影响

自变量	税收征管强度		制造业税收征管强度	
	双向固定效应	两步 GMM	双向固定效应	两步 GMM
lexpratio	1.055 *** (0.109)	1.141 *** (0.164)	0.533 *** (0.048)	0.514 *** (0.041)
gdp2	0.670 (0.537)	0.473 (0.329)		
gdp3	0.022 (0.715)	−0.289 (0.418)		
lnggdp			0.016 (0.019)	0.005 (0.011)

续表

自变量	税收征管强度		制造业税收征管强度	
	双向固定效应	两步 GMM	双向固定效应	两步 GMM
share			0.593*** (0.051)	0.581*** (0.032)
lnpergdp	-0.392*** (0.064)	-0.370*** (0.059)	0.069** (0.030)	0.086*** (0.018)
zjl	0.859*** (0.240)	0.898*** (0.184)	0.182*** (0.041)	0.195*** (0.025)
open	0.082 (0.094)	0.077 (0.072)	0.014 (0.011)	0.010 (0.007)
prate	1.640** (0.798)	2.545*** (0.694)	-0.325 (0.217)	-0.152 (0.137)
常数	3.642*** (0.617)		-0.210** (0.189)	
地区效应	是	是	是	是
时间效应	是	是	是	是
组内 R^2	0.441		0.836	
未识别检验-P 值		0.000		0.001
弱识别检验(Cragg-Donald Wald F statistic)		750.231		842.057
Hansen J 统计量-P 值		0.423		0.321
观测值	496	434	496	434

注:(1)括号内数值为稳健标准误;(2)不可识别检验使用的是 Kleibergen-Paaprk LM 统计量;(3)弱识别检验依据的是 Stock-Yogo(2005)提供的临界值;(4)*、**、*** 分别代表 10%、5%和 1%的显著水平。

进一步用制造业税收征管强度(zzg)替代税收征管强度(zg)再次对模型①进行双向固定效应和两步 GMM 估计后发现,地方财政支出规模的系数在统计上依然显著为正,但系数值明显下降,表明地方财政支出扩张助推了制造

① 由于税收征管强度与制造业税收征管强度的影响因素不尽相同,笔者考察制造业税收征管强度的影响因素时,对模型的解释变量进行了适当调整,用对数化的工业增加值(lnggdp)替代了原模型中第二产业占地区生产总值比重(gdp2)、第三产业占地区生产总值比重(gdp3),同时添加了制造业税收份额(share)这一变量。

业税收征管强度提升,但对制造业税收征管强度的影响力度小于行业平均水平。各个控制变量中,产业结构和贸易开放度的影响在统计上依然不显著,商品零售价格涨幅的系数也变得不再显著,但财政自给率的系数在统计上继续显著为正。

考虑到地方财政支出规模对税收征管强度的影响可能存在区域性差异,进一步在模型中加入了地区虚拟变量($fada$)①与地方财政支出规模($lexpratio$)的交叉项,再次对模型进行双向固定效应和两步 GMM 估计,实证结果如表 4-13 所示。双向固定效应估计结果显示,选取税收征管强度(zg)作为因变量时,地区虚拟变量($fada$)与地方财政支出规模($lexpratio$)的交叉项系数为正,意味着地方财政支出对税收征管强度的助推效应呈现出"发达地区>欠发达地区"的特征,但在选取制造业税收征管强度(zzg)作为因变量时,地区虚拟变量($fada$)与地方财政支出规模($lexpratio$)的交叉项系数依然为正,但统计上不太显著,或表明经济发达地区地方财政支出扩张对税收征管强度的助推效应更多体现于非制造业。

表 4-13　地方财政支出对(制造业)税收征管强度影响的区域性差异

自变量	税收征管强度		制造业税收征管强度	
	双向固定效应估计	两步 GMM 估计	双向固定效应估计	两步 GMM 估计
lexpratio	1. 323 *** (0. 123)	1. 401 *** (0. 163)	0. 520 *** (0. 045)	0. 507 *** (0. 038)
fada×lexpratio	2. 933 *** (0. 892)	3. 027 *** (0. 623)	0. 100 (0. 147)	0. 102 (0. 081)
gdp2	−0. 227 (0. 570)	−0. 343 (0. 359)		
gdp3	−0. 257 (0. 796)	−0. 531 (0. 461)		

①　地区虚拟变量(fada)的赋值规则同前,即如果某省属于经济发达地区,则 fada = 1,否则 fada = 0。

续表

自变量	税收征管强度		制造业税收征管强度	
	双向固定效应估计	两步 GMM 估计	双向固定效应估计	两步 GMM 估计
lnggdp			0.054 *** (0.010)	0.050 *** (0.007)
share			0.581 *** (0.051)	0.555 *** (0.033)
zjl	0.827 ** (0.308)	0.858 *** (0.196)	0.194 *** (0.043)	0.217 *** (0.027)
open	0.177 ** (0.067)	0.207 *** (0.075)	0.034 ** (0.016)	0.030 *** (0.009)
prate	1.348 * (0.794)	2.034 *** (0.705)	−0.368 * (0.206)	−0.204 (0.145)
常数	0.345 (0.536)		0.162 * (0.091)	
地区效应	是	是	是	是
时间效应	是	是	是	是
组内 R²	0.408		0.826	
未识别检验-P 值		0.001		0.002
弱识别检验（Cragg-Donald Wald F statistic）		778.808		851.706
Hansen J 统计量-P 值		0.534		0.194
观测值	496	434	496	434

注:(1)括号内数值为稳健标准误;(2)不可识别检验使用的是 Kleibergen-Paaprk LM 统计量;(3)弱识别检验依据的是 Stock-Yogo(2005)提供的临界值;(4)*、**、*** 分别代表 10%、5%和 1%的显著水平。

上述实证结果表明,地方财政支出扩张既助推了制造业税负攀升,也对税收征管强度产生正向影响,同时税收征管强度显著推高了制造业税负,那么,地方财政支出是否通过税收征管强度影响了制造业税负?将地方财政支出规模(lexpratio)和税收征管强度(zg)置于同一模型再次进行双向固定效应和两步 GMM 估计,得到的实证结果如表 4-14 回归结果(1)和(3)所示。容易看出,当在模型中同时加入地方财政支出规模(lexpratio)和税收征管强度

（ *zg* ）两个变量后,税收征管强度(*zg*)的系数在统计上显著为正,但地方财政支出规模(*lexpratio*)的系数由正转负,并且统计上十分显著,表明地方财政支出扩张对制造业税负的助推效应主要是通过税务机关加强税收征管实现的,即税收征管强度是地方财政支出扩张助推制造业税负攀升的完全中介变量。

表 4-14 地方财政支出和税收征管强度对制造业税负的影响

	双向固定效应模型		两步 GMM	
	（1）	（2）	（3）	（4）
lexpratio	−0.105[**] (0.048)	−0.350[***] (0.115)	−0.160[***] (0.047)	−0.345[***] (0.096)
zg	0.160[***] (0.039)		0.174[***] (0.031)	
zzg		0.807[***] (0.226)		0.808[***] (0.177)
lnggdp	−0.096[***] (0.032)	−0.092[***] (0.032)	−0.115[***] (0.018)	−0.098[***] (0.017)
share	0.346[***] (0.058)	−0.102 (0.113)	0.341[***] (0.045)	−0.089 (0.105)
lnpergdp	0.041 (0.051)	−0.077 (0.053)	0.065[**] (0.030)	−0.076[***] (0.028)
open	−0.037 (0.025)	−0.031 (0.025)	−0.034[**] (0.015)	−0.036[***] (0.014)
prate	0.060 (0.169)	0.567[**] (0.235)	−0.067 (0.142)	0.549[***] (0.161)
常数	0.193 (0.359)	0.848[***] (0.365)		
地区效应	是	是	是	是
时间效应	是	是	是	是
组内 R^2	0.703	0.682		
未识别检验-P 值			0.000	0.000
弱工具变量(Cragg-Donald Wald F statistic 统计量)			125.294	35.871

	双向固定效应模型		两步 GMM	
	（1）	（2）	（3）	（4）
Hansen J 统计量-P 值			0.159	0.248
观测值	496	496	434	434

注:(1)括号内数值为聚类稳健标准误;(2)不可识别检验使用的是 Kleibergen-Paaprk LM 统计量;(3)弱识别检验依据的是 Stock-Yogo(2005)提供的临界值;(4) * 、** 、*** 分别代表 10% 、5% 和 1% 的显著水平。

（3）稳健性检验

为了检验实证结果的稳健性,笔者用制造业税收征管强度(zzg)替代税收征管强度(zg),将地方财政支出规模($lexpratio$)和制造业税收征管强度(zzg)置于同一模型再次进行双向固定效应和两步 GMM 估计,实证结果如表 4-14 回归结果(2)和(4)所示。可以看出,在模型中同时加入地方财政支出规模($lexpratio$)和制造业税收征管强度(zzg)后,制造业税收征管强度(zzg)的系数在统计上显著为正,并且其系数值远大于回归结果(1)和(3)中税收征管强度(zg)的系数值,但地方财政支出规模($lexpratio$)的系数由正变负,并且统计上十分显著,再次表明地方财政支出扩张对制造业税负的助推效应主要是通过加强税收征管实现的,在控制税收征管强度后,地方财政支出对制造业税负的助推效应不复存在。需要说明的是,在控制制造业税收征管强度(zzg)后,地方财政支出规模($lexpratio$)的系数之所以变为负值,可能的原因在于,地方政府为扶持制造业发展,可通过多种形式的财政补贴、税收返还、财政奖励等扶持措施支持制造业发展,进而推动制造业税负降低。陈昭和刘映曼(2019)[162]基于 Wind 数据库对 2312 家制造业上市公司的统计分析发现,2012 年获得政府补贴的企业比重是 73.95%,2017 年的这一比重达到 98.83%,并且多数企业获得的补贴金额趋于上升。

（4）进一步讨论

前文实证结果表明,"地方财政支出扩张→税收征管加强→制造业税负攀升"的逻辑在中国是成立的。但地方财政支出、税收征管强度及制造业税负的关系存在区域性差异,前面的实证分析在考察这种区域性差异时没有将地方财政支出规模与税收征管强度置于同一分析框架,为此,进一步在同时控制地方财政支出规模(*lexpratio*)和制造业税收征管强度(*zzg*)的前提下,分别在模型中加入了地区虚拟变量(*fada*)与地方财政支出规模(*lexpratio*)及制造业税收征管强度(*zzg*)的交叉项,再次对模型进行双向固定效应和两步GMM 估计,实证结果如表4-15 所示。由表4-15 回归结果(1)和(3)看出,在控制制造业税收征管强度(*zzg*)的情形下,地方财政支出规模(*lexpratio*)的系数在统计上显著为负,而地区虚拟变量(*fada*)与地方财政支出规模(*lexpratio*)的交叉项系数在统计上显著为正,这就意味着在制造业税收征管强度保持不变时,地方财政支出本身并不直接助推制造业税负攀升,反而可能通过各种财政支持手段助力制造业发展,降低制造业税负,但在发达地区,地方财政支出对制造业税负的助降效应会受到一定程度的抑制,可能的原因在于,与欠发达地区相比,发达地区对制造业企业的支持力度相对更大,以制造业上市公司为例,2004—2019 年,经济发达地区和欠发达地区制造业上市公司收到的税费返还占营业收入比重分别为 1. 37%和 2. 08%①。由于发达地区的财政自给率较高,在税收征管强度保持不变时,地方财政支出扩张容易加剧地方财政压力,而用于保运转和保民生的财政支出具有显著刚性,在此情形下发达地区地方政府对制造业企业的财政支持力度可能会受到更大冲击,由此会助推制造业税负攀升。与此同时,由表4-15 回归结果(2)和(4)看出,在控制地方财政支出规模(*lexpratio*)时,制造业税收征管强度(*zzg*)的系数在统计上显著为正,地区虚拟变量(*fada*)与制造业税收征管强度(*zzg*)交叉项的系数也为正,表明制造业税收征管强度的提升助推了制造业税负攀升,并且这种助推效应在发达地区更为明显,与前文实证结果一致。

---

①　两者差异通过了 t 检验(t 统计量为−16. 604)。

表 4-15　地方财政支出和制造业税收征管强度对制造业税负影响的区域性差异

	双向固定效应模型		两步 GMM	
	（1）	（2）	（3）	（4）
lexpratio	-0.298 ** （0.109）	-0.305 *** （0.103）	-0.294 *** （0.087）	-0.300 *** （0.086）
fada×lexpratio	0.427 ** （0.167）		0.561 *** （0.144）	
zzg	0.746 *** （0.214）	0.741 *** （0.205）	0.766 *** （0.164）	0.713 *** （0.164）
fada×zzg		0.148 （0.226）		0.262 * （0.149）
lnggdp	-0.125 *** （0.028）	-0.131 *** （0.028）	-0.129 *** （0.015）	-0.135 *** （0.015）
share	-0.032 （0.088）	-0.057 （0.080）	-0.024 （0.092）	-0.028 （0.091）
open	-0.018 （0.028）	-0.049 （0.030）	-0.012 （0.016）	-0.053 *** （0.015）
prate	0.520 ** （0.224）	0.617 ** （0.228）	0.445 *** （0.157）	0.626 *** （0.168）
常数	0.366 ** （0.163）	0.401 （0.178）		
地区效应	是	是		
时间效应	是	是		
组内 R^2	0.679	0.670		
未识别检验-P 值			0.000	0.000
弱工具变量（Cragg-Don-ald Wald F statistic 统计量）			38.423	38.151
Hansen J 统计量-P 值			0.308	0.215
观测值	496	496	434	434

注:（1）括号内数值为聚类稳健标准误;（2）不可识别检验使用的是 Kleibergen-Paaprk LM 统计量;
　　（3）弱识别检验依据的是 Stock-Yogo(2005)提供的临界值;（4）*、**、*** 分别代表 10%、5% 和
　　1% 的显著水平。

考虑到国地税征管强度的差异,进一步检验地方财政支出规模、国地税制造业征管强度与制造业税负的关系,实证结果如表4-16所示。可以看出,当模型未加入国税对制造业税收征管强度(*gzzg*)及地税对制造业税收征管强度(*dzzg*)时,地方财政支出规模(*lexpratio*)的系数在10%的显著性水平下为正,但当分别加入上述两个变量时,地方财政支出规模(*lexpratio*)的系数在统计上变得不再显著甚至显著为负,表明地方财政支出通过改变国税和地税对制造业税收征管强度影响了制造业税负。不过,需要注意的是,当地税对制造业税收征管强度(*dzzg*)与地方财政支出规模(*lexpratio*)同时加入模型时,地税对制造业税收征管强度(*dzzg*)的系数在统计上并不显著,再次表明地税对制造业税收征管强度的变化对制造业税负影响较小,地方财政支出扩张对制造业税负的助推效应主要通过影响国税对制造业税收征管强度实现。

表4-16　地方财政支出规模和国地税制造业征管强度对制造业税负的影响

	ztaxratio	gzzg	ztaxratio	dzzg	ztaxratio	ztaxratio
lexpratio	0.087* (0.049)	0.560*** (0.071)	-0.339** (0.125)	1.410*** (0.200)	0.133 (0.117)	-0.169* (0.092)
gzzg			0.776*** (0.246)			0.967*** (0.229)
dzzg					0.059 (0.047)	-0.032 (0.035)
gyratio	-0.164* (0.089)		-0.192** (0.080)		-0.137 (0.089)	-0.179** (0.071)
share	0.395*** (0.087)		-0.087 (0.136)		0.375*** (0.090)	-0.191 (0.136)
lnpergdp	-0.079 (0.047)	0.011 (0.032)	-0.159*** (0.053)	0.138 (0.095)	-0.099* (0.050)	-0.176*** (0.054)
zjl		0.121 (0.072)		0.430*** (0.124)		
gdp2		0.153 (0.370)		-0.125 (0.592)		

续表

	ztaxratio	gzzg	ztaxratio	dzzg	ztaxratio	ztaxratio
gdp3		0.095 (0.381)		0.091 (0.690)		
open	−0.011 (0.034)	0.004 (0.025)	−0.020 (0.029)	−0.011 (0.043)	−0.011 (0.033)	−0.031 (0.028)
prate	0.212 (0.219)	−0.203 (0.363)	0.537** (0.250)	0.332 (0.424)	0.295 (0.230)	0.708*** (0.246)
常数	0.780 (0.465)	0.617 (0.368)	1.052** (0.441)	−0.752 (1.015)	0.905* (0.490)	1.034 (0.442)
地区效应	是	是	是	是	是	是
时间效应	是	是	是	是	是	是
组内 R^2	0.524	0.388	0.653	0.653	0.532	0.694
观测值	465	434	434	420	420	420

注:(1)括号内数值为聚类稳健标准误;(2)*、**、***分别代表10%、5%和1%的显著水平。

从表4-16的估计结果可以看出,地方财政支出规模(*lexpratio*)对国地税部门制造业税收征管的影响在统计上均显著为正,并且这种影响明显呈现出"地税>国税"的特点,与理论预期吻合。在控制国地税部门对制造业税收征管强度后,地方财政支出对制造业税负的助推效应均不再显著,意味着地方财政支出对制造业税负的助推效应主要是通过加强国地税部门对制造业税收征管强度实现的。由此可见,地方财政支出规模对制造业税负的助推效应主要是通过国税部门加强制造业税收征管导致的。2018年起,国地税机构时隔24年后实现合并,并实行双重领导管理体制,这一制度变革改变了原国税机构的管理体制,地方政府开始对其拥有直接的领导权力,为地方政府加大对税收征管的干预力度提供了空间。而且,随着中央和地方政府对增值税分享比例的调整①,增值税收入在地方财税收入中的占比趋于上升(见图4-10),而

---

① 自2016年5月1日起,央地对增值税收入的分享比例由原来的75:25调整为50:50。

在国内增值税收入中,制造业增值税收入占比最高①,位居各个行业之首,制造业对地方财税收入贡献的提升倾向于提高地方政府对制造业税收的重视程度。2019 年 9—11 月针对 234 家制造业企业的问卷调查显示,60.5%的企业反映,国地税合并后,税务机关对税收征管的力度较过去"明显加强"或"有所加强。"根据前文的实证结果,有理由推断,国地税合并后,地方财政支出对制造业税负的影响将会进一步加大。

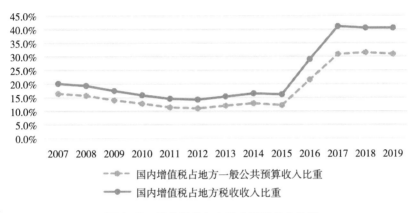

图 4-10　增值税收入占地方财税收入比重

前面的实证分析表明,税务机关税收征管强度的提升使得制造业企业的实纳税额与应纳税额不断逼近,通过提高客观税负水平加大了制造业企业主观税负压力。但税务机关对制造业企业税负压力的影响并不仅限于此,还表现在其对制造业企业纳税遵从成本的影响。所谓纳税遵从成本是指企业在遵照税法或征税机关要求办理相关涉税事项过程中支付的除税款和税收经济扭曲成本以外的各项支出,涉及时间成本、货币成本以及心理成本等多种形式。纳税遵从成本虽然并不直接增加企业税负,但企业在履行涉税义务过程中发生的人力、物力和财力消耗增加了企业支出,降低了企业的盈利水平,进而弱化了企业对税负的承受能力,容易引致企业的税负重感。长期以来,国地税分

---

① 2018 年,国内增值税收入中,制造业增值税收入占比达到 33.8%。

设使得制造业企业在纳税过程中同时面对两个征税机关,"两头跑"、"两头查"的现象十分突出,国地税信息系统不兼容导致重复报送涉税资料成为常态,加之税务人员业务水平和办税效率有限①,税务信息化和智能化水平以及纳税申报便捷化程度不高,这些都在很大程度上提高了制造业企业的纳税遵从成本。2018 年 6—7 月基于对 H 市 311 家制造业企业的调查结果显示,对纳税遵从成本表示"比较满意"和"非常满意"的企业占比仅为 27.0%,相应的满意度得分仅为 63.9 分,对纳税时间表示"比较满意"和"非常满意"的企业占比仅为 44.4%,相应的满意度得分仅为 68 分。在影响制造业企业对纳税遵从成本满意度的各种原因中,排在前三位的分别是:办税流程和手续太烦琐(29.3%)、办税耗时太长(25.1%)②、税务机关办税的信息化和智能化水平不高(10.61%)。可见,制造业企业纳税遵从成本高与税务机关的税收征管活动息息相关。此外,税收优惠作为国家扶持企业发展的重要手段,对于减轻制造业企业税负具有积极作用,但制造业企业能否享受到税收优惠政策以及税收优惠政策的实施效果如何,既取决于企业自身的条件及能动性,同时也与政策设计及税务机关的政策宣传和执行情况密不可分。表 4-17 显示了 2018 年6—7 月及 2019 年 9—11 月针对百家制造业企业享受税收优惠便捷度的调查结果。对比两次调查结果发现,尽管对享受税收优惠便捷度明确表示不满意的企业占比并不高,但明确表示满意的企业占比尚不足 50%,也即多数企业认为享受税收优惠的便捷程度存在改进空间。在影响制造业企业享受税收优惠政策的因素中,企业了解税收优惠政策渠道不畅通、手续复杂、准备材料多等因素都在一定程度上反映了税收征管流程及纳税服务有待进一步优化。

---

① 2018 年 6—7 月基于对 H 市 311 家制造业企业的调查结果显示,对税务机关办税效率表示"满意"和"非常满意"的企业占比仅为 52.7%,对税务机关办税效率的满意度得分为 71.5分;对税务人员业务水平表示"满意"和"非常满意"的企业占比为 51.8%,对税务人员业务水平的满意度得分为 71.2 分。整体来看,制造业企业对税务机关办税效率及税务人员业务水平的满意度还有较大提升空间。

② 对于纳税涉及的准备、申报和缴纳三个环节,82.0%的企业认为耗时最长的是准备环节。

表4-17　制造业企业对享受税收优惠便捷度的评价　　单位:家、%

	2018年6—7月调查		2019年9—11月调查	
非常满意	40	12.9	14	6.0
比较满意	112	36.0	92	39.3
一般	134	43.1	122	52.1
比较不满意	20	6.4	6	2.6
非常不满意	5	1.6	0	0.0
合计	311	100.0	234	100.0

此外,还有研究发现,税收征管活动提高了企业的非正规活动支出,因为税务人员在税收征管活动中的自由裁量权会导致企业为减轻税负而采取一些非正规活动(于文超等,2018)[148]。曲红宝(2018)[163]的研究同样表明,企业被税务机关检查的次数推高了企业贿赂的概率。企业的非正规支出尽管并不直接构成企业税负,但却是由企业税负衍生出来的一种额外经济负担,无形中降低了企业盈利水平,放大了税收负担对企业税负压力的影响。

第二节　税务机关影响制造业企业税负压力的机理分析:税收优惠政策落实的视角

如前所述,严格依法征税,实现应收尽收是税务机关的基本职责,加强税收征管倾向于提升制造业企业税负。但税务机关的职责并非仅限于此,在国家大力推行减税降费的背景下,落实各项税收优惠政策也是各级税务机关业绩考核的重要内容,甚至成为一项重大政治任务。毋庸置疑,如果税收优惠政策能够落实到位,确保(制造业)企业减税红利应享尽享,制造业企业的税负会趋于下降,并且能够在一定程度上对冲税收征管加强引致的增税效应。

近年来,党中央和国务院高度重视减税降费政策的落实情况,但从现实情况来看,政策落实不到位的现象仍时有发生,这一点可以从近年来审计署发布的中央预算执行和其他财政收支的审计工作报告得以反映(见表4-18)。近年来由审计署发布财政收支及政策落实情况审计报告可以看出,税务机关在落实税收优惠政策方面一些共性的问题迟迟未能得到根本解决,包括研发费用税前加计扣除等政策优惠未能享受、享受税收优惠政策不及时、向企业多征或提前征收税费等。

表4-18　落实税收优惠政策存在的主要问题

文件名称	主要问题
国务院关于2018年度中央预算执行和其他财政收支的审计工作报告	(1)2个省份因去产能和调结构停产停业关闭企业资格认定不够及时致使企业无法享受相关税收优惠。 (2)2个省份170家高新技术企业未享受研发费用税前加计扣除优惠。 (3)2个省份向56户企业多征税,涉及税款1887.32万元。 (4)3个省份未及时退税,涉及金额3451.8万元,其中,最长超期246天。
国务院关于2019年度中央预算执行和其他财政收支的审计工作报告	1.88万户企业未能享受研发费用税前加计扣除等政策优惠,涉及金额达到4683.21万元,278户企业被提前或多征税费51.4亿元。
国务院关于2020年度中央预算执行和其他财政收支的审计工作报告	36个地区1.19万户企业未享受税费政策优惠,涉及金额108.16亿元,97户企业未及时享受税费政策优惠10.04亿元,20个地区向111户企业多征或预征税费29.9亿元,21个地区向1081户施工企业预征税款9.38亿元。
2021年第二季度国家重大政策措施落实情况跟踪审计结果公告	一些企业未享受减税降费优惠1.81亿元。

笔者针对数百家制造业企业的问卷调查同样发现,税费优惠政策的落实情况尚有较大改进空间。其中,2018年6—7月针对311家制造业企业的问卷调查结果显示:134家企业对享受税收优惠的便捷程度表示"一般",占比达到43.0%,表示"不太满意"和"非常不满意"的企业占比为8.0%,三个选项的受访企业占比合计为51.0%;131家企业对税务机关落实税收优惠政策的力度和效果表示"一般",占比达到42.1%,表示"不满意"和"非常不满意"的企

业占比为 7.9%,三个选项的受访企业合计占比为 50.0%。2019 年 9—11 月针对 234 家制造业企业的问卷调查结果显示,54.7%的受访企业对享受税收优惠的便捷程度表示"一般"或"不太满意"。2021 年 4—5 月针对 261 家制造业企业的问卷调查结果显示,32.2%的受访企业对涉企税收优惠政策的落实情况表示"一般"、"不太满意"或"很不满意"。税费优惠政策落实不到位无疑会在一定程度上弱化企业的减税获得感。

第五章　中国制造业企业税负压力的
　　　　形成机理:基于制造业企业
　　　　及相关要素的视角

制造业企业税负压力的形成是企业内外各类影响因素综合作用的结果。面对同样的税收制度和政策安排、税收征管强度及外部环境,制造业企业感受到的税负压力仍然存在明显的个体差异,因此,必须基于制造业企业视角进一步探究税负压力的形成机理。从制造业企业的视角看,影响税负压力的要素主要包括纳税遵从、税负承受能力以及税费认知偏差三个方面。

第一节　纳税遵从与制造业企业税负压力

一、纳税遵从对制造业企业税负的影响机理

纳税遵从主要是指纳税人依照税法规定履行纳税义务,主要包括纳税人依法准确计算税款和及时申报缴纳税款两大层面。在既定的税收制度及税收法律框架下,纳税遵从度的高低直接决定了制造业企业的税负水平,进而影响制造业企业税负压力。为了更清晰地展示纳税遵从对制造业企业税负的影响,在借鉴 Allingham 和 Sandmo(1972)[164]逃税理论的基础上,构建了一个简

单的理论分析框架。受利益动机驱使,企业逃税现象在各个国家具有一定普遍性。假定在某个纳税期内,一个代表性制造业企业的实际销售收入为 S ,实际营业成本和费用为 C ,实际税基为 B ,适用的税率为 t ,企业申报的税基为 B' ,并且 $B' \leqslant B$,则企业申报的税额(T)为 $B't$,与应纳税额的差额即为 $(B - B')t$,此时企业相应的税负率($ztax$)表达式如下:

$$ztax = \frac{B't}{S} \tag{5-1}$$

假定企业的纳税遵从度为 α ,即 $\alpha = \dfrac{B'}{B}$,则制造业企业的税负率($ztax$)表达式进一步表达为如下形式:

$$ztax = \frac{\alpha tB}{S} \tag{5-2}$$

当企业的逃税行为未被税务机关发现时,企业的实际利润(pr_0)为:

$$pr_0 = S - C - B't \tag{5-3}$$

如果企业的逃税行为被税务机关发现,企业不仅要补缴逃避的税款 $(B - B')t$,而且还会面临税务机关的行政处罚,倘若情节达到一定程度还可能被追究刑事责任,同时企业还可能因进入失信黑名单而导致额外损失。为简化分析,这里仅假定企业逃税行为暴露后,受到税务机关的罚款处罚,罚款的额度为逃税金额的 θ 倍[①],此时,企业的实际利润(pr_1)表达形式如下:

$$pr_1 = S - C - B't - (B - B')t - (B - B')t\theta \tag{5-4}$$

但在实践中,企业的逃税行为可能会被税务机关发现,也可能不会被发现,假定被发现并接受处罚的概率为 ρ ($0 \leqslant \rho \leqslant 1$),这样一来,企业发生逃税行为时的预期利润(pr_e)表达形式如下:

$$pr_e = (1 - \rho) \times pr_0 + \rho \times pr_1 \tag{5-5}$$

---

①　比如,《中华人民共和国税收征收管理法》(2015 年修订)第六十三条规定:"对纳税人偷税的,由税务机关追缴其不缴或者少缴的税款、滞纳金,并处不缴或者少缴的税款百分之五十以上五倍以下的罚款。"

将(5-3)和(5-4)式代入(5-5)式可得：

$$pr_e = S - C - [(1-\rho)\alpha + \rho(1+\theta-\theta\alpha)]Bt \qquad (5-6)$$

$$\frac{\partial pr_e}{\partial \alpha} = [\rho(1+\theta)-1]Bt \qquad (5-7)$$

当$\frac{\partial pr_e}{\partial \alpha} < 0$，即$\rho < \frac{1}{1+\theta}$时，企业的预期利润($pr_e$)与纳税遵从度呈单调递减关系，也即企业的纳税遵从度越高，预期利润反而越低，因此企业倾向于降低纳税遵从，此时企业的税负率$ztax$因α较小而相对较低。

当$\frac{\partial pr_e}{\partial \alpha} > 0$，即$\rho > \frac{1}{1+\theta}$时，企业的预期利润($pr_e$)与纳税遵从度呈单调递增关系，此时，企业的纳税遵从度越高，预期利润相应也越高，企业倾向于提高纳税遵从，此时企业的税负率$ztax$因α上升而提高。

二、纳税遵从的影响因素及其对制造业企业税负压力的影响

实践中，制造业企业的纳税遵从度取决于多重因素，既包括企业自身依法纳税的意识、动力和能力等内部因素，也包括税收制度、税收征管、社会文化环境及法治环境等外部因素，同时与制造业企业的税收筹划水平也密切相关。

1. 征管因素

征管因素对企业纳税遵从度的影响不容忽视。上述理论分析表明，企业为实现利润最大化而选择的纳税遵从度会受到逃税行为被税务发现概率的影响，而且这一概率与税务机关对逃税企业施加的惩罚力度有一定内在关联。过去较长一段时期内，中国的税收管理信息系统不够完善，税收征管技术和手段较为落后，企业涉税违法行为被发现的概率相对较小。并且，在不完善的税收征管体制下，具有自由裁量权的税务人员会通过接受贿赂纵容企业逃税（田彬彬和范子英，2018）[165]。征管层面的缺陷整体上降低了企业的纳税遵从度，并将逃税企业的税负维持在相对较低水平。但随着金税工程的实施，尤

其是金税三期的全面上线运行,依托现代化信息技术,税务机关获取和分析信息的能力极大提高,真正实现了税收大数据共享和税种全覆盖,推动了税收征管能力大幅提升,同时,金税三期系统的风险任务推送、反腐败力度的提升[①]也大大降低了基层税务机关的执法弹性,再加之税务稽查"双随机一公开"制度、纳税信用评级制度的实施,企业违法行为暴露并被惩罚的概率显著提升,在此背景下,提高纳税遵从度成为企业的现实选择。许多实证研究也证实了这一点。刘成奎和李纪元(2014)[166]基于 31 个省份的面板数据研究发现,强化税务检查有利于提高纳税遵从度,并且,这种效果在税收检查力度较低的地区更为明显。唐博和张凌枫(2019)[167]基于中国上市公司样本数据,实证考察了以金税三期工程上线为代表的税收信息化建设对企业纳税遵从度的影响,研究发现,金税三期工程上线对企业纳税遵从度有显著的正向影响,并且这种正向影响与试点时间呈现正相关。始于 2014 年的纳税信用评级披露制度作为税收征管机制的一个创新,对提高企业纳税遵从度也产生了积极影响。陶东杰等(2019)[168]基于中国 A 股上市公司数据和模糊双重差分法的实证研究发现,纳税信用评级披露对企业纳税遵从具有显著的正向影响,并且这种助推作用对于那些历史上逃税水平较高的企业尤为明显。整体来看,近些年来,随着中国税收信息化建设的加快、税收征管机制的创新以及依法治税力度的加大,叠加税务人员整体素质的提升,在制造业企业真实经营状况既定的条件下,纳税遵从度的提升显然会助推制造业企业税负的攀升,对于那些历史上纳税遵从度较低的企业更是如此。

2.纳税遵从成本

纳税遵从度的高低不仅与税收征管因素息息相关,而且与纳税遵从成本紧密相连。薛菁(2011)[169]基于逃税模型分析发现,理论上,纳税遵从成本导

---

① 田彬彬和范子英(2018)的实证研究发现,2012 年 12 月中央八项规定实施之后,以企业业务招待费支出占比度量的贿赂支出对企业逃税的影响显著下降。

致企业税收不遵从度提高,基于对宁波和福州 103 家企业①的调查数据,运用 Logistic 模型检验发现,纳税遵从成本对企业纳税遵从度在统计上具有显著的负向影响。尽管一些调查结果显示,国内制造业企业对纳税遵从成本的满意度仍然有待提升,但纵向来看,中国制造业企业的纳税遵从成本趋于下降。由于国内缺乏制造业企业纳税遵从成本的权威统计数据,现以普华永道联合世界银行发布的世界纳税指数相关数据刻画中国制造业企业的纳税遵从成本变化趋势。世界纳税指数基于一个虚拟的中等规模的传统制造业企业视角比较了各个经济体的纳税环境,共涉及四项指标,分别是:纳税次数、纳税时间、总税率和社会缴纳费率、税后流程。其中,总税率和社会缴纳费率反映了企业的税费直接负担,其余三项指标反映了企业的纳税遵从成本。表 5-1 报告了部分年度世界纳税报告披露的中国纳税指数。可以看出,自 2004 年以来,中国制造业企业的纳税次数由 37 次/年降至 2018 年的 7 次/年,降幅高达 81.2%,纳税时间由 832 小时/年降至 2018 年的 138 小时/年,降幅达到 83.4%,相比之下,税后流程指标相对比较平稳。由于纳税次数和纳税时间是反映纳税遵从成本的重要指标,整体来看,制造业企业的纳税遵从成本是趋于下降的,主要得益于近年来以金税三期工程为代表的税收信息化建设以及税务机关开展的"互联网+税务"行动、"便民办税春风"行动、放管服改革以及国地税的深度合作与合并等多项优化纳税服务的举措。国家税务总局委托第三方开展的纳税人满意度调查结果也表明,纳税人满意度综合得分由 2014 年的 82.06 分升至 2020 年的 86.1 分②,提高了 4.04 分。何晴和郭捷(2019)[170]基于结构方程模型的实证研究发现,纳税服务可以通过提升纳税人满意度促进纳税遵从度提高。总体来说,税务稽查及惩罚有利于推动企业的被动性税收遵从,而纳税遵从成本的降低有利于改善企业的纳税体验,从而促进纳税人的主动性税

---

① 其中,制造业企业 51 家。

② 数据来源:2021 年 3 月 29 日国新办举行的《关于进一步深化税收征管改革的意见》新闻发布会。

收遵从。对于过去纳税遵从度较低的制造业企业来说,税负压力可能会因主动性税收遵从度的上升而变大。

表 5-1　中国纳税指数

版本	纳税次数(次/年)	纳税时间(小时/年)	税后流程(0—100)
2006	37	832	—
2018	9	207	49.1
2019	7	142	50
2020	7	138	50

注:(1)中国的样本公司选取的是在北京、上海经营的一家中型制造业企业;(2)报告展现的纳税指标所属年度较发布报告的年份滞后两年。

制造业企业纳税遵从成本高与税收征管因素密切相关,除此之外,税收制度、税收法律法规及政策设计也是重要诱因。中国的税收制度比较复杂,不仅税种数量繁多,而且税收立法层次整体不高,税收法律法规不够完善,税收政策数量多、变化快,"补丁式"的税收政策频出,提高了企业学习和遵循税法的时间成本。白彦锋(2019)[171]指出,不少减税政策多而杂,专而快,大多具有明显的临时性和应急性,致使企业缺乏稳定预期,易加大企业的税收遵从成本。

3.其他因素

随着税收征管的加强,制造业企业通过违法手段逃避税款的空间趋于缩小,如何在合法框架内进行税收筹划减轻税负压力成为企业的现实选择。但从现实情况来看,相当部分的制造业企业税收筹划水平并不乐观。2019 年9—11 月针对 234 家制造业企业的问卷调查结果显示,认为自身筹划水平"比较高"和"非常高"的受访企业占比仅为 17.6%,高达 72.7%的受访企业认为自身筹划水平"一般",还有近 10%的受访企业认为自身的筹划水平"比较低"或"非常低"(见表5-2)。

表5-2 制造业企业对筹划水平的自我评价　　　　单位:家、%

选项	频数	频率
非常高	2	0.9
比较高	39	16.7
一般	170	72.7
比较低	17	7.3
非常低	6	2.6
合计	234	100

　　确保税收优惠政策"应享尽享",既是税务机关履行职责的内在要求,也是制造业企业减轻税负的有效途径。但从实践来看,制造业企业享受税收优惠政策还存在不少障碍因素距离"应享尽享"的要求仍有一定差距。当进一步追问制造业企业未能享受税收优惠政策的原因时,排在前三位的原因依次是:不清楚如何享受税收优惠政策(36.8%)、不符合享受税收优惠政策的条件(36.3%)和不清楚有哪些税收优惠政策(35.0%)(见表5-3)。不难看出,许多制造业企业之所以未能享受税收优惠政策,有其自身的原因,包括对政策的知悉度不高、自身条件受到限制等,甚至还有少数企业因某些原因主动放弃了税收优惠政策。财政部山西监管局(2022)调研发现,小微企业和个体工商户每户涉及的营业额数目较小,减税额相对较少,这部分市场主体对经营涉及的税种和办税流程知之甚少,业务知识缺乏,主动学习应用优惠政策的积极性不高。

表5-3 制造业企业未能享受税收优惠政策的原因　　　　单位:家、%

选项	频数	频率
不清楚有哪些税收优惠政策	82	35.0
不清楚如何享受税收优惠政策	86	36.8
财务核算不健全	10	4.3
不符合享受税收优惠政策的条件	85	36.3

续表

选　项	频数	频率
因享受税收优惠政策作用不大而放弃	22	9.4
享受优惠政策的程序太烦琐,要求准备和提交的资料过多,不得已而放弃	36	15.4
因担心享受税收优惠政策泄露企业信息而放弃	4	1.7
其他	39	16.7

　　除利用税收优惠政策进行节税外,税负转嫁也是一种比较特殊的税收筹划方式。如果制造业企业能够将其缴纳的税收通过前转或后转方式转嫁给其他主体,则其感受到的税负压力将会有所缓解。但从调查情况看,制造业企业进行税负转嫁的难度整体较大。2019 年 9—11 月针对 234 家制造业企业的问卷调查显示,45.3%的受访企业反映提高售价或者压低买价的方式把相关税负转嫁给其他主体的难度"比较大"或者"非常大",认为"比较小"和"非常小"的受访企业占比不足 10%,另外 44.9%的受访企业认为税负转嫁的难度"一般"。一般来说,制造业企业的产品定价是由成本费用、税金和利润三大部分组成,税金对企业产品价格的影响十分复杂,实践中,企业产品的定价未必会随着税负的升降而同步变化。笔者在问卷调查中设计了如下问题:自2019 年 4 月 1 日起,制造业增值税税率下调了 3 个百分点,受此政策影响,贵企业产品的销售价格(含税价)有何变化? 受访的 234 家制造业企业中,表示产品价格出现下降的企业占比为 36.3%,而表示产品价格基本不变的企业占比达到 59.8%。与此同时,反映原材料购买价格(含税价)出现下降的企业占比仅为 14.5%,而反映原材料购买价格(含税价)基本不变的企业占比高达61.5%。从中可以看出,增值税税率的调整对于多数企业的产品定价影响并不明显。事实上,税金对企业价格的影响在很大程度上取决于企业的议价能力,议价能力强的企业更容易实现税负转嫁。汤泽涛和汤玉刚(2020)[172]基于 2018 年增值税减税政策的实证研究发现,议价能力强的企业从增值税减税中获益更多。与其他类型企业相比,制造业企业对资源的依赖程度不高,进入

门槛相对较低,随着市场经济的发展,一方面,消费者对制造业产品的选择日益挑剔;另一方面,同行业的市场竞争日趋激烈(周民良,2018)[173],许多制造业行业出现产能过剩,整体上处于买方市场①,在这一背景下,制造业企业转嫁税负的难度趋于上升。

第二节 税负承受能力与制造业企业税负压力

一、盈利能力与制造业企业税负压力

制造业企业税负压力的大小不仅取决于企业自身纳税额的多少及税负率的高低,还在很大程度上取决于企业对税负的承受能力。当经济效益好、企业税负承受能力强的时候,既定税额引致的税负压力相对较小,而当企业经济效益下滑、税负承受能力下降时,即便企业纳税额下降仍有可能触发企业的税负痛感。如前所述,2018 年 6—7 月针对 311 家制造业企业的问卷调查结果显示,反映税负较重的 166 家制造业企业中,有 22.3%的受访企业认为税负重的主要原因是"盈利水平太低",在各项原因中位居第二。在 2019 年 9—11 月针对 234 家制造业企业的问卷调查中,114 家企业认为"盈利能力低,承受税负能力差"是税负压力的主要成因之一,占受访企业的比例达到 48.7%,位居各项原因之首。新冠肺炎疫情暴发后,制造业企业的盈利能力受到进一步冲击,对制造业企业税负压力的影响依旧突出。2020 年 3—4 月针对 55 家制造业企业的问卷调查结果显示,当问及企业税负压力的主要来源时,作答的 30 家受访企业中,26.7%的企业选择了"盈利水平太低"。2021 年 4—5 月针对 261 家制造业企业的问卷调查结果显示,41.4%的受访企业认为"盈利水平太

---

① 2018 年 6—7 月针对惠州市 311 家制造业企业的调查显示,86.2%的企业反映所处行业市场竞争非常激烈。

低"是税负压力的主要来源。

　　制造业企业的盈利能力可用成本费用利润率、营业收入利润率、总资产报酬率等指标度量。由于缺乏全部制造业的盈利指标数据,现选取不同指标从不同视角对其进行刻画(见图5-1)。从工业成本费用利润率来看,2010年以来,这一指标整体波动中趋降,由2010年的8.31%降至2019年的6.66%。考虑到制造业是工业的绝对主体,工业成本费用利润率的变化轨迹能够整体反映出制造业成本费用利润率的趋势。从规模以上制造业主营业务收入利润率来看,2014—2017年,这一指标由5.56%升至6.35%,但2018和2019年又分别下滑至6.28%和5.56%,2020年略有反弹,回升至5.92%,整体处于较低水平,并且在多数年份低于规模以上工业企业主营业务收入利润率。

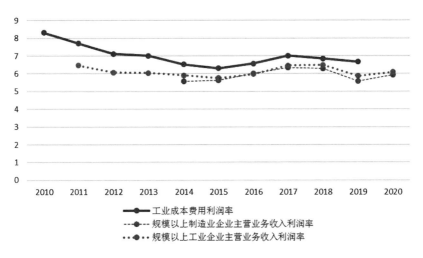

图5-1　工业和规模以上制造业企业盈利指标

　　为更加全面地刻画制造业企业盈利能力的变化趋势,进一步选取了中国制造业上市公司总资产报酬率(ROA)、成本费用利润率和息税前利润率三项指标考量制造业企业盈利能力的变化轨迹(见图5-2)①。容易看出,2011年

---

　　①　考虑到异常值的影响,笔者剔除了三大盈利能力指标值小于-100%和大于100%的样本公司。

以来,总资产报酬率持续下降,由 2011 年的 12.0%降至 2019 年的 8.0%,成本费用利润率尽管出现了阶段波动,但整体上也由 2011 年的 15.8%降至 2019 年的 13.9%,同期的息税前利润率也在波动中由 15.3%降至 13.1%,表明制造业上市公司的盈利能力整体上趋于下降。对照图 5-1 中的工业成本费用利润率可以看出,制造业上市公司的成本费用利润率明显高于工业企业,由此不难推测,制造业非上市企业的成本费用利润率低于工业企业平均水平,平均水平不足 7%。尤其对于多数制造业中小企业而言,生产制造环节处于产业链低端,随着传统市场逼近饱和,企业盈利水平持续下降,大量制造业中小企业处于微利或亏损边缘①。

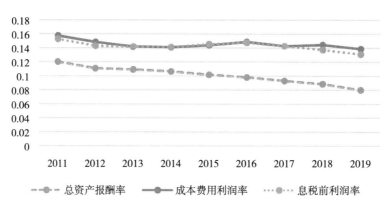

图 5-2 制造业企业盈利能力指标变化轨迹

事实上,自 2012 年营改增试点改革以来,中国陆续推出了系列减税降费举措,特别是 2016 年营改增试点改革全面推开以后,减税降费力度可谓空前,其中,制造业和小微企业收益最多②。中国税务学会联合中国社会科学院财经战略研究院联合发布的《2019 年减税降费政策效应评估报告》指

① 徐晓兰:《用工业互联网疗治中小企业制造业中小企业"疫病"》,《中国报道》2020 年第 Z1 期。

② 2019 年 12 月 23 日召开全国工业和信息化工作会议指出,制造业及其相关环节在增值税减税规模中占比近 70%。

出,制造业及其相关的批发业减税占全部减税额的 46.9%,制造业企业成为减税降费获得感较强的群体之一。2021 年 1 月 20 日国家税务总局召开的新闻发布会数据显示,2020 年制造业及相关环节新增减税降费占比 35% 左右,成为受益最大的行业,重点税源制造业销售收入税费负担率同比下降 8.8%①。

由于税负压力的大小更多地取决于制造业企业的主观感受,减税降费能否为制造业企业带来主观上的减税获得感,有待进一步考察。在 2019 年 9—11 月针对 234 家制造业企业的问卷调查中设计了如下问题:2019 年政府实施了更大规模的减税降费,贵企业税收负担有何变化? 受访企业中,54.7% 的企业表示"有所降低",5.6% 的企业表示"明显降低",两者合计为 60.3%,表明多数制造业企业已经享受到减税降费的红利,但值得注意的是,仍有近 40% 的制造业企业表示自身税负"基本未变"甚至"不降反增"。当进一步追问制造业企业对近年来政府减税降费政策减负效果的满意度时,回答"比较满意"和"非常满意"的企业占比为 44.4%,一半以上的企业表示"一般"甚至"不太满意"和"非常不满意"。由此看出,统计数据显示的减税效果与制造业企业的减税获得感并不十分契合。诚然,制造业企业的减税获得感受制于多重因素,但在税收优惠力度持续加码、纳税服务不断优化、享受税收优惠便捷度显著提升的背景下,部分制造业企业的减税获得感依然不强,盈利能力下降无疑是重要原因之一。如图 5-1 所示,尽管 2018 年和 2019 年政府减税降费力度颇大,但规模以上制造业企业的主营业务收入利润率持续下降。此外,图 5-2 也显示,2017—2019 年,以销售净利润率、总资产报酬率(ROA)和成本费用利润率三项指标度量的制造业上市公司盈利能力出现全面下滑。这与针对 234 家制造业企业的调查结果是比较吻合的(见表 5-4)。

---

① 数据来源:http://www.chinatax.gov.cn/chinatax/n810219/n810724/c5160913/content.html。

表 5-4　受访制造业企业 2019 年营业收支变动情况　　　单位:家、%

选项	营业收入		营业成本		营业利润	
	频数	频率	频数	频率	频数	频率
明显上升	11	4.7	64	27.4	7	3.0
略有上升	41	17.5	93	39.7	38	16.2
基本持平	69	29.5	56	23.9	58	24.8
略有下降	73	31.2	14	6.0	78	33.3
明显下降	40	17.1	7	3.0	53	22.7
合计	234	100	234	100	234	100

由表 5-4 看出,多数受访企业 2019 年的经营状况不容乐观,其中,营业收入出现下降的企业占比为 48.3%,营业成本出现上升的企业占比为 67.1%,营业利润出现下降的企业占比达到 56.0%。具体到 2019 年的企业经营状况,53.4% 的企业表示"一般",16.2% 的企业处于"亏损"状态,仅有 30.3% 的企业表示经营状况"良好"。当进一步追问企业的成本压力的来源时,排在前三位的依次是:人工成本(90.2%)、原材料成本(65.0%)、税收负担(37.6%)。其中,认为最大的成本压力来自人工成本、原材料成本和税收负担的企业占比分别为 45.3%、33.8% 和 5.1%,可见,人工成本成为绝大多数制造业企业成本压力的首要来源,其次是原材料成本,税收负担虽然排在第三位,但其对企业成本压力的影响整体小于人工成本和原材料成本。中国制造业整体处于转型升级的爬坡期,劳动密集型的传统制造业企业占比仍然较高,即便对于那些制造业高新技术企业来说,由于研发人员比重相对较大,并且研发人员工资普遍较高,叠加人口红利的逐步消失,制造业企业人工成本上升难以避免。由于人工成本和原材料成本是制造业企业的刚性支出,随着人工成本和原材料成本的上升,在企业营业收入增速放缓甚至下降的背景下,企业的盈利空间受压,致使税收对企业利润的边际影响加大,进而弱化了制造业企业对减税降费的获得感。

二、税款支付能力与制造企业税负压力

从制造业企业视角来看,税收对企业税负压力的影响还取决于企业支付税款的能力。市场经济时代,企业的税款都是用货币支付的,现金流对于企业的影响不容忽视,即便企业账面利润丰厚,但如果现金流不足,仍有可能加大企业的税款支付压力。在 2019 年 9—11 月针对 234 家制造业企业的问卷调查中,当问及"企业在支付税款时是否会出现货币资金比较紧张的情况"时,18.0%的企业表示"经常有",62.4%的企业表示"偶尔会有"。可以看出,多数制造业企业纳税时曾经历过货币资金不足的情况。新冠肺炎疫情暴发后,现金流对制造业企业的影响更加凸显。2020 年 3—4 月针对 55 家制造业企业的问卷调查结果显示,38.2%的受访企业反映疫情发生后复工复产面临的主要困难是"营业收入减少,现金流紧张",在表示税负压力较大的 30 家受访企业中,40%的企业认为税负压力的主要来源是"资金比较紧张"。以下两种情况的存在可能会进一步加剧制造业企业的现金流压力:一是外部融资相对困难;二是应收账款回收难度较大。调查结果显示,2019 年 9—11 月受访的 234 家制造业企业中,反映外部融资(含债权融资和股权融资)难度"比较大"和"非常大"的企业占比达到 44.4%,认为外部融资比较容易的企业占比仅为 11.5%,尤其是制造业中小企业,由于盈利水平较低,市场风险和信用风险较高,加之缺乏符合金融机构要求的抵押物,贷款难的现象仍未从根本上得以缓解,而股票、债券等融资方式对于制造业中小企业而言门槛显得过高,导致这些企业融资渠道窄、融资成本高;受访企业中,认为应收账款回收难度"比较大"和"非常大"的企业占比达到 40.1%,认为回收账款相对容易的企业占比仅为 8.1%。为更加清晰地展示制造业企业现金流的变化趋势,选取制造业上市公司样本数据刻画了销售商品提供劳务收到的现金与营业收入比值的变化趋势(见图 5-3)。容易看出,自 2004 年以来,制造业上市公司销售商品提供劳务收到的现金占营业

收入的比重整体持续走低,由 2004 年的 109.4% 降至 2019 年的 96.5%,在一定程度上加大了制造业上市公司的现金支付压力,容易加剧制造业企业的税负痛感。

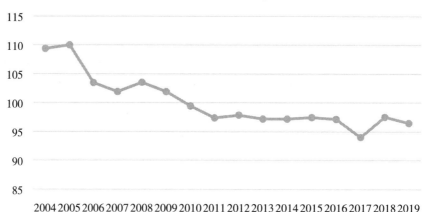

图 5-3　制造业上市公司销售商品提供劳务收到的现金与营业收入比值

　　上述分析也得到学界不少实证研究的支持。孙玉栋和孟凡达(2016)[51]基于 6 个省份 2089 家企业的调查数据,运用 Probit 模型实证考察了企业税负感影响因素,研究结果显示,企业的利润水平与税负感呈反向变化关系,即当企业利润水平提高时,企业感觉税费负担重的概率就会下降;当企业感到融资困难时,企业认为税费负担重的概率会相应提升。有趣的是,孙玉栋和孟凡达(2016)[51]的研究发现,税费负担率对企业税负感并未表现出显著影响,似乎与理论预期不太吻合,但这至少一定程度上表明,企业税负压力的形成是多重因素综合作用的结果。万广南等(2020)[3]基于东部某省问卷调查数据,运用 Ordered Probit 模型实证检验了企业减税降费获得感的影响因素,研究发现,企业营业收入的增长、融资成本的改善等非税因素有利于提升企业减税降费的获得感。概而言之,无论是营业收入和利润水平的增长,还是融资状况的改善,均可通过提高制造业企业的盈利能力和支付能力提升企业对税负的承受能力,进而有利于减轻企业的税负压力。

第三节　税费认知偏差与制造业
企业税负压力

尽管税和费有着明显不同,但对于部分制造业企业来说,税负与费负的界限并不十分明确。一个有趣的现象是,在 2019 年 9—11 月针对 234 家制造业企业开展的问卷调查中,部分受访企业在对最不满意的涉企收费项目作答中还填写了增值税、企业所得税、消费税、印花税等税种,表明实践中确实存在纳税人将税费混淆的情况。贾康和刘军民(2005)[174]认为,在实践中,税和费的差别并不容易辨清,原因在于如何界定"报偿性"。张连起(2017)[130]发现,不少企业对地方政府五花八门的收费分不清楚,进而会把费当税。在 2019 年 9—11 月针对 234 家制造业企业的问卷调查中,当问及企业税负压力的成因时,33 家企业选择了"涉企收费太多",106 家企业选择了"社保负担太重",分别占样本企业的 14.1% 和 45.3%。可见,尽管税负和费负在理论上有所不同,但在现实层面,确实有不少企业将部分费负与税负未能严格区分,费负在一定程度上影响了制造业企业对税负的主观感受。因此,降低非税负担是减轻制造业企业税负压力的一个重要切入点。

第六章 中国制造业企业税负压力的影响因素考察:多维视角的实证分析

第一节 中国制造业企业税负压力影响因素的实证考察:基于制造业上市公司数据

如前所述,制造业企业的税负压力是多重因素综合作用的结果。整体来看,企业税负压力的大小既取决于自身客观税负的高低,也取决于自身承受能力的大小。对于制造业企业来说,主观感受到的税负压力大小与客观上缴纳的税款多少及税负率高低息息相关。通常情况下,缴纳税款越多,税负率越高,企业感受到的税负压力相应越大。前文已实证考察了制造业税负的影响因素,尽管制造业税负与制造业企业税负整体上的变化趋势是一致的,但由于制造业内部的企业客观上存在异质性,行业税负低并不必然意味着行业内部每家企业税负低,同样道理,行业税负高也并不必然意味着行业内部所有企业税负高,基于行业层面的税负分析忽略了企业异质性因素的影响。为此,进一步基于中国制造业上市公司数据实证检验制造业企业税负的影响因素。

一、模型设定及变量选择

前面的理论分析表明,制造业企业税负压力的形成涉及政府[①]、税务机关和企业三大主体。为更全面地刻画制造业企业税负的影响因素,构建如下面板数据模型:

$$ztb_{ijt} = \beta_0 + \beta_1 zf_{it} + \beta_2 shw_{it} + \beta_3 qy_{ijt} + \alpha_i + \gamma_t + \varepsilon_{ijt} \qquad (6\text{-}1)$$

其中,i 表示省份,t 表示年份,j 代表企业,ztb 为模型的被解释变量,代表制造业企业税收负担,参考刘骏和刘峰(2014)[90]、白云霞等(2019)[47]的做法,选取"(支付的税费−收到的税费返还)/营业总收入"作为制造业企业实际税负的度量指标,相对于增值税税负和企业所得税税负来说,这一指标能够更加全面地反映制造业企业的真实负担。解释变量涉及政府因素(zf)、税务机关因素(shw)和企业因素(qy)。在政府层面,选取了地方财政支出规模($lexpratio$)和税率(shl)两个变量。其中,税率是税制的核心要素,是影响制造业企业税负的重要变量,由于中国税收立法权高度集中于中央,地方税政管理权限相对有限,因此,税率可以视作中央政府影响制造业企业税负的重要因素。地方财政支出($lexpratio$)是刻画地方政府行为的重要变量,可以通过多种机制影响制造业企业实际税负,用地方财政支出占地区生产总值比重度量。但考虑到单纯采用地方财政支出这一变量难以全面反映地方财政的真实状况,进一步选取地方财政压力(fp)[②]作为地方财政支出规模($lexpratio$)的替代性变量加入模型进行实证分析。在税务机关层面,考虑到依法征税是税务机关的基本职责,面对既定的税制和税源,税务机关的征税能力和征税努力是影响企业税负的重要因素,为此选取了税务机关对制造业税收征管强度(zzg)作为税务机关影响制造业企业税负的代表性变量。qy 代表企业因素,

---

　①　此处不再具体区分中央政府和地方政府。

　②　借鉴孙开和张磊(2020)的做法,用"(一般公共预算支出−一般公共预算收入)/地区生产总值"度量地方财政压力。

借鉴刘骏和刘峰(2014)[88]、白云霞等(2019)[47]、范子英和赵仁杰(2020)[46]的做法,选取了企业规模(gm)①、资产负债率($zcfzl$)、总资产报酬率(ROA)、销售毛利率(gpr)、资本密集度(zb)②和存货密集度(ch)③等主要度量指标。α_i和γ_t分别表示公司固定效应和时间固定效应,ε_{ijt}表示随机扰动项。

二、数据来源及说明

上述模型涉及的各个变量中,地方财政支出占地区生产总值比重($lexpratio$)、地方财政压力(fp)两个变量利用相关年度《中国统计年鉴》中的一般公共预算支出、一般公共预算收入及地区生产总值计算得到,制造业税收征管强度(zzg)根据前文计算结果直接赋值。其余各个变量数据均来自wind数据库,但为剔除异常值影响进行了以下特别处理:(1)剔除ST、*ST样本;(2)剔除税负为负值及税负大于1的样本;(3)将资产负债率、总资产报酬率、销售毛利率、资本密集度、存货密集度等财务指标限定在0到1之间。由于部分变量数据缺失,基准模型的实证样本最终确定为2004—2019年2281家上市公司面板数据。需要说明的是,实证样本存在部分数据缺失问题,估计过程中由软件对存在缺失值的样本进行了自动剔除。模型中各个变量的基本特征如表6-1所示。

表6-1 变量的描述性统计

变量名	变量含义	均值	标准差	最小值	最大值
ztb	企业实际税负	0.069	0.055	0	0.964
lexpratio	地方财政支出	0.164	0.087	0.077	1.379
fp	地方财政压力	0.060	0.083	0.008	1.244
zzg	制造业税收征管强度	1.114	0.111	0.079	1.312

① 用期末资产总额的自然对数度量。
② 用固定资产与总资产的比值度量。
③ 用存货与总资产的比值度量。

续表

变量名	变量含义	均值	标准差	最小值	最大值
zcfzl	资产负债率	0.420	0.194	0.007	0.998
gpr	销售毛利率	0.301	0.17	0.001	0.975
gm	企业规模	21.362	1.384	14.362	27.468
ROA	总资产报酬率	0.105	0.083	0	0.999
zb	资本密集度	0.238	0.143	0.0002	0.902
ch	存货密集度	0.155	0.096	0.0001	0.877

三、基准回归结果

运用Stata16.0对模型进行双向固定效应估计,实证结果如表6-2所示。

1. 政府因素的影响

从政府因素来看,无论是地方财政支出规模($lexpratio$)还是地方财政压力(fp),其系数在统计上均显著为正,表明地方财政支出扩张或地方财政压力加大是助推制造业上市公司税负攀升的重要因素,主要原因在于,当地方财政支出扩张或地方财政压力加大时,地方政府对税收收入的需求增加,由于制造业上市公司是一个地区重要的纳税主体,地方政府可以通过某些渠道从制造业上市公司征收更多税收,进而加重了制造业上市公司税负。企业所得税税率(sl)的系数在统计上显著为正,这一点符合预期,由于企业所得税是制造业企业的一个重要税种,一般来说,企业适用的企业所得税税率越高,对应的企业所得税税负就越重,进而推动了企业整体税负的上升。

2. 税务机关因素的影响

从税务机关因素看,制造业税收征管强度(zzg)的系数在统计上显著为正,意味着加大制造业税收征管强度提高了制造业上市公司税负,与理论预期吻合。但值得注意的是,当刻画政府因素与税务机关因素的变量同时加入模型后发现,地方财政支出规模($lexpratio$)和地方财政压力(fp)两个变量的系数明显降低,并且在统计上也不再显著,表明地方财政支出和地方财政压力对制造业企业税负的助推效应主要是通过加强对制造业的税收征管实现的,也即制造业税收征管强度是地方财政支出和地方财政压力影响制造业企业税负的中介变量。如前所述,税务机关是国家最主要的征税主体,尽管税务机关的管理体制比较复杂,但与地方政府存在千丝万缕的联系,当地方政府因财政支出扩张或财政压力加大产生更大的税收需求时,可以通过向税务机关施加影响筹集更多税收收入,在其他条件保持不变时,税收征管强度的提升显然会在一定程度助推制造业企业税负攀升。

3.企业因素的影响

从企业因素来看,资产负债率($zcfzl$)的系数在统计上显著为负,表明由于利息存在抵税功能,较高的资产负债率有利于降低制造业企业税负。销售毛利率(mpr)的系数在统计上显著为正,表明销售毛利率越高,制造业企业的税负相应越高,这是因为,对于多数制造业企业来说,增值税是其缴纳的最主要的税种,根据增值税的计算原理,制造业企业的销售毛利率越高,对应的增值税负担往往越重。总资产报酬率(ROA)的系数在统计上显著为正,表明制造业上市公司的税负与其盈利能力呈现正相关,可能的原因是,盈利能力强的企业更容易受到税务机关的关注,而且这类企业可享受的税收优惠相对更少。企业规模(gm)的系数在统计上显著为负,表明制造业企业的规模越大,相应的税负就越低,其中一个原因在于,规模较大的企业往往有着更大的税收筹划空间和更强的税收筹划能力,对各种可能的税收优惠政策享受更加充分。资本密集度(zb)的系数在统计上显著为负,这是因为制造业企业固定资产占比越高,越可能通过增加进项税额抵扣①和加速折旧等方式减轻企业

---

① 2009 年起,中国的增值税类型由生产型转向消费型,购进固定资产的进项税额允许一次性抵扣,这有利于减轻资本密集度较高的制造业企业的增值税负担。笔者分别基于 2004—2008 年和 2009—2019 年两段时期的样本企业进行实证检验发现,2004—2008 年,资本密集度对制造业企业税负的影响在统计上并不显著,但 2009—2019 年,资本密集度对制造业企业税负的影响在统计上显著为负,即这一时期资本密集度的上升有助于降低制造业企业的税负,进而在一定程度上表明资本密集度对制造业企业税负的负向影响与固定资产进项税额抵扣有一定关系。

税负。存货密集度(ch)的系数在统计上显著为负,可能的原因是,对于制造业企业而言,存货占比高,意味着企业发生的采购业务较多,或者企业产品销售不畅,导致可抵扣的进项税额相对较多而销项税额相对较少,进而通过降低制造业企业增值税负担拉低整体税负。

表 6-2 制造业上市公司实际税负的影响因素

	回归(1)	回归(2)	回归(3)	回归(4)	回归(5)
lexpratio	0.032 ** (0.013)			0.019 (0.014)	
fp		0.039 ** (0.017)			0.023 (0.019)
zzg			0.048 *** (0.015)	0.040 ** (0.016)	0.040 ** (0.016)
shl	0.052 *** (0.006)	0.052 *** (0.006)	0.051 *** (0.006)	0.051 *** (0.006)	0.051 *** (0.006)
zcfzl	-0.015 *** (0.003)	-0.015 *** (0.003)	-0.015 *** (0.003)	-0.016 *** (0.003)	-0.016 *** (0.003)
gpr	0.170 *** (0.009)	0.170 *** (0.009)	0.170 *** (0.009)	0.170 *** (0.009)	0.170 *** (0.009)
ROA	0.038 *** (0.007)	0.038 *** (0.007)	0.038 *** (0.007)	0.038 *** (0.007)	0.038 *** (0.007)
gm	-0.003 *** (0.001)	-0.003 *** (0.001)	-0.003 *** (0.001)	-0.003 *** (0.001)	-0.003 *** (0.001)
zb	-0.008 ** (0.004)	-0.009 ** (0.004)	-0.009 ** (0.004)	-0.009 ** (0.004)	-0.009 ** (0.004)
ch	-0.036 *** (0.008)	-0.036 *** (0.008)	-0.036 *** (0.008)	-0.036 *** (0.008)	-0.036 *** (0.008)
常数	0.07 *** (0.019)	0.072 *** (0.019)	0.021 (0.025)	0.027 (0.026)	0.028 (0.026)
公司固定效应	是	是	是	是	是
时间固定效应	是	是	是	是	是
R-squared	0.263	0.263	0.263	0.263	0.263
观测值	20710	20710	20710	20710	20710

注:(1)括号内数值为公司层面的聚类稳健标准误;(2) ***、**和*分别代表 1%、5%和 10%的显著性水平。

4.实证结果的进一步讨论

上述实证结果显示,在控制制造业税收征管强度后,地方财政支出和地方财政压力对制造业企业实际税负的影响在统计上不再显著。但需要注意的是,上述实证分析选取了"(支付的税费-收到的税费返还)/营业总收入"作为企业实际税负的度量指标,由此来看,制造业企业实际税负的高低既取决于企业支付的税费,也与企业收到的税费返还息息相关。为行文方便,将"支付的税费/营业总收入"简称为名义税负,将"收到的税费返还/营业总收入"简称为税费返还率。这样一来,制造业企业实际税负可以表达为如下形式:实际税负=名义税负-税费返还率。那么,地方财政支出、地方财政压力及税收征管强度对制造业企业实际税负的影响究竟是通过名义税负还是税费返还产生? 回答这一问题尚需进一步的实证检验。为此,分别实证考察了地方财政支出、地方财政压力及税收征管强度对制造业企业名义税负及税费还返率的具体影响(见表6-3)。

表 6-3　制造业企业名义税负的影响因素

	回归(1)	回归(2)	回归(3)	回归(4)	回归(5)
lexpratio	0.008 (0.011)			−0.0003 (0.012)	
fp		0.004 (0.015)			−0.005 (0.016)
zzg			0.023* (0.014)	0.023 (0.015)	0.024* (0.015)
shl	0.049*** (0.006)	0.049*** (0.006)	0.048*** (0.006)	0.048*** (0.006)	0.048*** (0.006)
zcfzl	−0.018*** (0.002)	−0.018*** (0.002)	−0.018*** (0.002)	−0.018*** (0.002)	−0.018*** (0.002)
mpr	0.178*** (0.008)	0.178*** (0.008)	0.178*** (0.008)	0.178*** (0.008)	0.178*** (0.008)
ROA	0.031*** (0.006)	0.031*** (0.006)	0.031*** (0.006)	0.031*** (0.006)	0.031*** (0.006)
gm	−0.002** (0.001)	−0.002** (0.001)	−0.002** (0.001)	−0.002** (0.001)	−0.002** (0.001)

续表

	回归（1）	回归（2）	回归（3）	回归（4）	回归（5）
zb	−0.006 （0.004）	−0.006 （0.004）	−0.007 （0.004）	−0.007 （0.004）	−0.006 （0.004）
ch	−0.032*** （0.007）	−0.032*** （0.007）	−0.031*** （0.007）	−0.031*** （0.007）	−0.031*** （0.007）
常数	0.051*** （0.017）	0.051*** （0.017）	0.026 （0.022）	0.026 （0.023）	0.025 （0.023）
公司固定效应	是	是	是	是	是
时间固定效应	是	是	是	是	是
R-squared	0.279	0.279	0.279	0.279	0.279
观测值	22842	22842	22842	22842	22842

注：(1)括号内数值为公司层面的聚类稳健标准误；(2) ***、**、和*分别代表1%、5%和10%的显著性水平。

表6-3回归结果显示，无论模型中是否加入制造业税收征管强度（zzg），地方财政支出规模（$expratio$）和地方财政压力（fp）的系数在统计上均不显著，也即地方财政支出扩张或地方财政压力加大并不是制造业企业名义税负攀升的影响因素。相比之下，无论是否考虑地方财政支出或地方财政压力因素，制造业税收征管强度的系数在统计上均显著为正，也即加强税收征管是助推制造业企业名义税负上升的重要因素。其余各个变量对制造业企业名义税负的影响与表6-2回归结果基本一致。需要说明的是，尽管地方财政支出规模（$lexpratio$）和地方财政压力（fp）的系数在统计上不够显著，但这并不意味着两者对制造业企业税负没有任何影响，这是因为，前面的理论和实证分析表明，地方财政支出扩张和地方财政压力加大助推了制造业税收征管强度，表6-3的实证结果显示，制造业税收征管强度在统计上显著助推了制造业企业名义税负，表明地方财政支出和地方财政压力可通过加强制造业税收征管强度提升制造业企业名义税负[1]。地方财政支出规模（$lexpratio$）和地方财政

---

[1] 尽管表6-3中地方财政支出（expratio）和地方财政压力（fp）的系数在统计上不够显著，但在控制制造业税收征管强度后，两个变量的系数由正转负，也在一定程度上表明地方财政支出和地方财政压力通过制造业税收征管强度影响制造业企业税负。

压力(fp)系数在统计上不够显著的另外一个可能的原因是,上述实证分析涉及的样本仅限于制造业上市公司,相对于非上市公司来说,上市公司的纳税规范程度相对较高,进而弱化了地方财政支出和税收征管强度对制造业上市公司税负的影响。相比之下,地方财政支出和税收征管强度对非上市制造业企业税负的影响或许更大。

表6-4进一步显示了制造业企业收到的税费返还率的影响因素。不难发现,无论是否控制制造业税收征管强度(zzg),地方财政支出($lexpratio$)和地方财政压力(fp)的系数在统计上均显著为负,表明地方财政支出扩张和地方财政压力加大倾向于降低制造业企业的税费返还率。究其原因在于,地方财政支出扩张和地方财政压力加大时,地方政府对制造业企业进行税费返还的能力会在一定程度上得以弱化,与此同时,地方政府对增加财政收入的愿望更加强烈,这样一来,对制造业企业的税费返还无疑会减少地方政府的可支配财力,进而会诱致地方政府通过某些手段压缩或延缓对制造业企业的税费返还。由于制度内的税费返还[1]相对比较规范,税务机关人为干预的空间有限,而对于制度外的税费返还[2],实施主体并非税务机关,因此,制造业税收征管强度对税费返还在统计上没有表现出显著影响。

表6-4 制造业企业税费返还率的影响因素

	回归（1）	回归（2）	回归（3）	回归（4）	回归（5）
lexpratio	−0.019** (0.010)			−0.015 (0.010)	
fp		−0.024* (0.012)			−0.019 (0.012)
zzg			−0.018 (0.011)	−0.012 (0.012)	−0.013 (0.011)

[1] 如出口退税、先征后退、即征即退等。
[2] 如地方政府为招商引资通过协议约定的税费返还。

续表

	回归(1)	回归(2)	回归(3)	回归(4)	回归(5)
shl	−0.002 (0.005)	−0.002 (0.005)	−0.002 (0.005)	−0.002 (0.005)	−0.002 (0.005)
zcfzl	−0.007*** (0.002)	−0.007*** (0.002)	−0.007*** (0.002)	−0.007*** (0.002)	−0.007*** (0.002)
mpr	−0.0003 (0.005)	−0.0003 (0.005)	−0.0003 (0.005)	−0.0003 (0.005)	−0.0003 (0.005)
ROA	−0.007 (0.004)	−0.007 (0.004)	−0.007 (0.004)	−0.006 (0.004)	−0.007 (0.005)
gm	0.0003 (0.001)	0.0003 (0.001)	0.0003 (0.001)	0.0003 (0.001)	0.0003 (0.001)
zb	0.002 (0.003)	0.002 (0.003)	0.002 (0.003)	0.002 (0.003)	0.002 (0.003)
ch	0.007* (0.004)	0.007* (0.004)	0.006* (0.004)	0.007* (0.004)	0.006* (0.004)
常数	0.024** (0.012)	0.023* (0.012)	0.042** (0.017)	0.037** (0.017)	0.037** (0.017)
公司固定效应	是	是	是	是	是
时间固定效应	是	是	是	是	是
R-squared	0.012	0.012	0.012	0.012	0.012
观测值	17444	17444	17444	17444	17444

注:(1)括号内数值为公司层面的聚类稳健标准误;(2) ***、**和*分别代表1%、5%和10%的显著性水平。

综合以上分析可以看出,制造业上市公司的实际税负是政府因素、税务机关因素及企业因素共同影响的结果。从政府层面来看,地方财政支出及地方财政压力对制造业上市公司的实际税负在统计上具有显著的正向影响,这种助推效应的形成机理主要包括两个方面:其一,税收征管强度是税务机关征税努力和征税能力共同作用的结果,在现实中不可避免地会受到地方政府的干预,受地方财政支出扩张及地方财政压力的驱动,地方政府通过加大税务机关对制造业税收征管强度提升了企业名义税负。其二,面对地方财政支出的扩张及地方财政压力的加大,地方政府通过延缓甚至压缩对制造业企业的税费返还提升了企业实际税负。从税务机关层面来看,制造业税收征管强度是影响制造业企业实际税负的重要因素,但这种影响主要是通过影响制造业上市公司名义税负实现的,对制造业公司收到的税费返还规模并未在统计上表现出显著影响,原因在于,与通过加强税收征管增加税收收入相比,税务机关通过加强征管减少税费返还的空间相对有限。

四、制造业企业税负影响因素的异质性检验

1. 不同产权性质制造业企业税负影响因素分析

前文的分析表明,不同产权性质制造业企业的税负存在较大差异,接下来,进一步检验不同产权性质企业税负影响因素的差异。借鉴白云霞等(2019)[47]做法,先将全部样本划分为国有企业样本和非国有企业样本,分别针对两个子样本实证检验制造业企业税负的影响因素,实证结果如表6-5所示①。

表6-5 不同产权性质制造业企业实际税负影响因素

	国有企业	非国有企业	组间系数差异检验-P 值
lexpratio	0.014 (0.020)	0.020 (0.019)	0.435
zzg	0.078 *** (0.021)	0.012 (0.024)	0.025
shl	0.033 *** (0.010)	0.061 *** (0.008)	0.021
zcfzl	−0.012 ** (0.006)	−0.016 *** (0.003)	0.284
mpr	0.203 *** (0.014)	0.159 *** (0.011)	0.008
ROA	0.014 (0.013)	0.045 *** (0.008)	0.026

① 用地方财政压力(fp)替代地方财政支出规模(lexpratio)后,模型的实证结果并未发生明显变化。

续表

	国有企业	非国有企业	组间系数差异检验-P 值
gm	-0.005*** (0.002)	-0.003*** (0.001)	0.146
zb	-0.018* (0.010)	-0.005 (0.004)	0.104
ch	-0.007 (0.017)	-0.048*** (0.009)	0.012
常数	0.016 (0.056)	0.047 (0.031)	0.325
公司固定效应	是	是	
时间固定效应	是	是	
R-squared	0.246	0.276	
观测值	5751	14959	

注:(1)括号内数值为公司层面聚类稳健标准误;(2) *** 、** 、* 分别代表 1%、5% 和 10% 的显著性水平。

表6-5 回归结果显示,从政府层面来看,在控制制造业税收征管强度的条件下,地方财政支出规模对国有及非国有制造业企业税负的影响虽为正,但统计上并不显著;企业适用的企业所得税名义税率系数在统计上均显著为正,表明无论对于哪类产权性质的制造业企业,税率都是影响企业实际税负的重要因素。从税务机关层面来看,制造业税收征管强度对国有制造业企业税负在统计上具有显著的正向影响,但对非国有制造业企业税负的影响在统计上并不显著,表明当税务机关为完成税收任务加强税收征管时倾向于优先选择国有企业,一个可能的原因是,政府与国有企业具有更加紧密的政治联系,与非国有企业相比,政府对国有企业的控制力相对更强,国有企业高管具有"准官员"的身份,也更倾向于迎合政府目标(白云霞等,2019)[47],并且,非国有企业流动的自由性高于国有企业,相比之下,国有企业更容易受到地方政府"掠夺之手"的影响(李明等,2016)[175]。在企业层面,各个变量对国有制造业企业和非国有制造业企业实际税负的影响比较相近,并且与前文基于全部样本的实证结果相似。

但国有企业包括中央国有企业和地方国有企业,两类企业与地方政府的关系有着明显不同。其中,地方国有企业的监管主体是地方国资委,企业高管的任命和考核由地方政府负责,而中央国有企业隶属于国务院国资委,企业高管的任命和考核由中央部委负责(白云霞等,2019)[47],因此,地方政府对地方国有企业的影响力和控制力远大于中央国有企业。由此推测,地方政府和税务机关对国有企业实际税负的影响可能主要是通过地方国有企业产生的。表6-6回归结果显示,制造业税收征管强度对地方国有制造业企业实际税负的影响在统计上显著为正,但对中央国有制造业企业实际税负的影响虽然为正,但统计上并不显著,表明税务机关为完成征税任务加强税收征管时倾向于优先选择地方国有企业,这与地方政府对地方国有企业的干预能力和程度较中央国有企业更高不无关系。陈春华等(2019)[86]的实证研究发现,地方国有企业税负承担对高管晋升概率在统计上具有显著的正向影响。按照这一逻辑,由于地方政府是地方国企的行政领导,地方国企高管在晋升激励下,更倾向于迎合地方政府需求积极承担税负,进而有利于在一定程度上减小地方政府干预地方国企税负的阻力。

表6-6 不同类型国有制造业企业实际税负影响因素

	(1)	(2)	(3)
lexpratio	−0.009 (0.020)	0.013 (0.021)	−0.012 (0.021)
zyqy * lexpratio	0.075*** (0.028)		0.083*** (0.029)
zzg	0.072*** (0.020)	0.108*** (0.028)	0.108*** (0.026)
zyqy * zzg		−0.077* (0.045)	−0.094** (0.040)
控制变量	是	是	是
常数	0.022 (0.054)	0.018 (0.056)	0.025 (0.055)

续表

	（1）	（2）	（3）
公司固定效应	是	是	是
时间固定效应	是	是	是
R-squared	0.248	0.247	0.249
观测值	5751	5751	5751

注:(1)括号内数值为公司层面聚类稳健标准误;(2)***、**、和*分别代表1%、5%和10%的显著性水平。

2.不同规模制造业企业税负影响因素分析

Wind数据库根据企业规模将制造业上市公司划分为大型企业、中型企业和小型企业,由于小型企业数量过少,研究过程中将中型企业和小型企业进行了归并处理,全部样本划分为大型制造业上市公司和中小型制造业上市公司两个子样本,再次对模型进行估计,实证结果如表6-7所示。通过对比不难发现,地方财政支出和制造业税收征管强度对大型制造业企业实际税负的影响在统计上显著为正,但对中小制造业企业实际税负的影响在统计上不够显著,并且,针对大型制造业企业样本的回归中,控制制造业税收征管强度后,地方财政支出的系数虽然依旧为正,但统计上不再显著,表明地方财政支出对大型制造业企业的影响主要是通过加强税收征管实现,这也意味着大型制造业企业作为重点税源,是地方政府和税务机关征管挖潜的重点。企业层面的各个变量对不同规模制造业企业实际税负的影响比较相近,并且与前文的实证结果相似,在此不再赘述。

表6-7　不同规模制造业企业税负影响因素

	大型企业	中小型企业	组间系数差异检验-P值
lexpratio	0.017 (0.014)	0.030 (0.040)	0.353
zzg	0.036*** (0.015)	0.062 (0.052)	0.236

续表

	大型企业	中小型企业	组间系数差异检验-P 值
shl	0.047*** (0.006)	0.063*** (0.024)	0.133
zcfzl	−0.015*** (0.003)	−0.016*** (0.005)	0.422
mpr	0.178*** (0.011)	0.146*** (0.016)	0.065
ROA	0.036*** (0.009)	0.042*** (0.014)	0.357
gm	−0.003*** (0.001)	−0.004** (0.002)	0.253
zb	−0.007 (0.005)	−0.013 (0.008)	0.300
ch	−0.031*** (0.010)	−0.053*** (0.014)	0.116
常数	0.025 (0.027)	0.007 (0.075)	0.398
公司固定效应	是	是	
时间固定效应	是	是	
R-squared	0.277	0.237	
观测值	1619	4632	

注:(1)括号内数值为公司层面聚类稳健标准误;(2)***、**和*分别代表1%、5%和10%的显著性水平。

五、稳健性检验

1.考虑数据异常值的影响

尽管前文的实证分析已经对样本数据进行了筛选,但为了进一步剔除可能存在的异常值对实证结果的影响,在原有筛选样本的基础上对所有连续性变量在1%和99%的分位上进行缩尾处理,再次对模型进行估计,实证结果如表6-8所示。在政府层面,地方财政支出、地方财政压力和名义税率对制造业企业实际税负的影响在统计上显著为正,与前文的实证结果基本一致①。在税务机关层面,制造业税收征管强度对制造业企业实际税负的影响在统计上显著为正,与前文的实证结果一致。企业层面各个变量的影响与前文的实证结果也基本一致。

表 6-8　稳健性检验(剔除异常值)

	回归(1)	回归(2)	回归(3)	回归(4)	回归(5)
lexpratio	0.037** (0.015)			0.023 (0.014)	
fp		0.042** (0.021)			0.025* (0.020)
zzg			0.056*** (0.016)	0.048*** (0.016)	0.050*** (0.016)
sl	0.051*** (0.006)	0.051*** (0.006)	0.049*** (0.006)	0.049*** (0.006)	0.049*** (0.006)
zcfzl	−0.015*** (0.002)	−0.014*** (0.002)	−0.015*** (0.002)	−0.015*** (0.002)	−0.015*** (0.002)
mpr	0.173*** (0.007)	0.173*** (0.007)	0.173*** (0.007)	0.173*** (0.007)	0.173*** (0.007)
ROA	0.04*** (0.006)	0.04*** (0.006)	0.039*** (0.006)	0.039*** (0.006)	0.039*** (0.006)
gm	−0.003*** (0.001)	−0.003*** (0.001)	−0.003*** (0.001)	−0.003*** (0.001)	−0.003*** (0.001)
zb	−0.005 (0.004)	−0.005 (0.004)	−0.005 (0.004)	−0.005 (0.004)	−0.005 (0.004)
ch	−0.04*** (0.006)	−0.04*** (0.006)	−0.040*** (0.006)	−0.040*** (0.006)	−0.040*** (0.006)
常数	0.059*** (0.015)	0.062 (0.015)	0.002 (0.023)	0.007 (0.023)	0.006 (0.023)
公司固定效应	是	是	是	是	是

---

① 略有不同的是,即便在控制制造业企业税收征管强度后,地方财政支出和地方财政压力的系数在统计上依然显著为正,表明地方财政支出和地方财政压力对制造业企业实际税负的影响渠道除加强税收征管外,还有其他渠道,比如减少税费返还。

续表

	回归(1)	回归(2)	回归(3)	回归(4)	回归(5)
时间固定效应	是	是	是	是	是
R-squared	0.311	0.311	0.312	0.312	0.312
观测值	20710	20710	20710	20710	20710

注:(1)括号内数值为公司层面的聚类稳健标准误;(2) *** 、**、和 * 分别代表 1%、5%和 10%的显著性水平。

2.考虑增值税税率调整的影响

前面实证分析的数据所属期间为 2004—2019 年,期间中国的税制因素发生了显著变化,尤其是税率作为税制的核心要素,对企业税负具有重要影响。增值税和企业所得税作为制造业上市两个最主要的税种,在实证数据所属样本期间均有变化。其中,制造业企业所得税税率自 2008 年起由原来的 33%降至 25%,制造业增值税税率自 2017 年起发生了三次调整:一是自 2017 年 7 月 1 日起,取消 13%增值税税率,原适用 13%税率货物的增值税税率调至 11%;二是自 2018 年 5 月 1 日起,增值税税率进一步下调 1 个百分点,原适用 17%税率货物的增值税税率降至 16%,原适用 11%税率货物的增值税税率降至 10%;三是自 2019 年 4 月 1 日起,原适用 16%税率货物的增值税税率下调为 13%,原适用 10%税率货物的增值税税率下调为 9%。实证模型中虽然加入了企业所得税税率,却忽略了 2017 年以来增值税税率调整的影响,为此,将实证样本所属期间调整为 2004—2016 年再次对模型进行估计,实证结果并未改变前文的基本结论(见表 6-9)。

表 6-9　稳健性检验(剔除增值税税率调整影响)

	回归(1)	回归(2)	回归(3)	回归(4)	回归(5)
lexpratio	0.034** (0.017)			0.005 (0.018)	
fp		0.046** (0.019)			0.017 (0.020)

续表

	回归（1）	回归（2）	回归（3）	回归（4）	回归（5）
zzg			0.068 *** （0.018）	0.066 *** （0.019）	0.062 *** （0.019）
sl	0.049 *** （0.007）	0.05 *** （0.007）	0.047 *** （0.007）	0.047 *** （0.007）	0.047 *** （0.007）
zcfzl	−0.013 *** （0.003）	−0.013 *** （0.003）	−0.013 *** （0.003）	−0.013 *** （0.003）	−0.013 *** （0.003）
mpr	0.19 *** （0.01）	0.189 *** （0.01）	0.190 *** （0.010）	0.190 *** （0.010）	0.190 *** （0.010）
ROA	0.019 ** （0.007）	0.019 *** （0.007）	0.018 ** （0.007）	0.018 ** （0.007）	0.018 ** （0.007）
gm	−0.003 *** （0.001）	−0.003 *** （0.001）	−0.003 *** （0.001）	−0.003 *** （0.001）	−0.003 *** （0.001）
zb	−0.009 * （0.005）	−0.009 * （0.005）	−0.009 * （0.005）	−0.009 * （0.005）	−0.009 * （0.005）
ch	−0.033 *** （0.008）	−0.033 *** （0.008）	−0.032 *** （0.008）	−0.032 *** （0.008）	−0.032 *** （0.008）
常数	0.064 *** （0.02）	0.066 *** （0.019）	−0.008 （0.027）	−0.005 （0.028）	−0.001 （0.028）
公司固定效应	是	是	是	是	是
时间固定效应	是	是	是	是	是
R-squared	0.225	0.225	0.226	0.226	0.226
观测值	14879	14879	14879	14879	14879

注：（1）括号内数值为公司层面的聚类稳健标准误；（2）***、**、和*分别代表1%、5%和10%的显著性
水平。

3.考虑标准误的影响

前文回归选取的标准误是公司层面的聚类稳健标准误，考虑到省级层
面不同时期随机扰动项可能存在自相关，进一步选取了省份层面聚类稳健
标准误，实证结果见6—10。可见，标准误的选择并未对基本结论带来实质
性影响。

表 6-10　稳健性检验(省份聚类稳健标准误)

	回归(1)	回归(2)	回归(3)	回归(4)	回归(5)
lexpratio	0.032* (0.019)			0.018 (0.017)	
fp		0.039 (0.026)			0.023 (0.023)
zzg			0.048*** (0.018)	0.040** (0.017)	0.040** (0.018)
sl	0.052*** (0.008)	0.052*** (0.008)	0.051*** (0.008)	0.051*** (0.008)	0.051*** (0.008)
zcfzl	−0.015*** (0.004)	−0.015*** (0.004)	−0.015*** (0.003)	−0.016*** (0.003)	−0.016*** (0.003)
mpr	0.170*** (0.009)	0.170*** (0.009)	0.170*** (0.009)	0.170*** (0.009)	0.170*** (0.009)
ROA	0.038*** (0.008)	0.038*** (0.008)	0.038*** (0.008)	0.038*** (0.008)	0.038*** (0.008)
gm	−0.003*** (0.001)	−0.003*** (0.001)	−0.003*** (0.001)	−0.003*** (0.001)	−0.003*** (0.001)
zb	−0.008 (0.006)	−0.009 (0.006)	−0.009 (0.006)	−0.009 (0.006)	−0.009 (0.006)
ch	−0.036*** (0.007)	−0.036*** (0.007)	−0.036*** (0.006)	−0.036*** (0.007)	−0.036*** (0.007)
常数	0.070*** (0.020)	0.072*** (0.02)	0.021 (0.031)	0.027 (0.030)	0.028 (0.031)
公司固定效应	是	是	是	是	是
时间固定效应	是	是	是	是	是
R-squared	0.263	0.263	0.263	0.263	0.238
观测值	20710	20710	20710	20710	18837

注:(1)括号内数值为省份层面的聚类稳健标准误;(2)***、**、和*分别代表1%、5%和10%的显著性水平。

4.考虑主要解释变量内生性的影响

前文指出,制造业企业税负与地方财政支出规模及地方财政压力可能存在双向因果关系,考虑到地方财政支出规模和地方财政压力两个变量的内生性,进一步选取两个变量的一阶和二阶滞后项作为工具变量对模型进行两步GMM估计,得到的实证结果如表6-11所示。不难看出,两步GMM的估计结果与双向固定效应估计结果比较一致,基本结论并未发生变化。

表 6-11　稳健性检验(两步 GMM 估计)

	回归(1)	回归(2)	回归(3)	回归(4)	回归(5)
lexpratio	0.035** (0.014)			0.008 (0.016)	
fp		0.036* (0.020)			0.003 (0.022)
zzg			0.074*** (0.019)	0.071*** (0.022)	0.073*** (0.021)
sl	0.047*** (0.006)	0.047*** (0.006)	0.046*** (0.006)	0.046*** (0.006)	0.046*** (0.007)
zcfzl	-0.016*** (0.002)	-0.016*** (0.002)	-0.016*** (0.002)	-0.016*** (0.002)	-0.016*** (0.002)
mpr	0.169*** (0.007)	0.168*** (0.007)	0.167*** (0.007)	0.168*** (0.007)	0.167*** (0.007)
ROA	0.040*** (0.006)	0.039*** (0.006)	0.039*** (0.006)	0.039*** (0.006)	0.039*** (0.006)
gm	-0.003*** (0.001)	-0.003*** (0.001)	-0.003*** (0.001)	-0.003*** (0.001)	-0.003*** (0.001)
zb	-0.007** (0.003)	-0.007** (0.003)	-0.007** (0.003)	-0.007** (0.003)	-0.007** (0.003)
ch	-0.037*** (0.010)	-0.036*** (0.010)	-0.036*** (0.010)	-0.035*** (0.010)	-0.036*** (0010)
常数					
公司固定效应	是	是	是	是	是
时间固定效应	是	是	是	是	是

	回归(1)	回归(2)	回归(3)	回归(4)	回归(5)
未识别检验-P值	0.000	0.000	0.000	0.000	0.000
弱工具变量(Cragg-Donald Wald F statistic 统计量)	1.2e+04	1.1e+04	9716.402	2957.633	3210.501
Hansen J 统计量-P 值	0.020	0.300	0.590	0.313	0.871
观测值	19830	19830	19830	19830	18837

注:(1)括号内数值为省份层面的聚类稳健标准误;(2)不可识别检验使用的是 Kleibergen-Paaprk LM 统计量;(3)弱识别检验依据的是 Stock-Yogo(2005)提供的临界值;(4) *** 、** 、和 * 分别代表1%、5%和10%的显著性水平。

六、制造业企业税负压力一个解释框架:基于利润税负的分析

前文实证检验了制造业企业实际税负的影响因素,但实际税负的高低与税负压力的大小并不完全等价。这是因为,实际税负水平是一种客观度量,而税负压力则明显带有主观感受色彩。从理论上讲,制造业企业税负压力的形成不仅取决于企业支付的税费规模,同时取决于企业的税负承受能力。具体来说,对于既定的税费规模,企业承受能力越强(弱),感受到的税负压力相应越小(大),对于既定的税负承受能力,企业支付的税费规模越大(小),感受到的税负压力相应越大(小)。一个比较棘手的问题是,如何找到一个客观指标度量企业的税负压力。对于市场经济条件下的制造业企业而言,追求利润无疑是其最核心的经营目标之一,如果税负的攀升在较大程度上威胁了企业的盈利空间,则企业对税负压力的感受将会更加凸显。"税负重感"实质上是企业投资者对企业资产收益与政府征收税费对比形成的主观感觉(丛屹和周怡君,2017)[42],体现所有者经营企业获取盈余过程中对政府税收的一种感受(程宏伟和杨义东,2019)[53]。为便于分析,笔者借鉴了丛屹和周怡君

(2017)$^{[42]}$提出的"利润税负"概念,用企业实际支付税费与企业利润比值进行度量,代表了税费对企业利润的挤压程度,能够在一定程度上刻画制造业企业的税负压力。一般来说,税费对企业利润的挤压程度越大,企业感受到的税负压力相应越大。税费对企业利润的挤压程度首先取决于企业实际支付的税费规模,通常情况下,企业实际支付的税费规模越大,对企业利润的挤压程度相应越大,进而倾向于加剧企业的税负痛感。不过,需要注意的是,企业支付的税费规模越大,并不必然意味着企业感受到的税负压力也越大。从逻辑上讲,企业对因税费挤压利润引发的税负压力评价主要取决于企业对税负的承受能力。具体来说,如果制造业企业的税负承受能力强,则其感受到的税负压力会相对较小,如果制造业企业的税负承受能力弱,则其感受到的税负压力会相对更大。党的十九大报告指出:"发展是解决我国一切问题的基础和关键"①。提高制造业企业对税负的承受力归根结底要靠企业的发展,而不断提高盈利能力无疑是实现制造业企业持续发展的重要保证。可以认为,制造业企业对税负的承受能力主要取决于企业的盈利能力。这是因为,较强的盈利能力意味着企业能够赚取更多的利润,有利于提高企业对税负的容忍度,有助于对冲高税负诱发的负面感受,而较弱的盈利能力倾向于降低企业对税负的容忍度,进而会在一定程度上放大税负引发的负面感受。为全面反映制造业企业的利润税负,首先选取"(支付的税费-收到的税费返还)/利润总额"作为制造业企业利润税负度量指标,但考虑到制造业企业支付的税费中包含了增值税,而增值税作为价外税,通常认为并不直接影响企业利润,因此,进一步选取"税金及附加/利润总额"、"当期企业所得税/利润总额"②两个指标作为利润税负的替代性度量指标进行相关分析。那么,对于中国制造业企业而言,企业盈利能力与利润税负究竟呈现何种关系?如果前者对后者表现出显著的正

---

① 习近平:《决胜全面建成小康社会　夺取新时代中国特色社会主义伟大胜利——在中国共产党第十九次全国代表大会上的报告》,人民出版社 2017 年版,第 21 页。

② 当期所得税=所得税费用-递延所得税

向影响,则意味着制造业企业的盈利能力与其利润税负总体协调,但如果前者对后者呈现出显著的负向影响,则可以从税负承受力的视角为制造业企业税负压力的形成提供一个解释。对此,基于 2007—2019 年制造业上市公司数据实证检验盈利能力对制造业企业利润税负的影响。

1. 模型设定及数据说明

由于制造业企业的税负压力既取决于企业实际支付的税费规模,也取决于企业对税负的承受能力,因此,构建如下形式基本模型:

$$lrtb_{ijt} = \theta_0 + \theta_1 yl_{ijt} + \theta_2 ztax_{ijt} + \theta_3 ctrol_{ijt} + \alpha_i + \gamma_t + \varepsilon_{ijt} \quad (6-2)$$

其中,$lrtb$ 表示制造业企业利润税负,用"(支付的税费−收到的税费返还)/利润总额"度量,$ztax$ 表示制造业企业支付的税费规模,用"(支付的税费−收到的税费返还)/营业总收入"度量。yl 表示制造业企业的盈利能力,丛屹和周怡君(2017)[42]指出,企业利润税负属于"平均有效税率"的范畴,因此应当采用"总资产报酬率"和"净资产报酬率"等具有总体平均属性的指标。借鉴丛屹和周怡君(2017)[42]的做法,选取了总资产报酬率(ROA)作为制造业企业盈利能力的度量指标①,同时还选取成本费用利润率($cblrl$)和息税前利润率($xslrl$)作为替代性指标进行稳健性检验。各个控制变量包括各省非税收入占地区生产总值比重($ntaxratio$)、实际支付税费规模($ztax$)、企业规模(gm)、资产负债率($zcfzl$)、销售毛利率(gpr)、资本密集度(zb)和存货密集度(ch)。α_i 和 γ_t 分别代表公司固定效应和年份固定效应。之所以在模型中加入非税收入占地区生产总值比重($cblrl$),主要是因为根据前文的理论分析,非税负担是影响制造业企业税负的压力的重要因素。除制造业企业利润税负($lrtb$)外,其余各个变量的数据来源及样本筛选规则同模型6-1,计算制造业企业利润税负时,为剔除异常值影响,删除了利润总额为负以及利润税负小于 0 和大于 1 的样本。各个变量基本特征如表 6-12 所

①　丛屹和周怡君(2017)认为,与净资产报酬率相比,总资产报酬率更能全面反映企业对资产的使用效率。

示。可以看出,即便在剔除小于 0 和大于 1 的异常值后,制造业企业的利润
税负和盈利能力指标依然存在巨大的个体的差异,最小值接近 0,最大值接
近 1。

表 6-12　变量的描述性统计

变量名	变量含义	均值	标准差	最小值	最大值
lrtb	利润税负	0.458	0.235	0.001	1.000
ROA	总资产报酬率	0.105	0.083	0.000	0.999
cblrl	成本费用利润率	0.141	0.138	0.000	0.999
xslrl	息税前利润率	0.141	0.103	0.000	0.999
ntaxratio	非税收入占地区生产总值比重	0.020	0.009	0.005	0.066
zcfzl	资产负债率	0.420	0.194	0.007	0.998
gm	企业规模	21.362	1.384	14.362	27.468
zb	资本密集度	0.238	0.143	0.0002	0.902
ch	存货密集度	0.155	0.096	0.0001	0.877

2. 实证结果

运用 Stata16.0 对模型 6-2 进行双向固定效应估计,回归结果如表 6-13
所示。

表 6-13　制造业企业盈利能力及支付税费规模与对利润税负的影响

	回归(1)	回归(2)	回归(3)
ROA	−1.257*** (0.052)		
cblrl		−1.229*** (0.035)	
xslrl			−1.742*** (0.052)
ztax	3.329*** (0.228)	4.355*** (0.111)	4.593*** (0.096)

	回归(1)	回归(2)	回归(3)
ntaxratio	0.852** (0.385)	0.240 (0.325)	0.542* (0.305)
zcfzl	0.197*** (0.018)	0.031** (0.015)	0.142*** (0.012)
gm	−0.039*** (0.005)	0.003 (0.004)	0.002 (0.003)
zb	0.165*** (0.023)	0.079*** (0.020)	0.111*** (0.019)
ch	0.147*** (0.040)	−0.047 (0.031)	−0.089*** (0.030)
常数	1.030*** (0.099)	0.274*** (0.078)	0.329*** (0.072)
公司固定效应	是	是	是
时间固定效应	是	是	是
R-squared	0.347	0.493	0.539
观测值	17281	17147	17251

注:(1)括号内数值为省份层面聚类稳健标准误;(2)***、**和*分别代表1%、5%和10%的显著性水平。

由表6-13不难看出,无论用总资产报酬率、成本费用利润率还是息税前利润率作为制造业企业盈利能力的度量指标,得到的估计系数均为负,并且统计上十分显著,表明制造业企业的利润税负与其盈利能力强呈现反向变化,即当制造业企业盈利能力下降(上升)时,对应的企业利润税负反而上升(下降),放大了税负挤压利润引致的痛感,加大了制造业企业的税负压力。这一发现与丛屹和周怡君(2017)[42]的实证结果一致。按照丛屹和周怡君(2017)[42]的解释,这一现象的成因主要源于中国以流转税为主的税制存在"刚性"特征。制造业企业缴纳的增值税、消费税、营业税等流转税以商品和服务流转额为课税对象,企业是否缴纳这些税款以及缴纳税款多少与企业盈亏并不直接相关,此外,城市维护建设税、教育费附加、地方教育附加、房产税、土地使用税和车船税等税费的计税规则与企业盈利的相关性也较小,在既定的收入水平下,当制造业企业盈利水平因成本费用攀升而降低时,上述相关税费通常难以同步下降,进而放大了税费对企业利润的冲击,加剧了企业的税负痛感。制造业企业实际支付税费规模($ztax$)对利润税负在统计上具有显著的正向影响,即制造业企业实际支付的税费规模越大,相应的利润税负就越高,对制造业企业的利润挤压越明显,越易加剧企业的税负压力,与理论预期吻合。非税收入占 GDP 比重($ztax$)的系数在统计上显著为正,表明非税负担是推高企业利润税负、加剧税负痛感的重要因素,与前文的理论分析一致。在反映企业特征的控制变量中,无论选取哪个指标作为制造业企业盈利能力度量指标,资产负债率($zcfzl$)、资本密集度(zb)对制造业企业利润税负均具有显著的正向影响。资产负债率虽然有利于减轻制造业企业税负,但同时也会因支付利息而减少企业利润,由此助推了企业利润税负。资本密集度越高,意味着固定资产的比例越大,由于在实证样本所属期间,中国实行过生产型增值税,并且在营改增试点全面扩围之前,房屋、建筑物等固定资产进项税额抵扣受限,由此会导致制造业企业增值税负担攀升,进而推高了企业利润税负。企业规模(gm)对制造业企业利润税负的影响仅在以总资产报酬率为盈利能力度量指标的模型中显著,可能的原因是,规模较大的制造业企业存在较大税收筹划空间,通过税收筹划在降低税负的同时还可增加利润。李艳等(2020)[176]的实证研究发现,企业规模有利于降低企业增值税税负和增加企业利润。存货密集度(ch)对制造业企业利润税负影响不太稳健,背后原因有待进一步探究。

　　考虑到制造业企业支付的税费中包含了增值税,通常认为,增值税作为价外税,与企业利润并不存在直接的对应关系,但税金及附加和企业所得税都会直接对企业的最终利润形成挤压,为此,进一步考察了盈利能力对税金及附加/利润总额、当期企业所得税/利润总额两个指标的影响,实证结果如表6-14所示。可以看出,无论采用资产总报酬率、成本费用利润率还是息税前利润率作为盈利能力的度量指标,对以税金及附加/利润总额、当期企业所得税/利润总额度量的制造业企业利润税负均在统计上表现出显著的负向影响,即企业的盈利能力越强(弱),对应的利润税负越低(高)[1]。可见,制造业企业利润税负度量指标的变更并未改变盈利能力与利润税负的基本关系。上述实证结果得到了部分文献的支持。张央军(2012)[177]、李建英等(2015)[178]的研究也发现,制造业上市公司的盈利能力与其企业所得税实际税负呈现负相关,与笔者的研究结论一致。

表6-14 盈利能力对制造业企业不同类型利润税负的影响

	税金及附加/利润总额			当期企业所得税/利润总额		
ROA	−0.552*** (0.024)			−0.348*** (0.020)		
cblr		−0.419*** (0.017)			−0.334*** (0.016)	
xsqlr			−0.624*** (0.025)			−0.433*** (0.022)
ztax	0.136*** (0.050)	0.271*** (0.048)	0.369*** (0.051)	0.290*** (0.051)	0.449*** (0.052)	0.472*** (0.053)
ntaxratio	−0.039 (0.264)	−0.331 (0.262)	−0.175 (0.262)	0.276 (0.234)	0.021 (0.213)	0.203 (0.230)
zcfzl	0.108*** (0.010)	0.042*** (0.010)	0.079*** (0.009)	0.140*** (0.009)	0.093*** (0.009)	0.120*** (0.009)
gm	−0.039*** (0.003)	−0.021*** (0.003)	−0.022*** (0.003)	−0.004 (0.003)	0.007*** (0.002)	0.007*** (0.002)
zb	0.069*** (0.016)	0.043*** (0.015)	0.052*** (0.015)	−0.033** (0.013)	−0.060*** (0.013)	−0.046*** (0.013)
ch	0.073*** (0.028)	−0.005 (0.029)	−0.020 (0.028)	0.068*** (0.022)	0.015 (0.021)	0.012 (0.021)
常数	0.819*** (0.064)	0.500*** (0.065)	0.520*** (0.063)	0.219*** (0.056)	0.030 (0.052)	0.017 (0.052)
公司固定效应	是	是	是	是	是	是

① 需要说明的是,盈利能力对制造业企业税金及附加/利润总额、当期企业所得税/利润总额两个税负指标的影响明显小于其对制造业企业利润税负的影响,主要原因在于制造业企业支付的税费以增值税为主,税金及附加和企业所得税占比相对较低。

续表

	税金及附加/利润总额			当期企业所得税/利润总额		
时间固定效应	是	是	是	是	是	是
R-squared	0.176	0.186	0.211	0.071	0.095	0.093
观测值	20980	20836	20950	20495	20384	20474

注:(1)括号内数值为省份层面聚类稳健标准误;(2) *** 、** 、* 分别代表1%、5%和10%的显著性
　　水平。

上述实证结果可为减税降费背景下部分制造业企业税负压力依旧凸显提供一个合理的解释。图6-1显示了2007—2019年中国制造业上市公司总资产报酬率和实际支付税费规模的演变轨迹。

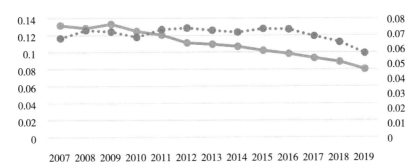

图6-1　制造业企业总资产报酬率与支付税费规模

不难发现,2007年以来,制造业上市公司的总资产报酬率整体趋于下行,由2007年的13.2%降至2019年的8.0%,累计减少5.2个百分点。而制造业上市公司实际支付的税费规模在2007—2015年呈现出一定的波动性,但自2016年开始持续下降,并于2019年降至5.6%,这在一定程度上表明,近年来中国推行的大规模减税降费确实降低了制造业企业的税费负担①。根据

——————————

　　①　当然,图6-1显示的是制造业上市公司总资产报酬率和实际支付税费规模的平均值,具体到每一家制造业上市公司的实际情况又有所不同,对于盈利能力下降、实际支付税费规模上升的制造业企业而言,感受到的税负压力将更加明显。

表6-13的实证结果,制造业企业实际支付税费规模的下降有利于降低企业的利润税负,进而减轻企业的税负痛感,但与此同时,由于制造业企业的盈利能力下降,反过来又推高了制造业企业的利润税负,进而弱化了实际支付税费规模下降对制造业企业带来的减税效应。为了验证制造企业盈利能力对实际支付税费规模与利润税负关系的调节效应,进一步在模型中加入了盈利能力与实际支付税费规模的交叉项,再次对模型进行估计,得到实证结果如表6-15所示。可以看出,不论用总资产报酬率、成本费用利润率还是息税前利润率作为制造业企业盈利能力的度量指标,盈利能力与实际支付税费规模的交叉项系数均在统计上显著为负,表明制造业企业盈利能力的下降加剧了实际支付税费规模对利润税负的助推效应,放大了税费负担对制造业企业引发的税负痛感。

表6-15 盈利能力对制造业企业实际支付税费规模与利润税负关系的调节效应

	回归(1)	回归(2)	回归(3)
ztax	3.924*** (0.261)	5.580*** (0.143)	6.791*** (0.193)
ROA×ztax	−7.142*** (0.536)		
cblr×ztax		−7.341*** (0.368)	
xsqlr×ztax			−12.133*** (0.669)
ntaxratio	0.798** (0.409)	0.346 (0.361)	0.386 (0.352)
zcfzl	0.165*** (0.018)	0.103*** (0.016)	0.159*** (0.014)
gm	−0.014*** (0.005)	0.011*** (0.004)	0.010** (0.004)
zb	0.218*** (0.025)	0.149*** (0.024)	0.165*** (0.022)
ch	0.042 (0.040)	−0.029 (0.033)	−0.034 (0.035)

续表

	回归（1）	回归（2）	回归（3）
常数	0.379*** （0.096）	−0.130 （0.084）	−0.156* （0.084）
公司固定效应	是	是	是
时间固定效应	是	是	是
R−squared	0.259	0.374	0.425
观测值	17281	17147	17251

注：(1)括号内数值为省份层面聚类稳健标准误；(2)***、**、*分别代表1%、5%和10%的显著性水平。

制造业企业盈利能力及实际支付税费规模会影响制造业企业利润税负，但企业利润税负反过来也可能会影响到企业盈利能力及实际支付税费规模，因此，制造业企业盈利能力及实际支付税费规模与其利润税负可能存在双向影响，由此引致的模型内生性会影响到估计结果的可靠性。为此，分别选取资产报酬率、成本费用利润和息税前利润率等盈利能力指标以及实际支付税费规模的一阶滞后项替代原有指标再次对模型进行估计，实证结果如表6-16所示。可以看出，即便考虑到盈利能力及实际支付税费规模的内生性后，前文的实证结论并未发生根本变化，即制造业企业盈利能力下降倾向于推高利润税负，而实际支付税费规模下降则倾向于降低利润税负。

表6-16　盈利能力及实际支付税费规模对制造业企业利润税负的影响

	回归（1）	回归（2）	回归（3）
L.ROA	−0.298*** （0.031）		
L.cblrl		−0.375*** （0.024）	
L.xslrl			−0.447*** （0.036）
L.ztax	0.598*** （0.093）	0.864*** （0.085）	0.832*** （0.083）

续表

	回归（1）	回归（2）	回归（3）
ntaxratio	1.467*** （0.447）	1.228*** （0.431）	1.355*** （0.431）
zcfzl	0.069*** （0.019）	0.036** （0.018）	0.058*** （0.018）
gm	−0.007 （0.005）	0.002 （0.005）	0.001 （0.005）
zb	0.165*** （0.029）	0.170*** （0.031）	0.177*** （0.028）
ch	−0.100** （0.045）	−0.130*** （0.028）	−0.129*** （0.043）
常数	0.514*** （0.114）	0.365*** （0.103）	0.380*** （0.103）
公司固定效应	是	是	是
时间固定效应	是	是	是
R−squared	0.066	0.085	0.080
观测值	15315	15163	15294

注:(1)括号内数值为省份层面的聚类稳健标准误;(2)***、**和*分别代表1%、5%和10%的显著性水平。

表6-17还进一步显示了制造业企业滞后一期的盈利能力对滞后一期的实际支付税费规模与本期利润税负关系的调节效应。结果显示,滞后一期的盈利能力与滞后一期的实际支付税费规模的交叉项系数在统计上显著为负,表明上一期盈利能力下降倾向于加剧上一期实际支付税费规模对本期利润税负的助推效应。

表6-17　盈利能力对制造业企业实际支付税费规模与利润税负关系的调节效应

	回归（1）	回归（2）	回归（3）
ztax	0.839*** （0.110）	1.299*** （0.103）	1.556*** （0.115）
L.ROA×L.ztax	−2.134*** （0.248）		

续表

	回归(**1**)	回归(**2**)	回归(**3**)
L.cblr×L.ztax		−2.370 *** (0.210)	
L.xsqlr×L.ztax			−3.560 *** (0.300)
ntaxratio	1.439 *** (0.452)	1.274 *** (0.442)	1.307 *** (0.437)
zcfzl	0.074 *** (0.019)	0.062 *** (0.018)	0.072 *** (0.018)
gm	−0.004 (0.005)	0.002 (0.005)	0.001 (0.005)
zb	0.184 *** (0.029)	0.183 *** (0.029)	0.185 *** (0.029)
ch	−0.110 ** (0.045)	−0.124 *** (0.044)	−0.126 *** (0.043)
常数	0.425 *** (0.114)	0.294 *** (0.107)	0.298 *** (0.106)
公司固定效应	是	是	是
时间固定效应	是	是	是
R−squared	0.063	0.077	0.078
观测值	15315	15163	15294

注:(1)括号内数值为省份层面的聚类稳健标准误;(2) *** 、 ** 和 * 分别代表1%、5%和10%的显著性水平。

第二节　中国制造业企业税负压力影响因素的实证考察:基于百家制造业企业的微观调查数据

一、模型设定及变量选择

前文指出,尽管企业的客观税负高低与企业税负压力息息相关,但税负压力与企业缴纳税款多少及税负率高低并非完全等价,企业实际感受到的税负压力受制于多重因素,除了客观上缴纳税款多少及税负率高低外,还与企业的承受能力、对税费的认知水平等其他因素密不可分。前文已对制造业企业税负压力的形成机理进行了不同视角的解析,为进一步定量识别制造业企业税负压力的影响因素,笔者基于 2019 年 9—11 月针对 234 家制造业企业的问卷调查数据,运用离散选择模型进行了相关实证检验。此次问卷调查将制造业企业的税负压力等级划分为"非常大"、"比较大"、"一般"、"比较小"和"非常小"五个等级,上述五个选项对应的样本企业数量分别为 20 家、81 家、121 家、12 家和 0 家。由于选择"比较小"和"非常小"的企业数量偏少,将税负压力整合为两个等级,其中,将选择"非常大"和"比较大"的样本企业划归为"税负压力大"的企业,将选择"一般"、"比较小"和"非常小"的样本企业划归为"税负压力小"的企业。在实证分析中,对于税负压力大的企业,将其税负压力赋值为 1;对于税负压力小的企业,将其税负压力赋值为 0,由 0 到 1 意味着制造业企业税负压力上升。由于因变量税负压力是一个二元分类变量,可以采用二元 Logistic 模型或 Probit 模型考察制造业企业税负压力的影响因素。二元 Logistic 模型与二元 Probit 模型的主要区别在于,前者假定随机变量服从 Logistic 分布,后者假定随机变量服从正太分布。为了确保实证结果的稳健性,本书首先运用二元 Logistic 模型进行实证分析,然后运用二元 Probit 模型和 LPM 模型进行稳健性检验。Logistic 分布的表达形式如下:

$$p\{Y=1|X\} = \frac{e^{X\beta}}{1+e^{X\beta}} \tag{6-3}$$

其中:

$$X\beta = \beta_0 + \beta_1 x_1 + \beta_2 x_2 + \dots + \beta_j x_j \tag{6-4}$$

根据上述两个公式可得二元 Logistic 模型形式如下:

$$\ln\frac{p}{1-p} = \beta_0 + \sum_{j=1}^{n}\beta_j x_j + \varepsilon \tag{6-5}$$

上述公式中,Y 即为制造业企业在调查时点感受到的税负压力,实证分析中用 yl 表示。前面的理论分析表明,制造业企业税负压力的影响因素复杂多样,笔者将其概括为五个层面:一是企业自身特征;二是税制因素;三是政策因素;四是征管因素;五是企业承受能力。其中,企业自身特征主要涉及两个变量:一是企业规模(xw),二是企业增值税纳税人身份(yb)。税制因素涉及内容十分宽泛,结合前文分析,主要选取了税种数量(sz)和税率(sl)两个因素。政策因素重点考察减税降费政策,主要涉及两个变量:一是 2019 年减税降费政策引致的企业税负变化;二是企业在调查时点感受到的涉企收费压力。征管因素用税务机关税收征管力度(zg)度量。企业对税负的承受能力主要用企业经营状况及现金流充裕程度表示,其中经营状况涉及三个变量,分别是 2019 年企业营业收入(ys)、营业成本(yc)及营业利润(lr)的同比变化情况,现金流充裕程度用企业缴纳税款时是否经常出现货币资金紧张(xj)进行度量。各个变量的基本特征如表 6-18 所示。

表 6-18　变量的描述性统计

变量名	变量定义	最小值	最大值	均值	标准差
税负压力(yl)	非常大或比较大,则 $yl=1$;一般或比较小,则 $yl=0$	0	1	0.432	0.496
企业规模(xw)	小微企业,则 $xw=1$;其他企业,则 $xw=0$	0	1	0.761	0.428
增值税纳税人身份(yb)	一般纳税人,则 $sf=1$;小规模纳税人,则 $sf=0$	0	1	0.573	0.496
2019 年营业收入同比变化(ys)	增长,则 $ys=3$;持平,则 $ys=2$;下降,则 $ys=1$	1	3	1.739	0.800
2019 年营业成本同比变化(yc)	增长,则 $yb=3$;持平,则 $yb=2$;下降,则 $yb=1$	1	3	2.581	0.652
2019 年营业利润同比变化(lr)	增长,则 $yl=3$;持平,则 $yb=2$;下降,则 $yb=1$	1	3	1.632	0.787
税种数量(sz)	企业认为数量过多,则 $sz=1$;其他,则 $sz=0$	0	1	0.342	0.475

续表

变量名	变量定义	最小值	最大值	均值	标准差
税率(sl)	企业认为税率过高,则 sl=1;其他,则 sl=0	0	1	0.355	0.479
涉企收费压力(shf)	非常大或比较大,则 shf=3;一般,则 shf=2;比较小或非常小,则 shf=1	1	3	2.132	0.645
2019 年减税降费政策引致的税负变化(sf)	明显降低或有所降低,则 sf=1;基本未变或不降反升,则 sf=0	0	1	0.603	0.490
2019 年减税降费政策引致的涉企收费变化	明显降低或有所降低,则 shf1=1;基本未变或不降反升,则 shf1=0	0	1	0.406	0.492
税务机关税收征管力度(zg)	明显加强或有所加强,则 zg=1;基本未变或有所下降,则 zg=0	0	1	0.615	0.488
现金流充裕程度(xj)	缴纳税款时经常出现现金流紧张,则 xj=1;缴纳税款时常偶尔或从未出现现金流紧张,则 xj=0	0	1	0.179	0.385

二、实证结果及分析

运用 Stata16.0 对二元 Logistic 模型进行估计得到的实证结果如表 6-19 所示。从模型的回归系数来看,多数变量的系数至少在 10% 的显著性水平下显著,但由于二元 Logistic 模型的系数缺乏直观的经济意义,为此,进一步估计了各个自变量的平均边际效应(见表 6-19)。

表 6-19　二元 Logistic 模型估计结果

变量名	系数	边际效应
xw	−0.738 (0.464)	−0.103* (0.061)
yb	1.562*** (0.409)	0.218*** (0.052)
ys	0.541 (0.355)	0.075 (0.048)

续表

变量名	系数	边际效应
yc	1.159*** (0.327)	0.162*** (0.040)
lr	−0.685* (0.368)	−0.095* (0.049)
sz	−0.034 (0.413)	−0.005 (0.058)
sl	1.873*** (0.427)	0.261*** (0.050)
shf	1.005*** (0.302)	0.140*** (0.038)
sf	−0.884** (0.424)	−0.123** (0.057)
zg	0.657* (0.381)	0.092* (0.053)
xj	1.199** (0.505)	0.167** (0.069)
常数	−6.398*** (1.281)	—
Pseudo R^2	0.368	
观测值	234	234

注:(1)括号内数值为稳健标准误;(2)*、**和***分别代表10%、5%和1%的显著性水平。

从制造业企业自身特征来看,与大中型企业相比,小微企业税负压力上升的概率会下降10.3%,表明近年来针对小微企业出台的系列减税降费举措取得一定减税效果。与增值税小规模纳税人相比,增值税一般纳税人税负压力上升的概率会上升21.8%,主要原因在于,小规模纳税人采用简易计税办法,适用的征收率相对较低,同时更易享受到相关税收优惠政策,包括增值税起征点优惠、小微企业所得税优惠等。除此之外,还有一种可能的解释是,与大中型企业和一般纳税人相比,小微企业和小规模纳税人的数量众多,税务机关在征管力量有限的条件下,更多关注的是重点税源,在一定程度上为小微企业和小规模纳税人通过降低纳税遵从度减轻自身税负压力提供了空间。

从税制因素来看,税种数量对制造业企业税负压力的影响在统计上并不显著,但税率对制造业企业税负压力的影响在统计上高度显著。具体来看,认为税率过高的制造业企业税负压力上升的概率要高出 26.1%,表明对于制造业企业来说,税率是引致税负压力的重要因素,降税率是从税收制度层面减轻制造业企业税负压力的重要突破口。

从政策因素来看,减税降费与制造业企业税负压力息息相关。享受减税降费政策后税收负担下降的制造业企业税负压力上升的概率会下降 12.3%,表明减税降费政策的实施通过降低企业税收负担有利于减轻企业感受到的税负压力。需要注意的是,制造业企业的涉企收费压力对其税负压力具有显著影响。具体来说,认为涉企收费压力大的制造业企业税负压力上升的概率会上升 14.0%,这一方面缘于企业的认知偏差,部分企业可能将税费混为一体;另一方面,涉企收费通过降低企业盈利能力和税款支付能力弱化了企业的税负承受力,进而强化了企业对税负压力的感知。

从征管因素看,税务机关税收征管力度与制造业企业税负压力呈现显著正相关。具体来看,认为税务机关税收征管力度加强的制造业企业税负压力上升的概率高出 9.2,主要是因为税务机关税收征管力度加强有利于实现税收的“应收尽收”,企业纳税遵从度相应随之提高,进而推动了企业税负率和税负压力上升①。

从制造业企业税负承受能力看,企业的盈利水平和现金流充裕程度对企业税负压力具有显著影响。具体来看,营业成本上涨的企业税负压力上升的概率会高出 16.2%,营业利润增长的企业税负压力上升的概率会下降 9.5%,缴纳税款时经常面临现金流紧张的企业税负压力上升的概率会高出 16.7%。

---

① 在针对 234 家制造业企业的问卷调查中,45 家受访企业表示进项税额抵扣难是增值税纳税方面存在的主要问题,占比为 19.2%。

营业成本对制造业税负压力的影响渠道是多元的。首先,营业成本上涨挤压了企业盈利空间,放大了税收对企业盈利的边际影响。其次,营业成本上涨挤占了企业原本有限的资金,加大了企业支付税款的压力。再次,由于人工成本是企业营业成本的重要构成,并且人工成本上涨较快,但人工成本的进项税额不得抵扣,从而增加了企业的增值税负担,弱化了企业的盈利能力。最后,原材料成本在企业营业成本中同样占据较高比重,并且是企业进项税额的主要来源,但在实践中,受多种因素制约,进项税额难以做到"应抵尽抵",由此导致原材料成本上涨加重了企业增值税负担。从现金流的角度看,缴纳税款时经常出现现金流紧张的企业税负压力会上升16.7%,这是因为,现金流紧张加大了企业支付税款的压力,容易引发企业的税负压力。为检验货币资金充裕程度对制造业企业税负压力的影响,进一步选取外部融资难度(rz)替代现金流充裕程度(xj)再次对模型进行检验,结果显示,外部融资难度大的企业税负压力上升的概率会高出9.7%。表明制造业企业的资金状况是影响企业税负压力的重要因素。值得一提的是,营业收入增长对制造业企业税负压力没有表现出显著影响,究其原因在于,一方面营业收入增长可通过提高企业盈利水平减轻企业税负压力,但另一方面营业收入增长也意味着企业应纳税额增加,再加之现实中赊销及分期收款等销售结算方式的存在,企业账面上确认收入的同时款项却未必能够及时收回,进而加大了企业支付税款的压力,这些又会在一定程度上加剧企业的税负痛感,两种效应的对冲弱化了营业收入增长对制造业企业税负压力的整体影响。

尽管学术界基于微观调查数据专门研究制造业企业税负压力影响因素的文献并不多见,但一些相关文献的研究结论还是可以为上述实证结果形成一定支撑。孙玉栋和孟凡达(2016)[51]基于2089家企业的调查数据研究发现,经营效益越好的企业,其税负感相应越低;融资越困难、用工成本越高的企业,其税负感相应越强。

三、稳健性检验

1. 变换估计模型

Logistic 模型假定随机变量服从 Logistic 分布,考虑到实证结果对模型选择的敏感性,进一步运用二元 Probit 模型和线性概率模型实证考察了制造业企业税负压力的影响因素,实证结果如表 6-20 所示。对比二元 Logistic 模型、二元 Probit 模型及线性概率模型的估计结果不难发现,三种模型得到的基本结论比较一致,表明实证结果比较稳健。

表 6-20　稳健性检验结果

变量名	二元 Probit		LPM
	系数	边际效应	
xw	−0.384 (0.257)	−0.094 (0.061)	−0.134* (0.068)
yb	0.897*** (0.234)	0.219*** (0.052)	0.237*** (0.063)
ys	0.294 (0.203)	0.072 (0.048)	0.090* (0.051)
yc	0.641*** (0.176)	0.157*** (0.039)	0.149*** (0.040)
lr	−0.386* (0.207)	−0.094* (0.049)	−0.113*** (0.053)
sz	0.007 (0.236)	0.002 (0.058)	−0.004 (0.064)
sl	1.073*** (0.235)	0.262*** (0.050)	0.304*** (0.070)
shf	0.566** (0.170)	0.138*** (0.038)	0.149*** (0.044)
sf	−0.481** (0.233)	−0.118** (0.055)	−0.129** (0.061)
zg	0.384* (0.218)	0.094* (0.052)	0.096* (0.055)
xj	0.709** (0.278)	0.173*** (0.066)	0.171** (0.070)

续表

变量名	二元 Probit		LPM
	系数	边际效应	
常数	-3.634^{***} (0.718)		-0.397^{***} (0.152)
Pseudo R^2	0.366		
R^2			0.411
观测值	234	234	234

注:(1)括号内数值为稳健标准误;(2) *、** 和 *** 分别代表 10%、5% 和 1% 的显著性水平。

2. 变换样本企业

考虑到不同时点选取的样本企业存在的差异性可能会对实证结果产生影响,笔者进一步选取 2018 年 6—7 月基于惠州市 311 家制造业企业的调查数据再次运用二元 Logisitc 模型实证检验税负压力的影响因素。由于两次问卷调查设计的内容并不完全相同,因此,此处运用二元 Logistic 模型进行实证分析时选取的自变量与前文略有差异。其中,企业自身特征包括企业规模(xw)和增值税纳税人身份(yb)。对于税制因素,此处没有采用税种和税率两个变量,而是采用了企业对"死亡税负"的认知(sz)。在问卷调查中设计了如下问题:有人认为,企业如果完全按照税法规定如实纳税将难以生存,您是否认可这种观点? 如果企业做出肯定回答,意味着在企业眼中现行税制设计的税负过重,如果企业给出否定回答,则意味着现行税制设计的税负尚在合理范围之内。税收政策因素主要考虑税收优惠,选取企业对税务机关落实税收优惠政策力度和效果的满意度(my)进行度量。同时,考虑到涉企收费对制造业企业税负压力的可能影响,在模型中加入了涉企收费负担(shf)这一变量。征管因素依然用税务机关税收征管力度(zg)度量。各个变量的基本特征如表 6-21 所示。

表 6-21　变量的描述性统计

变量名	变量定义	最小值	最大值	均值	标准差
税负压力(yl)	税负非常重或比较重,则 yl=1;税负一般或较轻,则 yl=0	0	1	0.534	0.500
企业规模(xw)	小微企业,则 xw=1;其他企业,则 xw=0	0	1	0.627	0.484
增值税纳税人身份(yb)	一般纳税人,则 sf=1;小规模纳税人,则 sf=0	0	1	0.920	0.272
企业对纳税遵从成本的满意度(zc)	非常满意或比较满意,则 zc=1;一般或不满意,则 zc=0	0	1	0.270	0.445
对"死亡税负"的认可度(sz)	认可,则 sz=1;不认可,则 sz=0	0	1	0.521	0.500
涉企收费负担(shf)	非常重或比较重,则 shf=1;一般,或较轻,则 shf=0	0	1	0.215	0.412
企业对税务机关落实税收优惠政策力度和效果的满意度(my)	非常满意或比较满意,则 my=1;一般或不满意,则 my=0	0	1	0.498	0.501
税务机关税收征管力度(zg)	明显加强或有所加强,则 zg=1;基本未变或有所下降,则 zg=0	0	1	0.817	0.388

对二元 Logistic 模型进行估计得到的实证结果如表 6-22 所示。

表 6-22　二元 Logistic 模型估计结果

变量名	回归结果(1)		回归结果(2)	
	系数	边际效应	系数	边际效应
xw	-0.349 (0.283)	-0.065 (0.052)	-0.358 (0.286)	-0.065 (0.051)
yb	1.792*** (0.608)	0.332*** (0.107)	1.605*** (0.609)	0.292*** (0.106)
zc	0.347 (0.317)	0.064 (0.058)	0.251 (0.319)	0.046 (0.058)
sz	0.728*** (0.276)	0.135*** (0.048)	0.799*** (0.279)	0.145*** (0.047)
shf	2.181*** (0.478)	0.404*** (0.072)	2.128*** (0.486)	0.387*** (0.073)

续表

变量名	回归结果(1)		回归结果(2)	
	系数	边际效应	系数	边际效应
my	−1.148*** (0.298)	−0.213*** (0.049)	−1.262*** (0.305)	−0.230*** (0.047)
zg	0.114 (0.338)	0.021 (0.063)	0.705** (0.326)	0.128** (0.057)
常数	−1.672** (0.671)		−1.546** (0.669)	
Pseudo R^2	0.209		0.220	
观测值	311	311	311	311

注:(1)括号内数值为稳健标准误;(2)*、** 和*** 分别代表10%、5%和1%的显著性水平。

从企业自身特征来看,与小规模纳税人相比,一般纳税人税负压力上升的概率要高出33.2%,主要原因在于一般纳税人适用的税率相对较高,享受的税收优惠较少,尤其是增值税进项税额难以做到"应抵尽抵"。

从税制因素来看,认可"死亡税负"的企业税负压力上升的概率高出13.5%。表明现行税制设计本身偏重是导致制造业企业税负压力的重要诱因,这与调查中部分企业反映税种数量多、税率高、税收优惠少等税制因素导致税负压力的事实相吻合。

从税收政策来看,对税务机关落实税收优惠政策的力度和效果表示满意的制造业企业税负压力上升的概率会下降21.3%,表明税收优惠政策落实到位是减轻企业税负压力的重要举措。值得注意的是,认为涉企收费负担重的制造业企业税负压力上升的概率会高出40.4%,表明涉企收费对企业税负压力影响比较显著,一方面是因为企业对税和费存在认知偏差,另一方面涉企收费弱化了企业盈利能力,放大了税负对企业的边际影响。

从税收征管来看,税务机关税收征管力度(zg)的系数及边际效应的符号虽然符合预期,但在统计上不够显著,与前文的实证结果不太相符。可能的一个原因是,311 家受访企业中,反映税收征管力度加大的企业多达254 家,而持有相反观点的企业仅 57 家,两种情形下的样本企业数量比较悬殊,进而可能影响变量系数在统计上的显著性。为此,笔者适当调整了税务机关税收征管力度(zg)的赋值规则,如果企业认为税务机关税收征管"明显加强",则 zg 赋值为 1,否则赋值为 0。改变税收征管力度赋值规则后,再次对模型进行估计,实证结果如表 6-22 回归结果(2)所示。此时,认为税收征管力度明显加强的制造业企业税负压力上升的概率会高出 12.8%,表明税收征管加强是引致企业税负压力上升的重要因素。

四、进一步讨论

近年来,从中央到地方出台了系列减税降费政策,如果这些减税降费落实到位,制造业企业切实能从中感受到税负下降,并对减税降费政策的减负效果产生较高的认同度和满意度,则制造业企业税负压力有望得以缓解。为了检验上述推论,在前述二元 Logistic 模型中加入制造业企业对近年来政府减税降费政策减负效果的满意度(my)这一变量①,运用 2019 年 9—11 月获取的问卷调查数据,实证考察这种满意度对制造业企业税负压力的影响(见表 6-23)。

表 6-23 二元 Logistic 模型估计结果

变量名	回归结果(1)		回归结果(2)	
	系数	边际效应	系数	边际效应
xw			−0.604 (0.424)	−0.092 (0.063)
yb			1.378 *** (0.382)	0.210 *** (0.054)
ys			0.363 (0.337)	0.055 (0.051)
yc			1.038 *** (0.290)	0.159 *** (0.041)

---

① 考虑到制造业企业对减税降费政策减负的满意度(my)是个较为综合的指标,加入这一变量的同时去除了原模型中的 sf 和 shf 两个变量。

续表

变量名	回归结果(1)		回归结果(2)	
	系数	边际效应	系数	边际效应
lr			−0.618* (0.348)	−0.094* (0.051)
sz			0.059 (0.385)	0.009 (0.059)
sl			1.748*** (0.384)	0.267*** (0.049)
my	−0.491* (0.269)	−0.119* (0.063)	−0.589 (0.371)	−0.090* (0.055)
zg			0.734* (0.377)	0.112** (0.057)
xj			1.459*** (0.480)	0.223*** (0.070)
常数	−0.062 (0.176)		−4.102*** (0.956)	
Pseudo R^2	0.011		0.316	
观测值	234	234	234	234

注:(1)括号内数值为稳健标准误;(2)*、** 和 *** 分别代表 10%、5%和1%的显著性水平。

由表6-23不难看出,无论是否控制其他变量,制造业企业对减税降费政策减负效果的满意度与制造业企业税负压力呈反向关系。以回归结果(2)为例,对减税降费政策的减负效果表示满意的企业税负压力上升的概率会下降9.0%。由此可见,落实好减税降费政策,提升制造业企业对减税降费政策减负效果的满意度是减轻制造业企业税负压力的重要途径。但基于对234家制造业企业的问卷调查显示,在问及企业对近年来各级政府出台的减税降费政策减税效果的满意度时,表示"非常满意"和"比较满意"的企业占比分别仅为6.4%和38.0%,另外51.7%的企业表示"一般",还有3.9%的企业表示"不太满意"和"非常不满意"。那么,究竟哪些因素制约了制造业企业对减税降费政策减负效果的满意度?为了回答这一问题,进一步运用二元Logistic模型对减税降费政策减负效果满意度的影响因素进行实证检验。结合理论分析与现实情况,将满意度的影响因素归纳为五类:一是企业自身特征,包括企业规模(xw)、增值税纳税人身份(yb)、企业经营状况(jy)、现金流充裕程度(xj)、对减税降费政策了解程度(lj);二是税制因素,包括税种数量(sz)和税率(sl);三是实施减税降费政策后企业税负及费负变化,包括2019年减税降费政策引致的税负变化(sf)和2019年减税降费政策引致的涉企收费变化($shf1$);四是征管因素,用税务机关税收征管力度的变化(zg)度量。各个变量的基本特征如表6-24所示。

表6-24 变量的描述性统计

变量名	变量定义	最小值	最大值	均值	标准差
企业对减税降费政策减负的满意度(my)	非常满意或比较满意,则 my=1;一般或不满意,则 my=0	0	1	0.432	0.496
企业规模(xw)	小微企业,则 xw=1;其他企业,则 xw=0	0	1	0.761	0.428
增值税纳税人身份(yb)	一般纳税人,则 sf=1;小规模纳税人,则 sf=0	0	1	0.573	0.496
经营状况(jy)	良好,则 jy=1;一般,则 jy=2;亏损,则 jy=3	1	3	1.859	0.669
企业对减税降费政策的了解程度(lj)	非常了解或比较了解,则 lj=3;一般了解,则 lj=2;不太了解或完全不了解,则 lj=1	1	3	2.171	0.684
税种数量(sz)	企业认为数量过多,则 sz=1;其他,则 sz=0	0	1	0.342	0.475
税率(sl)	企业认为税率过高,则 sl=1;其他,则 sl=0	0	1	0.355	0.479
2019年减税降费政策引致的税负变化(sf)	明显降低或有所降低,则 sf=1;基本未变或不降反升,则 sf=0	0	1	0.603	0.490
2019年减税降费政策引致的涉企收费变化(shf1)	明显降低或有所降低,则 shf1=1;基本未变或不降反升,则 shf1=0	0	1	0.406	0.492
税务机关税收征管力度变化(zg)	明显加强或有所加强,则 zg=1;基本未变或有所下降,则 zg=0	0	1	0.615	0.488

变量名	变量定义	最小值	最大值	均值	标准差
现金流充裕程度(xj)	缴纳税款时经常出现现金流紧张,则 xj=1;缴纳税款时偶尔或从未出现现金流紧张,则 xj=0	0	1	0.179	0.385

对二元 Logistic 模型进行估计得到的实证结果如表6-25 所示。

表 6-25 二元 Logistic 模型估计结果

变量名	系数	边际效应
xw	0.084 (0.448)	0.014 (0.072)
yb	0.095 (0.411)	0.015 (0.066)
jy	−0.659** (0.259)	−0.106*** (0.040)
lj	0.704** (0.289)	0.114** (0.045)
xj	−0.759* (0.408)	−0.123* (0.064)
sz	−0.786** (0.346)	−0.127** (0.056)
sl	−0.477 (0.403)	−0.077 (0.065)
shf1	0.759* (0.395)	0.123** (0.063)
sf	0.979** (0.396)	0.158*** (0.061)
zg	1.159*** (0.356)	0.187*** (0.055)
常数	−1.832* (1.002)	
Pseudo R^2	0.286	
观测值	234	234

注:(1)括号内数值为稳健标准误;(2)*、** 和 *** 分别代表 10%、5%和 1%的显著性水平。

根据表 6-25 显示的模型估计结果可以得到如下结论：

(1)制造业企业自身的某些特征对于企业对减税降费政策减负效果的满意度具有显著影响。在反映制造业企业自身特征的因素中,企业经营状况(jy)、企业对减税降费政策的了解程度(lj)及企业现金流充裕程度(xj)与企业对减税降费政策减负效果的满意度在统计上显著相关。具体来看,企业经营状况改善一个等级,则企业对减税降费政策减负效果表示满意的概率会上升 10.6%,主要原因在于,企业所得税优惠政策与企业经营状况息息相关,经营效益较好的企业能够更充分地享受到企业所得税优惠政策的减税红利。企业对减税降费政策的了解程度提升一个等级,则企业对减税降费政策减负效果表示满意的概率会上升 11.4%,这是因为对减税降费政策了解程度越高的企业,越有可能对标政策要求去充分享受政府出台的减税降费政策。与现金流相对宽松的企业相比,现金流紧张的企业对减税降费政策减负效果表示满意的概率会下降 12.3%,可能的原因是,即便减税降费减少了企业的应纳税额,但现金流紧张加大了企业支付税款的压力,进而弱化了企业对减税降费政策减负的获得感。

(2)制造业企业税种数量与企业对减税降费政策减负效果的满意度呈现负相关。具体来看,认为税种数量过多的企业对减税降费政策减负效果表示满意的概率会下降 12.7%,表明税种数量多弱化了企业对减税降费政策减负效果的满意度,但近年来的税制改革并未涉及对税种数量的调整。需要注意的是,税率是税制的重要因素,认为税率过高的企业对减税降费政策减负效果表示满意的概率会下降 7.7%,但统计上并不显著,这也在一定程度上表明,尽管部分企业仍感觉税负过高,但近年来税率下调还是让企业感受到了减税降费的红利。

(3)制造业企业税负和费负与企业对减税降费政策减负效果的满意度呈现负相关。具体来看,2019 年实施更大规模减税降费政策后,税负下降的企业对减税降费政策减负效果表示满意的概率会高出 15.8%,费负下降的企业对减税降费政策减负效果表示满意的概率会高出 12.3%，表明企业实际税负和费负的变化是影响企业对减税降费政策减负效果满意度的重要因素。

（4）税务机关的税收征管力度与制造业企业对减税降费政策减负效果的满意度呈现正相关。具体来说，认为税务机关税收征管力度上升的企业对减税降费政策减负效果表示满意的概率会高出 18.7%。这一发现似乎与预期不太吻合，但如果进一步分析税收征管对企业税负的作用机制，或许可以揭示背后的原因。事实上，税务机关税收征管力度加大的一个重要原因是税务机关征税能力的上升，集中体现在以金税三期工程为代表的税收征管信息化水平的提升。金税三期工程对于企业来说可谓一把"双刃剑"，一方面通过提高纳税遵从度加重了企业税负，引发"增税效应"，另一方面，又可促进税收优惠政策落实，有利于推动企业对税收优惠政策"应享尽享"，引发"减税效应"。以小微企业税收优惠为例，税收信息系统可根据企业填报信息自动识别和判断是否符合小型微利企业条件，并根据识别结果自动计算符合条件的小型微利企业的减免税额，大大推动了小微企业税收优惠政策的精准落实。樊勇和李昊楠（2020）[179]的实证研究发现，平均而言，在增值税方面，金税三期工程增加了约 40% 的减免税额，在企业所得税方面，金税三期工程增加了约 18.9% 的税基式减免和 9.4% 的税额式减免，同时降低了 1.2% 的适用税率。而且，现阶段，减税降费已成为税务机关的政治任务，税务机关既要加强税收征管做到税收"应收尽收"，又要坚决落实税收优惠政策让企业"应享尽享"，也就是说，税务机关加强税收征管与落实减税降费可以并行不悖。运用二元 Logistic 模型检验了税务机关税收征管力度对制造业企业享受税收优惠政策便利程度满意度的影响，结果显示，认为税收征管力度的加强企业对享受税收优惠政策便利程度表示满意的概率会高出 30% 以上。概而言之，税务机关税收征管力度的加大有利于同步提升涉企税收优惠政策覆盖面和企业享受税收优惠政策的便利性，让更多企业享受到税收优惠政策的减税红利，厘清了这一点，也就不难理解税务机关税收征管力度缘何提升了企业对减税降费政策减

中国制造业企业税负压力的形成机理及化解路径研究

负效果的满意度。值得注意的是,前文的实证分析发现,税务机关税收征管力度与制造业企业税负压力整体上呈现正相关,表明征管加大对制造业企业引发的"增税效应"大于"减税效应"。

为了检验实证结果的稳健性,进一步运用二元 Probit 模型和 LPM 模型进行了估计,实证结果如表 6-26 所示。对比二元 Logistic 模型、二元 Probit 模型和 LPM 模型的估计结果不难发现,三种情形下的基本结论保持了较好的一致性,表明实证结果比较稳健。基于微观调查数据实证检验制造业企业对减税降费政策减负效果满意度的文献十分少见,与此比较相关的研究是万广南等(2020)[3]基于认知偏差视角考察了减税降费对企业获得感的影响,该项研究发现,市场主体减税降费获得感取决于税收因素和非税因素的共同影响,其中税收负担的降低有利于增强企业减税降费获得感,营业收入增长和融资成本下降倾向于提升企业对减税降费的获得感。

表 6-26　稳健性检验结果

变量名	二元 Probit		LPM
	系数	边际效应	
xw	0.049 (0.250)	0.013 (0.068)	0.048 (0.074)
yb	0.048 (0.233)	0.013 (0.063)	0.007 (0.068)
jy	-0.393*** (0.151)	-0.107*** (0.040)	-0.117*** (0.045)
lj	0.410** (0.164)	0.112*** (0.043)	0.111** (0.048)
xj	-0.439* (0.244)	-0.120* (0.066)	-0.096 (0.062)
sz	-0.490** (0.204)	-0.134*** (0.055)	-0.121** (0.055)
sl	-0.288 (0.232)	-0.079 (0.063)	-0.074 (0.065)
shf1	0.476** (0.232)	0.130*** (0.062)	0.169** (0.076)

续表

变量名	二元 Probit		LPM
	系数	边际效应	
sf	0.573** (0.229)	0.157*** (0.060)	0.167** (0.074)
zg	0.705*** (0.205)	0.193*** (0.053)	0.196*** (0.062)
常数	−1.074* (0.569)		0.175 (0.169)
Pseudo R^2	0.289		
R^2	0.289		0.415
观测值	234	234	234

注:(1)括号内数值为稳健标准误;(2) *、** 和 *** 分别代表10%、5%和1%的显著性水平。

第三节　营改增对制造业企业税负压力的影响考察:基于减税获得感的视角

"获得感"一词近年来非常流行,在《咬文嚼字》杂志发布的"2015年十大流行语"中排名第一。习近平总书记在庆祝改革开放40周年大会上提出,要让人民共享发展成果,有更多、更直接、更实在的获得感、幸福感、安全感。"获得感"在不同领域有着不同的表现,减税获得感旨在考察市场主体有没有从政府的减税举措中切实感受到税负的下降,对减税红利的享受是否充分。2018年8月30日召开的国务院常务会议上,李克强总理强调,落实减税降费要让企业和群众切实有感受。

营改增作为分税制以来最重要的一次税制改革,正是基于实施结构性减税的意图而启动(高培勇,2013)[180],确保所有行业税负只减不增成为营改增的重要目标之一,对包括制造业企业在内的企业税负必将产生深刻影响。自2012年1月1日推行营改增试点改革以来,营改增的减税效果一直是官方和学界关注的焦点。根据 2018 年 3 月 28 日国务院常务会议透露的数据,中国通过营改增累计减税约 2.1 万亿元。然而,官方公布的营改增减税数据虽然亮丽,企业的减税获得感似乎并不十分乐观,社会上有不少声音反映企业对营改增减税的获得感不强(联办财经研究院,2018[181];徐忠,2018[182];马金华等,2021[5]),因此,未来减税降费应着力于提升企业的"获得感"。制造业作为实体经济的主体,本身并非营改增的试点行业,却被认为是营改增的"净受益者"①。不过,许多实证研究发现,营改增对制造业企业的减税效果并不明显。相关资料显示,2009—2011 年间,我国制造业上市公司的实际利润税负为 61.6%,而在开始营改增试点后的 2012—2016 年,制造业上市公司的平均实际利润税负上升至 74.2%(中国企业研究所,2017)[183]。缪桂英(2016)[184]通过对我国装备制造业营改增前后增值税税负情况分析发现,营改增对装备制造业减税效果不显著。李春瑜(2016)[185]基于 1191 家制造业上市公司的实证研究发现,中国制造业税负总体很重,营改增对制造业减负并没有产生显著作用。董根泰(2016)[186]基于浙江省大中型上市公司样本的实证研究也发现,营改增对制造业企业税负没有产生显著影响。这些研究结论恰恰与制造业企业减税获得感不强的现实形成呼应,进而在一定程度上表明,对制造业企业源于营改增的减税获得感不可盲目乐观,不宜笼统地认为所有制造业企业都是营改增的"净受益者"。那么,营改增究竟如何影响了制造业企业的减税获得感?缘何制造业企业对营改增的减税获得感与预期存在偏差?在深入推进供给侧结构性改革和大力推动减税降费的背景下,亟待从理论和实证两个层面对上述问题作出回答。遗憾的是,自中国推行营改增试点改革以来,多数学者侧重研究营改增对试点行业税负的影响,而对于非试点行业尤其是制造业企业税负的关注相对不足,对于营改增对制造业企业减税获

---

① 2017 年 1 月 12 日,全国税务工作会议召开期间,国家税务总局负责人接受记者采访时表示,工业企业是原增值税纳税人,本身不在营改增范围之内。但由于它们取得新扩围企业营改增以后开出的增值税专用发票可以进行抵扣,因此从一定意义上讲,他们是营改增的"净受益者"。

得感的影响机理更是缺乏深入研究。

一、营改增对制造业企业税负及减税获得感的影响机理

如前所述,中国推行营改增试点改革以来,国内多数文献侧重研究营改增对试点行业税负的影响。在相关的影响机理分析中,有学者将营改增对试点企业税负的影响划分为"进项税额的减税效应"和"税率变动的增(减)税效应"(潘文轩,2013)[67]。不过,营改增对制造业企业税负的影响机理有别于服务业企业。唐东会(2016)[187]认为,对于非营改增行业而言,营改增只影响增值税纳税人中一般纳税人,并且当非营改增行业中增值税一般纳税人的中间投入品主要采购于营改增行业的一般纳税人时,减税程度明显大于采购于营改增行业小规模纳税人,同时指出,营改增不仅会影响企业增值税税负的变化,还会涉及其他税种税负的变化,包括城市维护建设税、企业所得税等,这为深化营改增对制造业企业税负影响的研究提供了重要启示。但唐东会(2016)[187]对于营改增对制造业企业税负的影响机理缺乏具体的数理推导,也没有将税收征管因素纳入分析框架,而且,其实证分析与大多数文献类似,仅仅考虑了营改增对企业增值税税负的影响,忽略了营改增对企业城市维护建设税和企业所得税等税种税负的影响,事实上,后者对于分析制造业企业源于营改增的减税获得感同样重要。

在中国现行税制框架下,制造业企业涉及税种数量众多,但直接或间接受营改增影响的税种主要包括增值税、营业税①、城市维护建设税和企业所得税。考虑到营业税在制造业企业税收中占比较低,笔者在考察营改增对制造业税负的影响时将重点关注其对增值税、城市维护建设税和企业所得税三个税种的影响②。另外,增值税的纳税人包括一般纳税人和小规模纳税人,相比

---

① 根据中华人民共和国国务院令第691号,《中华人民共和国营业税暂行条例》已经废止。
② 事实上,营改增对制造业企业综合税负的影响也主要取决于其对制造业企业增值税、城市维护建设税和企业所得税的影响。

之下,一般纳税人增值税的计税规则较后者更加复杂,而且受营改增的影响相对更大,因此,接下来着重考察营改增对一般纳税人制造业企业税负及减税获得感的影响机理。

制造业企业的税负是多重因素综合作用的结果,研究营改增对制造业企业税负的影响必须控制其他因素的干扰,也即在保持其他条件不变的情形下独立考察营改增与制造业企业税负的内在关联,因此,分析过程中需要作出必要的相关假设。假定有一家代表性制造业企业①,实际销售额为 S_0(不含税),营改增前,考虑到部分制造业企业可能会通过不开发票等方式隐瞒销售收入,假设申报的增值税计税销售额为 S_1(不含税),此时,$S_1 \leq S_0$。营改增后,随着税收征管力度的加大,制造业企业隐瞒销售收入的难度提升,申报的增值税计税销售额可能由原来的 S_1 上升为 S_2(不含税)②,与 S_1 相比,S_2 与实际销售额 S_0 更为接近,此时,$S_1 \leq S_2 \leq S_0$。制造业企业的投入通常既包括货物也包括服务,营改增前,只有外购货物的进项税额在抵扣范围之内,而外购服务因其负担营业税没有进项税额可以抵扣。假定 P(不含税)为制造业企业实际外购的允许抵扣进项税额的货物金额,B 为制造业企业外购营改增试点行业服务支付的金额③。税率方面,制造业企业产品适用的增值税税率设为 T,营改增前外购营改增试点行业服务适用的营业税税率设为 δ,外购的允许抵扣进项税额的货物适用增值税税率设为 t_1,营改增后外购营改增试点行业服务适用的增值税税率设为 θ,城市维护建设税税率设为 λ,企业所得税税率设为 φ。

① 为保证分析的一般性,假定该企业生产的产品为非应税消费品。
② 比如,如果制造业企业的下游企业是营改增试点企业,那么,营改增之前,由于该试点企业缴纳的是营业税,无须取得增值税专用发票抵扣进项税额,进而为制造业企业通过不开发票隐瞒收入创造了机会,但营改增后,该试点企业开始缴纳增值税,通常需要索取增值税专用发票抵扣进项税额,进而减少了制造业企业通过不开发票隐瞒收入的机会。
③ 为保持可比性,这里假定制造业企业在营改增前后从营改增试点企业外购服务支付的金额保持不变。实践中,部分营改增试点企业可能会因营改增调整服务的定价,进而影响到制造业企业外购相关服务的成本及其对应的进项税额,此种情形下,制造业企业税负的表达式会有所变化,但结论并未发生实质性变化。

1.营改增对制造业企业增值税及城市维护建设税的影响

由于营改增前制造业企业外购营改增试点行业服务不得抵扣进项税额,只有符合条件的外购货物的进项税额方可抵扣,此时制造业企业的增值税额(VAT_1)为:

$$VAT_1 = S_1 T - Pt_1 \qquad (6\text{-}6)$$

但在营改增后,制造业企业外购的营改增试点行业服务对应的进项税额($\frac{B\theta}{1+\theta}$)允许纳入抵扣范围,此时制造业企业的增值税额(VAT_2)变为:

$$VAT_2 = S_2 T - Pt_1 - \frac{B\theta}{1+\theta} \qquad (6\text{-}7)$$

这样一来,营改增前后制造业企业增值税额的变化量(ΔVAT)为:

$$\Delta VAT = (S_2 - S_1) \times T - \frac{B\theta}{1+\theta} \qquad (6\text{-}8)$$

根据公式(6-8)不难看出,营改增后,如果制造业企业产品适用的增值税税率(T)保持不变,则其增值税额的变化主要取决于两种力量的对比:一是税收征管强度的提升致使制造业企业原本可以隐匿的销售收入浮出水面,形成了营改增对制造业企业增值税的增税效应,增税效应的大小取决于制造业企业在营改增前后所申报增值税计税销售额的差异;二是制造业企业外购营改增试点行业服务支付的进项税额可以抵扣,形成了营改增对制造业企业增值税的减税效应,减税效应的大小取决于制造业企业外购营改增试点行业服务的金额及其适用的增值税税率。营改增对制造业企业增值税额的最终影响取决于增税效应与减税效应的权衡,具体结果可划分为以下三种情形:

(1)如果制造业企业在营改增前纳税遵从度较高,营改增后税收征管强度的提升并未改变制造业企业申报的计税销售额,即 $S_2 = S_1$ 时,$\Delta VAT = -\frac{B\theta}{1+\theta} < 0$,表明制造业企业的增值税额会在营改增后因外购营改增试点行业服务进项税额的抵扣而减少,减少的额度同时取决于制造业企业外购营改增

试点行业服务支付的金额 B 及营改增试点行业服务适用的增值税税率 θ ,在 θ 保持一定时,制造业企业增值税的减税效果与其外购营改增试点行业服务的力度呈正相关。此种情形下,营改增对制造业企业的增值税仅仅表现出了减税效应。

(2)如果制造业企业在营改增前存在一定程度的纳税不遵从,但通过隐匿销售收入偷逃增值税的情节较为轻微,营改增后税收征管强度的提升仅使其申报的增值税计税销售额有小幅增加,即 S_2 略大于 S_1 时,ΔVAT 总体上仍有可能为负,也即制造业企业的增值税额在营改增后有所下降,但减少的力度却因税收征管加强而变小。此种情形下,营改增对制造业企业增值税的增税效应与减税效应并存,但减税效应整体大于增税效应。

(3)如果制造业企业在营改增前存在严重的纳税不遵从,通过隐匿销售收入偷逃增值税的情节比较严重,营改增后税收征管强度的提升导致制造业企业申报的增值税计税销售额大幅增加,即 S_2 远远大于 S_1 时,ΔVAT 总体上将会由负转正,也即制造业企业的增值税额在营改增后不降反增。此种情形下,营改增对制造业企业增值税的增税效应与减税效应并存,但增税效应整体大于减税效应。

由此可见,即便从理论上分析,营改增并不必然会降低制造业企业的增值税税负,其对制造业企业增值税的影响会因企业纳税遵从度及外购营改增试点行业服务进项税额的抵扣情况呈现明显个体差异。总体而言,制造业企业在营改增前后纳税遵从度的一致性越强,可抵扣进项税额的外购营改增试点行业服务金额越大,对增值税的减税获得感相应就越强。

城市维护建设税作为一种附加税,以制造业企业实际缴纳的增值税额为计税依据,由此可知:

营改增前,制造业企业的城市维护建设税额为:

$$CJS_1 = (S_1 T - Pt_1) \times \lambda \qquad (6-9)$$

营改增后,制造业企业城市维护建设税的税额为:

$$CJS_2 = (S_2T - Pt_1 - \frac{B\theta}{1+\theta}) \times \lambda \qquad (6-10)$$

因此,营改增前后制造业企业城市维护建设税的税额变化量为:

$$\Delta CJS = [(S_2 - S_1) \times T - \frac{B\theta}{1+\theta}] \times \lambda \qquad (6-11)$$

考虑到营改增对制造业企业城市维护建设税的影响与增值税十分相似,在此不再赘述。

2. 营改增对制造业企业所得税的影响①

根据现行税法规定,企业所得税的税基是应纳税所得额,实行查账征收企业的应纳税所得额计算公式为:应纳税所得额=收入总额-不征税收入-免税收入-各项扣除-允许弥补的以前年度亏损。营改增不仅可以影响制造业企业的增值税和城市维护建设税,还可通过改变收入总额和相关扣除项目影响制造业企业的企业所得税。

根据前文的相关假设,营改增前,制造业企业的企业所得税额(SDS_1)为:

$$SDS_1 = [S_1 - P - B - (S_1T - Pt_1) \times \lambda - C] \times \varphi \qquad (6-12)$$

公式(6-12)中,C为制造业企业除外购货物支出(P)、外购营改增试点行业服务支出(B)和城市维护建设税(CJS)之外的其他税前扣除项目,φ为制造业企业适用的企业所得税税率。

营改增后,制造业企业的企业所得税额(SDS_2)变为:

$$SDS_2 = [S_2 - P - \frac{B}{1+\theta} - (S_2T - Pt_1 - \frac{B\theta}{1+\theta}) \times \lambda - C] \times \varphi$$
$$(6-13)$$

这样一来,营改增前后制造业企业的企业所得税额变化量为:

$$\Delta SDS = [(S_2 - S_1)(1 - \lambda T) + \frac{\lambda B\theta}{1+\theta} + \frac{B\theta}{1+\theta}]\varphi \qquad (6-14)$$

---

① 考虑到城市维护建设税、教育费附加及地方教育附加的计征原理十分相近,因此,这里仅考虑营改增对城市维护建设税的影响。

根据公式(6-14)容易推断, $\Delta SDS > 0$,这就意味着,营改增后,不论制造业企业申报的增值税计税销售额是否增加,其企业所得税额都将趋于上升,具体来说:

(1)如果制造业企业在营改增前存在较大程度的纳税不遵从,通过隐匿销售收入偷逃税款的情节比较严重,即 $S_2 > S_1$ 时,营改增后企业所得税额的增加主要包括三个原因。一是税收征管强度的提升倒逼制造业企业隐匿的销售收入浮出水面,使得应税收入增加,进而增加了制造业企业的应纳税所得额及其对应的企业所得税;二是制造业企业外购营改增试点行业服务支付的金额在计入成本时需要进行不含税转换,使得税前扣除的成本较营改增前减少,进而增加了应纳税所得额及其对应的企业所得税;三是制造业企业外购营改增试点行业服务抵扣的进项税额相应减少了其负担的城市维护建设税,使得计算应纳税所得额时税前扣除的税金较营改增之前减少,进而增加了制造业企业的应纳税所得额及其对应的企业所得税。

(2)如果制造业企业在营改增前的纳税遵从度较高,营改增后税收征管强度的提升并未明显改变制造业企业申报的计税销售额,即 $S_2 = S_1$ 时,企业所得税额的增加主要缘于第一种情形的后面两个原因。不过,如果制造业企业外购营改增试点行业服务的力度较小,也即公式(6-14)中的 B 较小时,制造业企业的企业所得税额将不会发生显著变化。

根据营改增对制造业企业所得税的影响机理不难看出,在其他既定的条件下,营改增倾向于抬高制造业企业所得税,进而可能弱化制造业企业对营改增的减税获得感。

3.营改增对制造业企业税负的综合影响

如前所述,营改增对制造业企业税负的影响主要体现在增值税、城市维护建设税和企业所得税三个税种,但对三个税种的影响方向和程度不尽相同。根据公式(6-8)、(6-11)和(6-14)可以推算,营改增前后三个税种税额的累计变化量(ΔTAX)如下:

$$\Delta TAX = (S_2 - S_1)(T + \lambda T + \varphi - \lambda T\varphi) - \frac{B\theta(1 + \lambda)(1 - \varphi)}{1 + \theta}$$

$$(6-15)$$

结合公式(6-15)不难发现,营改增后,在相关税种的税率保持不变时,制造业企业综合税负的变化主要取决于两种力量的对比:一是税收征管强度的提升致使制造业企业原本可以隐匿的销售收入浮出水面,形成了营改增对制造业企业税负的增税效应,增税效应的大小取决于制造业企业在营改增前后所申报计税销售额的变动情况;二是制造业企业外购营改增试点行业服务支付的进项税额可以抵扣,形成了营改增对制造业企业税负的减税效应,减税效应的大小取决于制造业企业外购营改增试点行业服务的金额及其适用的增值税税率。具体而言,营改增后,制造业企业的综合税负变化主要包括以下三种情形:

(1)如果制造业企业在营改增前纳税遵从度较高,营改增后税收征管强度的提升并未改变制造业企业申报的计税销售额,即 $S_2 = S_1$ 时,ΔTAX $= -\dfrac{B\theta(1 + \lambda)(1 - \varphi)}{1 + \theta} < 0$。这表明,在相关税种税率保持不变时,制造业企业的综合税负会在营改增后因外购营改增试点行业服务进项税额的抵扣而下降。此种情形意味着营改增对制造业企业的综合税负仅仅产生了减税效应,制造业企业对营改增的减税获得感理应较强。当然,如果制造业企业外购营改增试点行业服务的力度较小,也即 B 较小时,ΔTAX 随之减小,此时制造业企业对营改增的减税获得感将随之趋弱。

(2)如果制造业企业在营改增前存在一定程度的纳税不遵从,但通过隐匿销售收入偷逃税款的情节较为轻微,营改增后税收征管强度的提升导致制造业企业申报的计税销售额仅有小幅增加,即 S_2 略大于 S_1 时,ΔTAX 仍有可能为负,也即制造业企业的综合税负在营改增后会因外购营改增试点行业服务进项税额的抵扣而下降,下降的力度却因税收征管加强而减小。此种情形意味着营改增对制造业企业综合税负的增税效应和减税效应并存,但减税效应整体大于增税效应,制造业企业对营改增虽有减税获得感但可能并不明显。

(3)如果制造业企业在营改增前存在严重的纳税不遵从,通过隐匿销售收入偷逃税款的情节比较严重,营改增后因税收征管强度提升导致制造业企业申报的计税销售额大幅增加,即 S_2 远远大于 S_1 时,ΔTAX 很有可能转负为正,也即制造业企业的综合税负在营改增后不降反增。此种情形意味着营改增对制造业企业综合税负的增税效应与减税效应并存,但增税效应整体大于减税效应,制造业企业对营改增的减税获得感将出现缺失。

4.进一步讨论

依照前文的分析逻辑,总体而言,制造业企业在营改增前后纳税遵从度的一致性越强,可抵扣进项税额的外购营改增试点行业服务金额越大,相应的减税获得感就越强。而制造业企业的纳税遵从度与税收征管强度息息相关,从理论上分析,税收征管强度的提升有利于提高制造业企业的纳税遵从度(毛德凤和刘华,2017)[188]。自 2012 年 1 月 1 日营改增开始试点至今,中国税收征管环境整体趋严,税收征管强度趋于上升,主要表现在三个方面。其一,营改增打通了增值税抵扣链条,充分利用了增值税制度设计的独特优势,有利于税务机关及时准确地掌握企业的税收征收和监管,倒逼企业遵从税法,采取科学、透明的税收核算方式(毛德凤和刘华,2017)[188]。其二,营改增作为一项重要的税制变迁,短期内对政府的税收收入带来一定冲击,再加之新常态下中国经济增速放缓对税收增长的抑制效应,政府收支压力日益凸显,加强税收征管,严格依法治税,做到应收尽收,成为政府应对收支压力的现实选择。陈晓光(2016)[189]的实证研究发现,地方财政压力加大时,增值税和企业所得税的税收征管强度都会增强。其三,随着金税三期的全面上线和持续升级、"互联网+税务"行动的深入开展、大数据在税收征管中的广泛应用以及国地税的深度合作与合并,我国税收征管体制和技术手段日益完善,为及时发现和查处各类涉税违法行为提供了良好条件,极大地推动了税收征管水平的提升,进而有利于提高企业的纳税遵从度,企业偷逃税款的空间越来越小,税负压力开始显现,进而弱化了制造业企业对营改增的减税获得感。由此笔者提出以下两个假设:

　　假设Ⅰ:营改增引致的税收征管强度提升倾向于弱化制造业企业对营改增的减税获得感。

　　假设Ⅱ:外购营改增试点行业服务力度与制造业企业对营改增的减税获得感呈正相关。

需要说明的是,前文主要是以一般纳税人制造业企业为研究对象,如果制造业企业属于小规模纳税人,不论其外购货物还是营改增试点行业服务,对应的进项税额在营改增前后均不得抵扣,因此,其税负水平通常不会因营改增发生明显变化。但如果制造业企业的下游企业属于营改增试点行业的一般纳税人,营改增后,这些企业为了增加进项税额抵扣,可能会要求小规模纳税人制造业企业开具增值税专用发票,从而使得这些制造企业通过不开发票隐瞒销售收入的难度加大,税负重感可能会因此有所增强①。

二、营改增对制造业企业减税获得感影响的实证分析

1.营改增后制造业企业减税获得感的现状分析

实证考察营改增对制造业企业减税获得感的影响时所需数据来源有二:一是H市国家税务局2017年6—7月针对该市107家制造业企业开展的问卷调查;二是笔者与H市税务局于2018年6—7月针对311家制造业企业联合开展的问卷调查。两次问卷调查的对象均以一般纳税人为主,既涉及传统制造业企业,也涵盖高技术制造业企业和先进制造业企业;既包括外资企业和内资企业,也涵盖国有企业和民营企业。总的来看,样本企业的类型呈现多元化,具有较强的代表性。

---

　　①　考虑到实证分析涉及的样本企业基本都属于增值税一般纳税人,基于数据限制,后文的实证检验将不再单独考察营改增对增值税小规模纳税人减税获得感的影响。

H市国家税务局2017年7月针对该市107家制造业企业的问卷调查设计了如下问题:贵企业对当前的税负满意吗? 答案包括非常满意、比较满意、一般、不满意和非常不满意五个选项。同时,为了进一步了解受访制造业企业对营改增减税效果的评价,问卷还设计了如下问题:"营改增"后贵企业整体税负变化情况? 样本企业的回答见表6-27。

表6-27　107家制造业企业对税负的感受　　　　　单位:家、%

制造业企业对税负的满意度			制造业企业对营改增前后税负变化的感知		
选项	频数	频率	选项	频数	频率
非常满意	0	0.0	明显下降	1	0.9
比较满意	34	31.8	略有下降	25	23.4
一般	62	57.9	基本不变	76	71.0
不满意	10	9.4	略有上升	4	3.8
非常不满意	1	0.9	明显上升	1	0.9
合计	107	100	合计	107	100

通过表6-27可以看出,营改增后制造业企业对税负的满意度并不乐观,仅有31.8%的企业对自身的税负表示"比较满意",高达57.9%的企业表示"一般",还有10.3%的企业表示"不满意"和"非常不满意"。有研究认为,营改增作为一项重要的税制改革,具有改在服务业、减税利益外溢至工商业特点,减税外溢效应明显(上海财经大学公共政策与治理研究院,2017)[190]。按照这一逻辑,制造业企业作为营改增的受益者,对营改增的减税获得感理应较强。但H市税务局针对制造业企业的抽样调查数据并不完全支持上述推断。具体来看,针对107家制造业企业的税收调查结果显示,仅有24.3%的样本企业感受到税负下降,其中感受到税负明显下降的样本企业仅占0.9%,还有4.7%的样本企业认为税负不降反增,高达71.0%的样本企业反映税负在营改增前后基本未变。

笔者联合H市税务局于2018年6—7月开展的问卷调查中,当问及样本企业对自身税负的感受时,53.4%的企业表示"非常重"或"比较重",44.4%

的企业表示"一般",仅有 2.3% 的企业表示"比较轻"。而在问及样本企业对营改增前后税负变化的感受时,仅有 22.8% 的企业表示税负下降,其中感到税负明显下降的企业仅占 1.9%,还有 10.6% 的企业认为税负不降反增,高达 66.6% 的企业反映自身税负在营改增前后基本未变(见表6-28)。不难看出,制造业企业对营改增的减税获得感与官方公布的制造业企业减税数据以及许多学者对营改增的减税预期并不十分契合,背后原因有待进一步探究。

表6-28　311 家制造业企业对税负的感受　　　　　单位:家、%

制造业企业对税负的满意度			制造业企业对营改增前后税负变化的感知		
选项	频数	频率	选项	频数	频率
非常轻	0	0.0	明显下降	6	1.9
比较轻	7	2.3	略有下降	65	20.9
一般	138	44.4	基本不变	207	66.6
比较重	119	38.3	略有上升	29	9.3
非常重	47	15.1	明显上升	4	1.3
合计	311	100	合计	311	100

2.营改增对制造业企业减税获得感影响的实证检验

为进一步考察营改增对制造业企业减税获得感的影响,构建 Binary Logistic 模型,利用 H 市 107 家制造业企业的税收调查数据[1],对二者关系进行实证检验。模型形式如下:

$$\ln\left[\frac{p(y)}{1-p(y)}\right] = \beta_0 + \beta_1 zg_i + \beta_2 fw_i + \beta_3 dk_i + \beta_4 kh_i + \beta_5 gys_i + \beta_6 yl_i$$

$$+ \beta_7 age_i + \beta_8 qy_i + \varepsilon_i \qquad (6\text{-}16)$$

其中,y 代表制造业企业对营改增的减税获得感,如果制造业企业感受到营改增后税负下降,则取值为 1,否则取值为 0。zg、fw 和 dk 为模型的核心解释变量,其中,zg 代表制造业企业对税收征管强度的感知,如果制造业企业认

---

①　由于针对惠州市 311 家制造业企业的抽样调查缺乏企业外购营改增试点行业服务及其进项税额抵扣的关键信息,故实证分析未能采用此次调查数据。

为营改增后税收征管加强,则取值为1,否则取值为0;fw 和 dk 分别代表制造业企业对营改增试点行业服务的购买及其进项税额抵扣情况。考虑到制造业企业减税获得感影响因素的多样性,进一步控制了制造业企业的下游客户(kh)及上游供应商(gys)中增值税一般纳税人的比重、营改增后盈利能力的变化(yl)、企业年龄(age)、企业类型(qy)等变量,ε 为随机误差项。各个变量的基本特征如表6-29所示。

表6-29　变量描述统计

变量名称	变量含义	变量赋值	最小值	最大值	均值	标准差
y	税负变动情况	税负下降,则 y = 1,否则 y = 0	0	1	0.243	0.431
zg	税收征管强度变动情况	认同营改增后偷逃税款难度加大,则 zg = 1;否则 zg = 0	0	1	0.796	0.405
fw	外购服务频率	经常外购,则 fw = 3,偶尔外购,则 fw = 2,从不外购,否则 fw = 1	1	3	2.374	0.591
dk	外购服务进项税额抵扣力度	全部抵扣,则 dk = 4;大部分抵扣,则 dk = 3;小部分抵扣,则 dk = 2;不能抵扣,则 dk = 1	1	4	3.000	0.687
age	企业年龄	按实际值赋值	2	31	6.432	15.140
gx	企业类型	高新技术企业,则 gx = 1,非高新技术企业,则 gx = 0	0	1	0.355	0.481
kh	下游客户中增值税一般纳税人比重	20%以下,则 kh = 1,20%—40%,则 kh = 2;40%—60%,则 kh = 3,60%—80%,则 kh = 4;80%—100%,则 kh = 5	1	5	4.333	1.214
gys	上游供应商中增值税一般纳税人比重	20%以下,则 gys = 1,20%—40%,则 gys = 2;40%—60%,则 gys = 3,60%—80%,则 gys = 4;80%—100%,则 gys = 5	1	5	4.566	0.817
yl	营改增后盈利能力的变化	盈利能力提升,则 yl = 1;盈利能力下降,则 yl = 0	0	1	0.308	0.464

对 Binary Logistic 模型进行估计得到表6-30所示实证结果。需要注意的是,Binary Logistic 模型回归结果中,系数本身的绝对值本身一般难以解释,并无特定的经济含义,只有系数的符号及其在统计上的显著性有一定参考价值,

如果要刻画解释变量对被解释变量的具体影响,需要进一步估计模型解释变量的边际效应①(见表6-30)。

表6-30　制造业企业减税获得感的 Binary Logistic 模型估计结果

	回归结果 Ⅰ		回归结果 Ⅱ	
	回归系数	边际效应	回归系数	边际效应
zg	−0.830 (0.542)	−0.142 (0.089)	−0.985* (0.606)	−0.145* (0.085)
fw	0.913** (0.446)	0.156** (0.072)	1.340*** (0.526)	0.197*** (0.070)
dk	−0.246 (0.390)	−0.042 (0.066)	−0.524 (0.437)	−0.023 (0.057)
kh			0.217 (0.276)	0.032 (0.040)
gys			−0.158 (0.390)	−0.023 (0.057)
yl			1.355** (0.568)	0.199*** (0.075)
age			−0.070 (0.044)	−0.010* (0.006)
qiye			0.706 (0.567)	0.104 (0.081)
常数	−2.015 (1.570)		−2.054 (2.358)	
LR chi2	7.14*		20.47***	
伪 R^2	0.063		0.180	
观测值	103	103	102	102

注:(1)括号内数值为标准误;(2)*、**、*** 分别表示在10%、5%、1%的显著水平下显著。

可以看出,无论是否控制其他变量影响,核心解释变量的系数符号都保持了一致。考虑到回归结果Ⅱ控制了其他变量影响,实证结果更具说服力,接下

①　边际效应是从已有拟合模型结果中计算出来的统计量,该数值表示解释变量的变化对被解释变量变化的影响作用的大小。此处计算的边际效应是平均边际效应,由于 logit 曲线是 S 形的,各点的边际效应不同,平均边际效应实际上就是各点边际效应的平均值。

来以回归结果Ⅱ进行相关分析,具体结论如下:

(1)税收征管强度与制造业企业对营改增的减税获得感呈负相关。具体来看,税收征管强度(zg)的系数为负,边际效应为-0.145,并且均在10%的显著性水平下显著。在控制其他因素影响时,认为营改增后税收征管加强的制造业企业感受到税负下降的概率会降低14.5个百分点,意味着制造业企业对营改增的减税获得感在一定程度上因营改增后税收征管的加强而趋弱,假设Ⅰ得到验证。这一实证结果有助于解释为何现实中部分制造业企业在营改增后没有产生应有的减税获得感。H市税务局于2017年7月针对107家制造业企业的问卷调查涉及了如下问题:通常认为,营改增打通了增值税抵扣链条,企业逃税的难度加大,您认可这种说法吗? 调查结果显示,82家企业对此表示认同,占比高达76.6%。在2018年6—7月针对311家制造业企业的税收抽样调查中,当问及制造业企业对税收征管力度变化的感受时,254家样本企业认为税收征管较之过去"明显加强"或"有所加强",占比高达81.7%,并且,162家受访企业表示,如果完全按照税法规定如实纳税将难以生存,占比高达52.1%,这在一定程度上表明,部分制造业企业在现实中很可能通过选择不完全纳税遵从的方式维系着自身生存。营改增引致的税收征管强度提升提高了制造业企业的纳税遵从度,缩小了企业偷逃税款的空间,进而弱化了制造业企业对营改增的减税获得感。当然,营改增后,各地税务机关的税收征管强度客观上不尽相同,由此导致制造业企业的纳税遵从度呈现出个体差异,进而影响到制造业企业对营改增减税获得感的差异。具体来说,如果制造业企业能够严格做到依法纳税,在营改增前后的纳税遵从度并未受到税收征管强度的影响,则其减税获得感倾向于提升,但如果制造业企业在营改增后因税收征管强度加大而提升了纳税遵从度,则其减税获得感倾向于下降。

(2)外购营改增试点行业服务的频率(fw)系数为正,边际效应为0.197,并且均在1%的显著性水平下显著,表明外购营改增试点行业服务的频率与制造业企业的获得感呈正相关。具体来说,在同等其他条件下,制造业企业外购营改增试点行业服务的频率增加一个单位,其感受到税负下降的概率会提升 19.7 个百分点,假设 Ⅱ 得到验证。这一实证结果同样有助于解释为何现实中部分制造业企业在营改增后没有产生应有的减税获得感。从外购营改增试点行业服务进项税额的抵扣情况来看,由于中国制造业企业的转型升级正处于爬坡过坎的关键阶段,传统的生产型制造业企业占比较高,服务型制造业企业的比重相对偏低,而在制造业企业的全部要素投入中,服务要素占比不高,多数企业外购服务的力度不足。H 市税务局针对 107 家制造业企业的税收调查数据显示,仅有 46 家企业表示经常外购营改增试点行业服务,占比为 43.0%,54 家企业表示偶尔会外购营改增试点行业服务,占比达 50.5%,而在 46 家经常外购营改增试点行业服务的制造业企业中,外购服务支出占全部外购支出比重在 20% 以下的占 78.3%,在 54 家偶尔外购营改增试点行业服务的制造业企业中,外购服务支出占全部外购支出比重在 20% 以下的占 90.4%。与此同时,在全部 107 家制造业企业中,95.3% 的企业表示营改增后外购营改增试点行业服务的力度基本没有变化。服务要素投入不足无疑会在一定程度上弱化外购营改增试点行业服务进项税额抵扣机制对制造业企业税负的抵减作用,进而影响了制造业企业对营改增的减税获得感。需要注意的是,外购营改增试点行业服务进项税额的抵扣力度(dk)系数为负,并且在统计上并不显著,似乎与预期不太一致,究其原因主要有两种可能:其一,正如前面的理论分析所示,外购营改增试点行业服务抵扣力度的增加虽然有利于减少制造业企业的增值税及其对应的城市维护建设税,但由于增值税是价外税,在外购服务支付金额一定的情况下,进项税额抵扣的增加减少了计入成本的金额,从而增加了应纳税所得额及其对应的企业所得税,弱化了制造业企业的减税获得感。其二,多数制造业企业外购营改增试点行业服务的规模较小,也在一定程度上弱化了外购服务进项税额抵扣力度变化对企业税负的影响。

在各项控制变量中,制造业企业盈利能力的变化(yl)与制造业企业对营改增的减税获得感呈现正相关,边际效应为 0.199,并且在统计上均十分显著,具体来说,在同等其他条件下,营改增后盈利能力出现提升的制造业企业感受到税负下降的概率会提升 19.9 个百分点,原因在于,制造业企业的盈利能力越强,其对税负的承受能力相应越强,对应的税负重感随之下降。

由于营改增对制造业企业增值税的影响最为直接,而且这也是学界和官方关注的重点,为此,进一步检验了营改增对制造业企业增值税减税获得感的影响,实证结果见表 6-31。

表 6-31   制造业企业增值税减税获得感的 **Binary Logistic** 模型估计结果

	回归结果 I		回归结果 II	
	回归系数	边际效应	回归系数	边际效应
zg	−0.630 (0.563)	−0.136 (0.119)	−0.453 (0.606)	−0.089 (0.118)
fw	1.083 ** (0.394)	0.233 *** (0.072)	1.144 *** (0.420)	0.225 *** (0.070)
dk	0.317 (0.324)	0.068 (0.069)	0.300 (0.352)	0.059 (0.069)
kh			−0.670 ** (0.306)	−0.132 ** (0.056)
gys			0.287 (0.387)	0.057 (0.076)
yl			0.410 (0.507)	0.081 (0.099)
age			0.006 (0.039)	0.001 (0.008)
qiye			0.332 (0.505)	0.066 (0.099)
常数	−2.653 (1.395)		−1.582 (2.171)	
LR chi2	12.09 ***		21.03 ***	
伪 R^2	0.088		0.155	
观测值	101	101	100	100

注:(1)括号内数值为标准误;(2) *、**、*** 分别表示在 10%、5%、1% 的显著水平下显著。

可以看出,税收征管强度(zg)的系数为负,边际效应为 −0.089,表明税收征管强度与制造业企业对增值税的减税获得感呈负相关,与理论预期吻合,但在统计上不太显著,可能的一个原因是实证分析涉及的 107 家制造业企业多数是 H 市的重点税源企业,纳税遵从度相对较高,营改增后税收征管加强对其纳税遵从度的边际影响相对较小①。外购营改增试点行业服务频率(fw)的系数为正,边际效应为 0.225,并且在统计上均十分显著,表明制造业企业外购营改增试点行业服务频率与其增值税减税获得感呈正相关,具体来说,在其他条件既定情况下,制造业企业外购营改增试点行业服务的频率增加一个单位,则其感受到增值税税负下降的概率会提升 22.5 个百分点,与理论分析一致。外购营改增试点行业服务进项税额的抵扣力度(dk)系数为正,边际效应为 0.059,表明外制造业企业外购营改增试点行业服务进项税额抵扣力度与其增值税减税获得感呈正相关,符合理论预期,但统计上不太显著,可能的原因如前所述,多数制造业企业外购营改增试点行业服务的规模相对较小,从而导致外购服务进项税额抵扣力度变化对企业增值税减税获得感的影响趋弱。在其余的控制变量中,下游客户中增值税一般纳税人的比重(kh)系数在统计上显著为负,边际效应为-0.132,并且在 5% 的显著性水平下显著,具体而言,在其他条件既定情况下,制造业企业的下游客户中增值税一般纳税人的比重上升一个单位,制造业企业感受到税负下降的概率会降低 13.2 个百分点,主要原因在于,一般纳税人在采购货物时,通常需要供应商开具增值税专用发票作为进项税额抵扣凭证,营改增打通了所有产业的增值税抵扣链条,环环相扣的增值税抵扣机制对相关交易主体形成了制约,制造业企业下游客户中的增值税一般纳税人比重越高,其通过不开发票偷逃税款的难度相应越大,从而弱化了企业对营改增的减税获得感。

---

① 当然也可能与样本企业中认为营改增后税收征管强度不变或下降的企业数量偏少有关。

第七章 进一步讨论:增值税缘何引致制造业企业税负压力?

增值税在世界范围内是一个颇受青睐的税种。自1954年法国率先开征增值税以来,短短几十年内,这一税种因其独特优势迅速风靡全球,迄今为止,至少160余个国家开征了增值税。中国的增值税历经试点、确立、转型和扩围四个阶段后,成为名副其实的第一大税种。2021年,国内增值税收入达到63519亿元,占全部税收收入比重为36.8%,如果考虑到进口环节增值税,则增值税占全部税收收入比重超过40%。对于制造业而言,增值税对税收收入的贡献更是其他税种无法媲美。2019年,制造业国内增值税占制造业国内税收收入的比重为45.3%,占比在制造业各项税种中排名第一,较排名第二的企业所得税占比高出28.0个百分点。在中国现行税制架构下,企业无疑是缴纳增值税的主力,但对于增值税是否构成企业的实际负担,学术界一直存在较大争议。普华永道和世界银行联合发布的《世界纳税报告》中,总税收和缴费率指标涉及的税费总额在我国主要包括企业所得税、雇主缴纳的社保和住房公积金、土地增值税、房产税、城市维护建设税、教育费附加等税费,不包括由公司扣缴但不负担的税费,如个人所得税和由个人缴纳的社保部分以及可转嫁的增值税等。然而,前文的问卷调查结果显示,对于多数受访制造业企业来说,作为价外税的增值税恰恰是其税

258

负重感最为强烈的税种。接下来进一步分析制造业企业增值税税负压力的
形成机理。

如前所述,税负压力实际上是因纳税人实际承担的税负超过了自身所能
承受的边界进而产生的一种不舒适感,税负压力的大小既取决于企业实际承
担了多少税负,也取决于企业对税负的承受能力。张瑶和朱为群(2017)[94]
的研究认为,近年来中国企业税负"痛感"凸显,究其原因,是企业税负增长以
及伴随经济下行而来的多种因素交织的结果。就增值税而言,应纳增值税额
不能作为判断纳税人税负的标准(王冬生,1996)[191],研究制造业企业增值税
的税负压力不能单纯关注增值税是否由企业直接缴纳,而应同时着眼于以下
两个层面:一是增值税是否通过挤压企业利润加大了制造业企业的盈利压力;
二是增值税是否通过对制造业企业资金占用加大了企业的支付压力(见图
7-1)。无论基于理论分析还是现实情况看,增值税均可通过加大制造业企业
盈利压力和支付压力加大企业的税负压力。

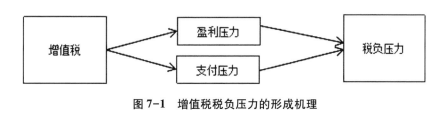

图7-1　增值税税负压力的形成机理

第一节　增值税与制造业企业税负压力:
利润挤压视角

经济学中,利润动机是支配企业行为的核心力量。企业作为营利性组织,
追求利润是其首要选择(李炜光和臧建文,2017)[97]。从理论上分析,一个税
种是否构成企业的实际负担并引发企业的税负压力,最基本的评判标准在于
该税种是否对企业利润形成明显挤压,让企业的盈利水平受到威胁。在核算

企业利润过程中,企业缴纳的各项税收的扣除形式不尽相同。其中,部分税种的税款计入"税金及附加"直接在发生当期扣除,部分税种的税款通过计入资产成本间接地在以后各期分摊扣除。不论是直接扣除还是间接扣除,上述税种对应的税款均会直接影响企业损益,从而构成企业的实际负担。增值税作为一种价外税,本身没有列入企业利润表,并不直接影响企业利润,但这并不意味着增值税与企业利润无关。结合营业利润表达式来看,增值税对企业利润的影响渠道是多元的,既可能通过减少营业收入降低营业利润,也可能通过增加营业成本、期间费用和税金及附加等支出减少营业利润,进而形成企业的实际负担并引发企业税负压力(见图7-2)。

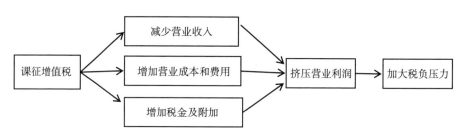

图7-2 增值税对企业利润的影响机理

一、增值税通过减少销售收入挤压制造业企业利润

在传统的增值税分析框架下,通常假定增值税是完全的价税分离,增值税并不直接影响企业损益。然而,上述分析隐含着一个重要假设,即增值税进项税额并不影响企业外购商品的成本,增值税销项税额也不影响企业的产品销售收入。事实上,从经济学的角度看,商品定价与税收高度相关(范子英,2019)[192],增值税的开征完全可能通过改变商品价格影响企业利润。经济学中的需求定理表明,在其他条件不变的情况下,商品的需求量与价格呈反向关系。这里的价格是指消费者为获得这种商品实际支付的价格,消费者对于这一价格究竟含税还是不含税未必知情,甚至并无兴趣。假定对商品征收增值税以前,商品的销售价格为 P_0,销售数量为 Q_0,单位商品的成本为 P'_0,则企业

的利润(PF_0)为①:

$$PF_0 = P_0 Q_0 - P'_0 Q_0 - C \tag{7-1}$$

当对商品课征税率为 T_1 的增值税以后,如果企业要将增值税部分或全部转嫁给消费者,商品的含税售价需要上涨一定幅度 β 达到 P_1,即 $P_1 = P_0(1 + \beta)$,并且 $P_0 < P_1 \leqslant P_0(1 + T_1)$,此时对应的销售数量设为 Q_1,则企业的利润(PF_1)为②:

$$PF_1 = \frac{P_0(1 + \beta)Q_1}{1 + T_1} - P'_0 Q_1 - C \tag{7-2}$$

课征增值税后,企业利润的变化量(ΔPF)为:

$$\Delta PF = \left[\frac{P_0(1 + \beta)Q_1}{1 + T_1} - P'_0 Q_1 - C \right] - (P_0 Q_0 - P'_0 Q_0 - C) \tag{7-3}$$

即 $\Delta PF = P_0 \left[\frac{(1 + \beta)Q_1}{1 + T_1} - Q_0 \right] - P'_0(Q_1 - Q_0) \tag{7-4}$

对于正常商品而言,消费者的需求量会随着商品价格的上升而减少,特别对于富有需求价格弹性的商品来说,需求量减少的幅度会大于价格上升的幅度。因此,当因课征增值税导致商品含税售价上升为 P_1 时,商品的销售量 Q_1 必然小于 Q_0。再考虑到 $0 < \beta \leqslant T_1$, $P'_0 < P_0$,容易证明 $\Delta PF < 0$。这就意味着,在其他条件保持不变时,对商品课征增值税会导致企业利润下降,其中一个重要原因在于,增值税部分转嫁或全部转嫁情形下,商品不含税售价与销售数量同时下降导致不含税销售收入大幅减少,进而对企业利润形成向下的压力,利润下行压力的大小主要取决于企业税负转嫁能力的大小以及增值税税率的高低。通过公式(7-4)不难看出,制造业企业转嫁增值税的能力越弱,增值税的税率越高,企业利润的下行压力就越大,增值税的税负压力相应就越大。

---

① C 为影响营业利润的其他扣除项目,包括期间费用、税金及附加等。

② 为简化分析,此处暂不考虑课征增值税对其他成本费用和税金的影响。事实上,即便考虑这一影响,本书的基本结论也不会发生根本改变,只不过推导过程更加复杂一些。

当然,上述分析是基于制造业企业直接与最终消费者进行交易的情形。但在现实中,许多制造业企业的交易对象可能往往并非消费者,而是其他各类企业,包括制造业企业、批发企业、零售企业等,这些企业既可能是一般纳税人,也可能是小规模纳税人。如果制造业企业的交易对象是增值税小规模纳税人,由于小规模纳税人实行简易计税办法,采购货物的进项税额因不允许抵扣而直接计入企业采购成本,这样一来,作为卖方的制造业企业增值税销项税额越大,身为买方的小规模纳税人企业计入采购成本的增值税就越多,由此可能导致小规模纳税人企业减少采购数量或者转换采购对象,进而减少制造业企业的销售收入。如果制造业企业的交易对象是增值税一般纳税人,此时又可分为两种情形:其一,如果作为买方的一般纳税人企业采购货物的进项税额不允许抵扣①,则这些进项税额需要按照规定计入企业采购成本,作为卖方的制造业企业增值税销项税额越大,身为买方的一般纳税人企业计入采购成本的增值税就越多,由此可能导致一般纳税人企业减少采购数量或者转换采购对象,进而减少制造业企业的销售收入。其二,如果作为买方的一般纳税人企业采购货物的进项税额允许抵扣,则这些进项税额并不直接影响企业的采购成本,但这并不意味着作为卖方的制造业企业增值税销项税额对身为买方的一般纳税人企业不会产生任何影响。作为卖方的制造业企业增值税销项税额越大,身为买方的一般纳税人企业支付的进项税额就越大,进而对企业资金占用就越多,特别是对于现金流较为紧张的企业而言,进项税额对企业资金的占用会直接降低企业的采购能力,进而通过减少对制造业企业货物的采购数量降低制造业企业的销售收入。

二、增值税通过增加营业成本和费用挤压制造业企业利润

通常情况下,增值税计征实行的是税款抵扣制度,企业购进货物②支付的

---

① 比如,用于税法规定的不允许抵扣进项税额的情况,包括外购货物用于集体福利、个人消费、免税项目、简易计税项目等。
② 包括外购应税劳务和服务,以下类同。

进项税额可以从日后的销项税额中抵扣。正因为如此,一般认为,增值税并不直接影响企业成本。但这一观点的成立依赖于一个基本前提:企业外购货物支付的进项税额能够顺利实现抵扣。遗憾的是,现实中企业支付的进项税额在许多情况下无法从销项税额中抵扣,一方面是因为税法本身不允许抵扣,比如,按现行税法规定,用于简易计税方法计税项目、免征增值税项目、集体福利或者个人消费的购进货物和服务进项税额不得抵扣;另一方面则是由于企业自身原因导致进项税额无法正常抵扣,比如,外购货物无法取得合法有效的增值税扣税凭证、发生非正常损失、未按税法规定期限及时申报抵扣进项税额等。无论出于何种原因,无法抵扣的进项税额相应计入企业的成本或费用,进而在一定程度上挤压了制造业企业利润,而且,不得抵扣的进项税额越多,对制造业企业利润的冲击就越大,制造业企业税负压力相应就越大。

三、增值税通过增加税金及附加挤压制造业企业利润

尽管增值税本身并不直接影响企业利润,但却可以通过影响其他税费让制造业企业利润承压,这一点集中体现于城市维护建设税、教育费附加和地方教育附加等附加税费。按照现行税法规定,城市维护建设税、教育费附加和地方教育附加的计征依据之一是纳税人实际缴纳的增值税,企业实际缴纳的增值税额越大,对应的城市维护建设税、教育费附加和地方教育附加也就越多,而这些税金及附加列入利润表直接冲减了企业利润。特别是对于劳动密集型制造业企业来说,人工成本占企业成本比重较高,但人工成本的进项税额不能抵扣,同时人工成本又是助推产品价格的重要因素,由其引致的产品价格上升通过抬高销项税额增加了企业应纳增值税额,进而又通过城市维护建设税、教育费附加等渠道挤压了企业利润。因此,一般来说,企业应纳增值税额越大,对应的城市维护建设税、教育费附加等税费附加就越多,企业利润下行压力就越大,企业税负压力相应就越大。

上述分析也得到相关实证研究的支持。孙志燕和刘晨辰(2020)[193]基于

29 个制造业大类行业规模以上企业微观数据研究发现,增值税每增加 1%,制造业总体利润水平下降大约 0.41%。辛淑婷和李文(2019)[194]基于 2016—2018 年企业微观数据①的实证研究发现,增值税负担对企业获利能力在统计上具有非常显著的负向影响,具体来看,前者每提高 1 个百分点,企业营业收入利润率下降 4.95 个百分点。刘建民等(2020)[35]基于 2012—2018 年 A 股制造业上市公司面板数据的实证结果显示,增值税税负攀升会引致制造业企业资产回报率下降,并且这种负面影响对于中小企业更为明显。

第二节 增值税与制造业企业税负压力:税款支付视角

如前所述,尽管增值税是一种间接税和价外税,但却可以通过影响销售收入、营业成本、期间费用以及税金及附加等渠道挤压制造业企业利润,进而引发制造业企业税负压力。然而,制造业企业税负压力的形成不仅取决于其在经济意义上实际承担了多少税款,还与企业支付税款的压力息息相关,当企业拥有的资源不足以应对增值税引发的税负问题时,压力感便会随之而产生。市场经济时代,税款都是以货币资金缴纳的,企业生产经营中的各项成本费用也主要用货币资金来支付,并且不同款项的支付时间通常并不一致。增值税与各项成本费用及其他税金一样,都是企业现金流出的一部分,制造业企业对增值税负担的感受不仅取决于其缴纳了多少增值税,还要关注制造业企业支付增值税时面临的资金压力。

一般来说,既定数额税款引发的税负压力与制造业企业支付能力呈现一定程度的负相关。增值税作为价外税,其销项税额是制造业企业从买方收取的,企业收取的销项税额构成了企业货币资金的一部分。实践中,制造业企业

---

① 其中包含了部分制造业企业。

各项成本费用和税金的支付时间客观上存在差异,为了实现货币资金效益最大化,企业对货币资金通常是统筹使用和管理,事先并未严格按照用途对货币资金进行分割进而实现专款专用,买盐的钱用来打酱油并非鲜事。增值税有其固定的纳税期限,在增值税的纳税申报期和税款入库期,如果企业的货币资金充裕,在满足其他各项支出后,支付增值税的压力较小,则企业的税负压力相对较小,反之,企业的税负压力随之加剧。企业的货币资金一方面源于经营活动和投资活动产生的收益,另一方面源于筹资活动带来的资金流入。当经济下行压力加大、企业产品销售不畅时,企业经营活动和投资活动的现金流入变少,再加之许多企业尤其是中小企业普遍融资困难,加剧了企业现金流紧张程度,加大了企业缴纳增值税的压力。而以下三种情形的存在使得企业增值税的税负压力进一步凸显:

一是尚未回收货款而垫付增值税。根据现行增值税法规定,纳税人发生应税销售行为时,增值税纳税义务发生时间为收讫销售款项或者取得索取销售款项凭据的当天。随着市场经济的发展,大多数商品进入买方市场,为应对激烈的市场竞争,企业在销售中采取赊销或分期收款结算方式并不鲜见。如果买卖双方在采取赊销或分期收款结算方式时没有书面合同约定或者书面合同没有约定收款日期,根据现行增值税法规定,企业在发出货物的时候就应确认增值税纳税义务,进而出现货款尚未回收而增值税纳税义务已经产生的情形。即便买卖双方在书面合同中约定了收款日期,但买方基于账务处理或其他因素考量,可能要求企业提前开具发票,同样会导致货款尚未回收而增值税纳税义务已经产生的情形,这也意味着企业须在尚未收到货款的条件下垫付增值税款。垫付增值税相当于企业承担了部分增值税的现金流支出,这部分支出等于企业垫付增值税至收到客户货款这段时间内增值税款的时间价值(刘行和叶康涛,2018)[195],无形中加大了企业缴纳增值税的资金压力,而一旦应收账款发生坏账损失,将导致企业无法回收货款及其对应的销项税额,进一步加重了企业的增值税税负压力。

二是视同销售行为中自行支付增值税。根据现行增值税法规定,企业经营过程中的许多行为需要视同销售处理,比如,企业将自产、委托加工的货物用于无偿赠送、集体福利、个人消费属于税法规定的视同销售情形。制造业企业发生增值税视同销售行为时,需要依照税法规定计提销项税额,但由于企业无法将销项税额转嫁给其他主体,不能取得货币资金的流入,只能自行负担销项税额,从而加大了企业缴纳增值税的资金压力,引发企业增值税的税负压力。

三是增值税留抵税额的大量存在。制造业企业外购货物需要支付相应的进项税额,尽管进项税额通常可以从销项税额中抵扣,但这种抵扣只能等到产品销售出去以后才能实现。如果企业因集中投资、生产周期较长等因素导致某些纳税期的进项税额远远大于销项税额,企业就会存在大量留抵税额。卢雄标等(2018)[196]基于 A 省 31 个制造业的税收调查数据显示,留抵税额增量占进项税额等比值稳定在 5.80%左右,留抵税额增量与增值税额的比重始终在30%左右波动。虽然留抵税额可以留待以后纳税期结转抵扣,但在一定时期内占用了企业有限的货币资金,加大了制造业企业在其他领域的资金支付压力,影响企业的投资和创新活动,加重了企业经济负担,尤其对于前期投资巨大且短期无法销售产品的高科技重资产企业十分不利。卢雄标等(2018)[196]的研究发现,留抵税额增量导致经营性现金流净流量减少 4.2%。而且,在某些情况下,留抵税额会演化为企业的实际成本①(刘怡和耿纯,2018)[197]。

2008 年国际金融危机爆发后,中国政府着手实施系列减税降费政策,但企业对于税负过重的呼声却日益高涨,特别是 2016 年下半年学术界的"死亡税率"之争等更是将中国企业税负问题推向舆论的风头浪尖,这一不寻常的现象与中国经济进入新常态后企业盈利能力和现金支付能力下滑密不可分。

---

① 比如,创业失败的企业,因其未能实现可持续经营,留抵税额无法抵扣,即使企业清算注销也无法退还,进而成为企业实际负担。

以制造业上市公司为例,2009—2016 年,企业支付的各项税费占经营活动的现金流入和现金流出比重总体均呈现上升态势(见图 7-3),表明这一时期税费对企业现金的占用趋于增多,企业支付税费的压力有所加大,直到 2017 年情况才开始有所改观。

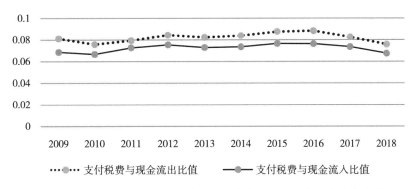

图 7-3 制造业上市公司支付的各项税费占现金流入和现金流出比重

与此同时,无论是度量企业盈利能力的总资产报酬率(ROA),还是度量企业现金获取和支付能力的相关指标,整体上均呈现下行态势(见图 7-4),而增值税主要是对商品或劳务的流转额课税,呈现出一定的刚性特征,随着企业盈利能力和支付能力的下降,增值税的税负压力更加凸显。

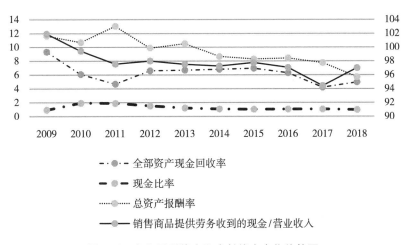

图 7-4 企业盈利能力和支付能力变化趋势图

第八章　中国制造业企业税负压力的个案考察:基于制造业企业的深度访谈及违规征税事件分析

第一节　QD公司税负案例分析

一、QD公司概况

QD公司于2017年在广东省国家级高新区注册成立,2019年取得国家高新技术企业资质。公司致力于研发利用固体废弃物转化为新型建筑材料的资源化利用技术及方法,主营业务为制造及销售新型建筑材料,同时为客户提供固废处理的解决方案。

公司下设三家子公司,分别位于珠海、东莞、深圳三个地区,执行研发、生产、销售等模块功能。2018—2020年营业收入规模分别为445万元、421万元和492万元。

二、公司的税费负担分析

1.公司的税负分析

QD公司目前所涉及的税种主要包括增值税、企业所得税、个人所得税和印花税。公司正处于初创阶段,由于要组建中试生产线,优化研发设备,导致产生较大的留抵税额。同时,公司销售业务未全面疏通,销项税额较小,增值税进项税额整体大于销项税额。仅在 2019 年深圳公司缴纳增值税 6 万,对应产生的教育费附加、城建税及堤围费等附加税费金额也较低。2018—2020 年 QD 公司纳税明细如表 8-1 所示。

表 8-1　纳税金额明细表

单位:万元

税费项目	2018 年	2019 年	2020 年
增值税	0	6	0
企业所得税	0	0.2	0
个人所得税	21	30	15
印花税	0.5	0.6	0.7
纳税合计	21.5	36.8	15.7
税负率①(%)	0.11	0.19	0.14

目前 QD 公司仍处于亏损阶段,基本无企业所得税产生,仅在 2019 年深圳公司季度预缴企业所得税 0.2 万。另外,个人所得税实际为代扣代缴税金,不造成公司负担,扣除个人所得税后,公司的税负率不足 0.2%,整体处于较低水平。相对而言,增值税对 QD 公司税负的影响较大。但对于 QD 公司来说,增值税纳税方面的主要问题并不在于应纳增值税税额过多,而是进项税额大于销项税额引致的留抵税额过大。截至 2020 年底,公司留抵的增值税进项税额累计 203.75 万元(见表 8-2),且因为纳税信用等级未达到 B 级以上,无法匹配【财政部 税务总局 海关总署公告 2019 年第 39 号】文件的规定,最终未能享受留抵退税。进项留抵税额虽然可在未来从销项税额中抵扣,但由于其在当期占用了公司的现金流,加剧了公司的资金困境,尤其对于初创型企业来讲,这种影响将会被放大。

---

① 用扣除个人所得税外的税额与营业收入比值度量。

表 8-2 公司增值税明细表   单位:万元

年度	销项税额	进项税额	留抵税额	缴纳增值税额
2018	209	351.4	146.4	
2019	97.3	158.9	55.6	6[①]
2020	30	31.75	1.75	
合计	336.3	542.05	203.75	6

2.公司的费负分析

QD 公司涉及的费负主要体现于专利类费用、社保保险费用及住房公积金。

(1)专利类费用

自公司成立到 2020 年,公司累计申请专利(含实用新型及发明专利)104 项,累计支付专利中介费用 33 万元,支付专利官方费用 26.6 万(见表 8-3)。

表 8-3 专利类费用对比表   单位:万元

项目	2018 年	2019 年	2020 年	政府补助
专利中介费	11.2	14.2	7.6	
专利官费	9.2	12.4	5	5
合计	20.4	26.6	12.6	5

专利类费用负担主要不在于官方收费,而在于中介机构收费。专利中介费为公司委托第三方营利机构进行专利申请工作所支付的费用,专利中介费约为 3500 元/项。专利中介服务属于公司的自选服务,因此并不构成公司的强制性负担。而专利官费方面国家会给予专项补助及减免。比如,2019 年授予一项发明专利给予企业 4000 元补助,专利年费也相应地部分减免。公司认

---

① 公司 2019 年度在深圳购置了一台车辆,按照深圳相关规定,公司纳税额满 5 万元才有资格摇号,为此该公司通过筹划交了 6 万元增值税。

为,整体的专利官方收费处于可接受状态,享受减免待遇后,每项专利的实际费用为 2300 元。

（2）社会保险费

公司所在 D 市企业社会保险费以上一年度工资薪金总额作为计征基数,其中公司承担社保费用按各类险种累计比例 20.35% 缴纳。与其他公司通行的做法一致,为了降低公司的社保负担,QD 公司通过调低社保购买基数减少社保费用。但即便如此,公司的社保负担依然较高,其中 2018 年和 2019 年按现标准实际缴纳社保费用占营业收入的比重均超过 10%,远高于公司的税收负担。为了进一步防范企业通过上述方式减少社保缴费,《国税地税征管体制改革方案》①(以下简称《方案》)明确提出自 2019 年 1 月 1 日起各项社保费交由税务机关代征。这样一来,税务局将通过自动匹配个税申报系统获取员工的工资薪金信息,并按此计算社保缴纳金额,如果《方案》得以落地实施,以往通过操纵缴费基数减轻社保负担的做法将失去空间,由此将会导致企业的社保负担上升(而后国家又发文延迟执行该项规定)。具体来看,社保征管体制改革前后 QD 公司的社保负担数据对比如表 8-4 所示。以 2019 年为例,QD 公司如果按照规定标准足额缴纳社保,全年应承担的员工社会保险费用为 90 万,占营业收入的比重达到 21.4%,较按现行标准计算的实际社保负担提高 10.9 个百分点,无疑将加大初创期公司的社保负担。2020 年,受疫情冲击,QD 公司的产品销售业务大幅萎缩,公司员工人数也由原来的 35 人减至 25 人左右,缴纳社保人数和缴纳社保金额明显减少,叠加政府减免社保政策影响,公司的社保负担显著下降。尽管后来国家税务总局发文明确企业缴纳的社保费用征收职能暂缓移交税务部门,但企业社保费用征收职能划转税务是大势所趋,其对企业社保负担的影响需要引起高度重视。

---

① 该方案由中共中央办公厅、国务院办公厅于 2018 年 7 月 20 日印发。

表 8-4　社会保险费用对比表　　　　　单位:万元、%

年度	工资费用	按现标准实际缴纳社保费用	按规定标准应缴纳社保费用	按现标准实际缴纳社保费用占营业收入比重	按规定标准应缴纳社保费用占营业收入比重
2018	510	46	103	10.3	23.1
2019	440	44	90	10.5	21.4
2020	253	21.3	54	4.3	11.0

（3）住房公积金

《住房公积金管理条例》第十八条规定:"职工和单位住房公积金的缴存比例均不得低于职工上一年度月平均工资的5%。"同时第二十条规定:"单位应当按时、足额缴存住房公积金,不得逾期缴存或者少缴。"表 8-5 显示了 QD 公司按现标准实际缴纳的公积金与按规定标准应缴纳公积金的对比关系。以2019 年为例,假定单位缴存比例按5%的最低标准缴纳,公司全年将增加 13.2 万的公积金费用,无疑给公司带来一定的负担。在当前的实践中,相当部分企业为减轻公积金负担,人为降低公积金计算基数,甚至直接不缴纳公积金,而国家也未有强制执行的具体规定。该公司财务负责人表示,期待国家优化住房公积金的相关政策,既保障员工的权益,又顾及企业的经营负担。

表 8-5　住房公积金费用对比表　　　　　单位:万元、%

年度	工资费用	按现标准实际缴纳金额	按规定标准应缴纳金额	按现标准实际缴纳金额占营业收入比重	按规定标准应缴纳金额占营业收入比重
2018	510	10	25	2.2	5.6
2019	440	8.8	22	2.1	5.2
2020	253	5	12.65	1.0	2.6

上述 6 项税费中,社会保险费及住房公积金占比最大。具体来看,2018—2020 年,上述两项费用占全部税费的比重分别为 85.2%、73.3% 和 76.0%(见表 8-6)。由于公司正处于初创期,缴纳的税额较少,税负显著低于费负,税负的负面影响尚不明显。但该公司财务负责人表示,公司必须充分运用相关税

收优惠政策提前筹划,实现合法合规减轻税负,切实让公司享受到国家减税降费的政策红利。

表8-6　公司整体税费对比表　　　　　　　　　　单位:万元

税费项目	2018 年	2019 年	2020 年	减免金额
增值税	0	6	0	
企业所得税	0	0.2	0	
印花税	0.5	0.6	0.7	
专利官费	9.2	12.4	7.6	5
社会保险费	46	44	21.3	
住房公积金	10	8.8	5	
合计	65.7	72	34.6	5

3.税费占成本费用的比例分析

调查发现,QD 公司的成本费用处于较高水平,具体构成如表8-7 所示。其中占比最大的是期间费用①,2018—2020 年的平均比重为 77.35%,其次是营业成本②,2018—2020 年的平均比重为 22.63%,税金及附加的占比几乎可以忽略不计,2018—2020 年的平均比重仅为 0.02%。

表8-7　成本费用构成　　　　　　　　　　单位:万元、%

年度	营业成本		期间费用		税金及附加	
	金额	比重	金额	比重	金额	比重
2018	190	13.14	1256	86.84	0.4	0.03
2019	409	24.68	1248	75.30	0.4	0.02
2020	279.3	30.06	649.6	69.92	0.2	0.02

营业成本为产品的生产成本,具体构成如表8-8 所示③。不难看出,在各

---

① 2018 和 2019 年的比重分别为 86.9% 和 75.3%。
② 2018 和 2019 年的比重分别为 13.1% 和 24.7%。
③ 公司在 2019 年增设一个生产车间。

项生产成本中,场地租金占比最高,其次是原材料及生产人工。现阶段,公司的产品成本较高,毛利率较低,主要原因在于产品无法持续量产,公摊费用较大,待产品量产后可以摊薄该项成本,而原材料等变动成本仍有优化空间。

表 8-8　生产成本分解　　　　　　　　　　　　　　　单位:万元

费用	2018 年	2019 年	2020
场地租金	60	140	140
设备折旧	24	60	88
原材料	47	109	28
生产人工	35	62	15
水电能耗	24	38	3.5
制造费用	5	12	4.8
合计	195	421	279.3

期间费用作为公司成本费用的大头,具体明细如表 8-9 所示。人工成本和场地租赁费是 QD 公司的主要构成,两者在 2018—2020 年的平均比重分别为 38.9% 和 21.2%,且公司每年通过自主实验室研发投入以及委托外部研发投入都比较大。基于负现金流的状态,公司需要向银行贷款,财务费用也处于高位水平。

表 8-9　期间费用分解　　　　　　　　　　　　　单位:万元、%

费用项目	2018 年		2019 年		2020 年	
	金额	比重	金额	比重	金额	比重
人工成本	510	40.6	440	35.5	264.3	40.7
场地租赁费	276	22.0	276	22.3	125.6	19.3
委托研发	150	11.9	150	12.1	30	4.6
设备折旧	70	5.6	74	6.0	11.6	1.8
贷款利息	36	2.9	72	5.8	104	16.0
社保费用	46	3.7	44	3.6	19	2.9
差旅费	33.8	2.7	39.8	3.2	4.2	0.6

续表

费用项目	2018 年		2019 年		2020 年	
	金额	比重	金额	比重	金额	比重
车辆费用	46.4	3.7	32	2.6	34	5.2
招待费	20	1.6	25.8	2.1	19	2.9
中介费用	15	1.2	25	2.0	9	1.4
办公费	13.9	1.1	16.4	1.3	6.6	1.0
专利中介费	11.2	0.9	14.2	1.2	7.6	1.2
专利官费	9.2	0.7	12.4	1.0	5	0.8
检测费	8	0.6	9	0.7	4	0.6
住房公积金	10	0.8	8.8	0.7	5	0.8
印花税	0.5	0.0	0.6	0.1	0.7	0.1
合计	1256	100	1240	100	649.6	100

2020 年初,突如其来的新冠肺炎疫情给中国经济带来巨大冲击。为支持市场主体生存和发展,政府针对受新冠病毒疫情影响的企业出台了一系列优惠扶持政策及措施。QD 公司符合条件的有以下三种:

(1)社会保险费用减免。2020 年 2—6 月对国内中小型企业的三险(养老、失业、工伤)公司部分予以减免,住房公积金可以延迟缴纳。该优化政策每月为公司减免 2 万元,共计减免 10 万元。另根据广东省人力资源和社会保障厅、广东省财政厅及国家税务总局广东省税务局联合发布的《关于延长阶段性减免企业社会保险费政策实施期限有关问题的通知》,中小微企业三项社会保险单位缴费部分免征的政策,延长执行到 2020 年 12 月底。由于 2020 年 QD 公司部分员工离职,全年实际减免了 14.16 万,平均每月减少了 1.18 万。

(2)租金减免。D 市政府发布关于减免租金的倡导书,鼓励写字楼业主视情况减免 1—2 月租金,以减轻企业负担,共渡难关。公司办公区场地获得了一个月的租金减免 3 万元。

(3)政府牵头防疫物资的采购。疫情暴发,防疫物资的价格飙升。口罩单价达到 5 元/个,且无法找到进货渠道。为了尽早促成企业复工,政府牵头进行企业需求登记,按量分配。最终以 1.5 元/个为公司采购了 4 千个口罩,为公司节省了 1.4 万元。

但是以上政策带来的优惠减免不过是杯水车薪。受疫情影响,公司的经营计划受阻,现金流承受了巨大压力。尽管政府也出台了帮扶政策,督促银行更便捷地发放贷款,给予更多的贴息,但是公司的前期经营情况并不被银行接受,银行授信仍进度缓慢,贷款无法落到实处。公司财务负责人表示,期待政府针对类似于 QD 公司这种新立科创型公司的特殊性出台对口的扶持政策,或者推行政府部门担保,切实将扶持工作落实到位。

4.纳税遵从成本

国家推行金税三期等各类网上申报系统,大大减轻了税务工作的负担。公司财务负责人表示,目前的税务申报已经十分便捷。但是如果遇到必须门前申报或询证的问题,公司在不同区域的纳税遵从成本会有不同的变化。

(1)以 D 市镇区为例,税务人员的服务意识弱,专业能力不强。一个业务所需资料,办事流程,往往不能一次性得到完整答案,需要多次往返,多次沟通。由此将产生时间成本以及交通费用,沉淀为纳税遵从成本。

(2)以 D 市高新区为例,税务机构呈现的服务态度是截然不同的,办税效率,专业能力都是值得肯定的。而且园区经常会举行各类税务培训,以提高整个园区的税务工作效率,该公司财务人员表示,高新区的纳税服务状况是企业财务人员所期待的。

(3)以深圳福田税局为例,无可否认特区的税务申报系统是领先的,对于税务宣传工作也是到位的。只是深圳的纳税主体数量太大,即使提前预约,仍然需要长时间的排队。即便要到咨询台咨询问题也是需要排很长的队。纳税遵从成本仍然是时间成本和交通费用。

经济发展的程度与税务工作建设投入是成正比的,但仍然需要考虑工作体量的问题。公司财务负责人表示,期待税务机关在税务系统内部强化服务意识,加强税务人员的专业能力培训,因地制宜,调整税务办事窗口的规模,使得税务工作更加便捷。

5.公司在税收工作中问题点及应对措施

(1)增值税留抵退税及纳税信用评价问题

根据《财政部 税务总局 海关总署关于深化增值税改革有关政策的公告》(财政部 税务总局 海关总署公告 2019 年第 39 号)规定,自 2019 年 4 月 1 日起,我国开始全面试行留抵退税制度,不再区分行业,只要增值税一般纳税人符合五个条件①,都可以申请退还增值税增量留抵税额。留抵退税政策的出台让纳税人有机会去申请留抵的进项税,以缓解公司的现金流压力。但调研发现,公司及其所属 3 家子公司竟无一满足以上条件。其中:3 家子公司都不符合第一点条件,母公司不符合第二点条件。母公司税收信用等级仅为 M 级(其余 3 家子公司信用等级为 B 级)。四家公司都有不同程度的信用等级扣分项,具体扣分项包括以下四个方面:一是未按规定时限报送财务会计制度或财务处理办法(按次计算)(指标代码 010501);二是评价年度内非正常原因增值税或营业税连续 3 个月或累计 6 个月零申报、负申报(指标代码 010104);三是银行账户设置数大于纳税人向税务机关提供数(指标代码 090101);四是已代扣代缴税款,未按规定解缴(指标代码 020301)。公司财务负责人透露,公司遭税务机关税收评级扣分主要缘于以下原因:

第一,财务人员对现行的《纳税信用管理办法》了解不透彻,未能完整地把握现行办法内的各评价指标。

第二,税务系统未建立提示功能。对于现行的纳税信用评级结果,申报系统未提示纳税人进行核对。纳税人往往不了解税务机关何时对纳税人进行纳

---

① (1)自 2019 年 4 月税款所属期起,连续六个月(按季纳税的,连续两个季度)增量留抵税额均大于零,且第六个月增量留抵税额不低于 50 万元;(2)纳税信用等级为 A 级或者 B 级;(3)申请退税前 36 个月未发生骗取留抵退税、出口退税或虚开增值税专用发票情形;(4)申请退税前 36 个月未因偷税被税务机关处罚两次及以上的;(5)自 2019 年 4 月 1 日起未享受即征即退、先征后返(退)政策的。

税信用评级,未能及时与税务机关沟通交流扣分项。据了解,现实中甚至有企业根本不知道有纳税信用等级评比,或者不知道纳税评比指标是什么,或对评价指标的理解不够,误认为自身做法已经符合指标的要求。QD 公司财务负责人表示,设立该评比制度的目的之一就在于普及税收政策、规范纳税人行为,建议税务机关启用纳税评比结果核对的提示功能,以便更好地达到以上税收目的。

第三,公司对纳税信用评价的重视不够。公司对税收工作的粗浅认识就只是按时申报税,尽可能地减少公司税负。未认识到纳税信用评价对公司的价值,以及纳税信用与税收优惠政策的匹配度。

基于上述原因,2019 年度,QD 公司在 2019 年度无法申请增值税留抵退税。2020 年,尽管应纳增值税额为负,但由于无法满足"第六个月增量留抵税额不低于 50 万元"①,仍然不能享受留抵退税。庆幸的是,2022 年国家实施了大规模留抵退税政策,QD 公司的存量留抵税额得到了全部退还,增加了企业现金流,减轻了公司贷款发放工资的压力②,对于目前销售情况并不乐观的 QD 公司而言无疑是雪中送炭。调研发现,该公司财务负责人对留抵退税政策实施效果非常满意。

(2)研发费用税前加计扣除问题

QD 公司注册地点位于广东国家级高新区,每年有较大的研发投入,系国家高新技术企业。由于高新区内除电子组装工厂外不允许建立其他生产厂房。为此,公司在 D 市某工业区租用了厂房,用于研发中试及生产公司的产品,配套成立了 D 市子公司(以下简称"D 市公司")。具体运作模式如下:总公司按订单向 D 市公司采购公司产品再对外销售。双方按照标准生产成本作为参考协定内部销售价格,按月结算内部交易业务,开具增值税专用发票进行结算。

---

① 虽有生意,但由于公司资金紧张,无法购置设备,导致新增进项税额少。
② 用于发放员工工资的贷款年化利率为 15%。

根据《关于提高研究开发费用税前加计扣除比例的通知》(财税〔2018〕99号),企业研发费用税前加计扣除比例由原来的50%上调至75%。此外,根据《关于延长高新技术企业和科技型中小企业亏损结转年限的通知》(财税〔2018〕76号)规定,自2018年1月1日起,当年具备高新技术企业资格的企业亏损弥补优惠力度进一步加大。毋庸置疑,研发费用税前加计扣除政策将最终影响到企业所得税的计算。虽然公司目前仍处于亏损状态,应交企业所得税额为零,但当年的亏损金额将影响到以后年度的企业所得税,未弥补完的亏损的年限将延长至10年。QD公司由于每年发生的研发经费投入较多,因此,有较强动力去申请享受研发费用加计扣除优惠。2019年初经过第三方专项审计,核定研发数据后向税务局申报2018年度研发加计扣除。而税务局驳回了公司的申请,理由如下:公司的主要销售收入是来源于外部采购(包含D市子公司购入)产品,再转销至第三方;其他业务——技术服务收入占总收入的比例小于50%,公司被界定为批发行业,不符合享受研发加计扣除的条件。按公司现行每年500万的研发支出计算,公司将抵减费用375万,对应15%税率的企业所得税为56.25万。此次遭驳回,在未来将直接给公司增加56.25万的税费负担。

针对以上问题,自2019年4月开始,QD公司着手进行了以下三点筹划:

①调整母子公司的合作模式。公司将与子公司的合作模式调整为:母公司委托子公司生产产品。即由母公司提供原材料,子公司负责生产及少量辅料。子公司按照收取加工劳务费的方式向总公司开具发票并结算。

②母子公司签订技术服务合同。基于母公司对子公司经营及研发活动有辅导及技术支持的真实业务,由母公司与子公司签订技术服务合同,母公司开具技术服务类发票给子公司,确认技术服务收入。进而提高母公司技术服务收入的占收比例。

③优化对合作方的选择。对于外部代加工单位,优先选择可以接受委托加工模式结算的合作方。

通过上述筹划,公司将"批发收入"比例降低至50%以下,规避了被划入不可适用研发费用税前加计扣除政策行业的风险。2020年4月,母公司成功申报了2019年研发加计扣除,按430万的研发费用及15%的企业所得税税率计算,最终可帮助公司减少48余万元的企业所得税。

(3)资源综合利用即征即退政策及有机肥免税政策

2018年公司计划承接某电子企业的光电污泥处理项目。该业务的运营规划为:按每吨100元收取污泥处理费用,经过自有专利技术及工艺处理成为种植土壤改良剂以及有机肥。如污泥处理成种植土壤则申请增值税即征即退政策优惠,有机肥则直接申请免增值税①。公司目前技术所产生的有机肥却因每批次的污泥成分比例的不稳定,很难比对该标准。而查阅财税2015年78号关于印发的《资源综合利用产品和劳务增值税优惠目录》,公司所处理的光电污泥无法找到匹配项。目录中第2.16所指污泥仅指污水处理后产生的污泥,油田采油过程中产生的油污泥。失去利用这两个政策的条件后,短时间公司无法从该项业务中获利,最终公司放弃了开展该项业务的计划。但处理固体废弃物转化为新型建筑材料是公司的经营模式核心,所以能否在此处利用到税收政策,对公司的经营发展极为重要。公司原本计划在阳江公司利用当地的尾矿渣制造砌块、陶粒、透水砖等建筑材料,由于此项业务完全匹配政策目录中的第2.1项,如果得以顺利实施,届时将可以因利用70%以上废渣生产成砌块、陶粒等建材产品而享受70%增值税即征即退的税收优惠,但后来考虑到这一类产品的应收账款回收期太长,最终放弃了上述计划。

(4)水泥行业的发票问题

2018年QD公司接到一笔海绵城市透水砖的订单,出货时间十分紧张。D公司承接了该生产任务。恰逢原水泥供应商无法紧急向公司供货,公司选用备选供应商。但是该供应商言明,此次供货不开具发票。如果开具发票则

---

① 根据《财政部 国家税务总局关于有机肥产品免征增值税的通知》(财税〔2008〕56号)规定,自2008年6月1日起,纳税人生产销售和批发、零售有机肥产品免征增值税。

需要加收增值税 13% 以及开票费用 3%。为完成生产任务，公司采纳了该采购方案，承担相应税费。

待收到供应商发票时，发现发票记载的数量与货物单价跟实际采购无法匹配，只有采购金额是一致的。原来，该供应商是想假借 QD 公司消除账面库存差异，以此隐匿未开票收入。公司当即退还该增值税票。而对方则以各种理由推诿，最终向 QD 公司提供了一份其他贸易公司开具的增值税专用发票，数量、单价、金额与我司的采购业务一致。公司税务组审核不严格，将该发票进行认证抵扣。

在收到发票抵扣的第二天，QD 公司即收到 D 市税务局的传唤。开票的贸易公司涉嫌虚开增值税发票已经在税务系统列入稽查名单。税务机关要求 QD 公司对该事项书写情况说明、提供相应的佐证材料，以证实公司的实际采购过程。但税务机关的办公人员此时提出了一个要求，在 QD 公司有大量留抵进项税金的情况下，要求公司将该笔发票对应的税金上缴税务机关。几番交流后，税务机关最后确定直接从公司留抵进项税金中扣除。公司向税务机关举报供应商不法行为后，对方重新开具了一张符合要求的专用发票，进项税额最终得以抵扣。

QD 公司财务负责人表示，公司寻找其他备选水泥供应商时，都被事先言明不开具相应发票，若一定要求开具发票，则需要加收税费并接受开票数量与实际发货不一致的，要求期待税务机关出台相应的处理办法规范，并且针对类似特殊情况的税务处理流程和规范，也应在税务机关内部加大培训力度。

（5）关于技术转让及技术服务的免征增值税优惠

QD 公司系高新技术企业，下属 3 家子公司也有不同程度的研发投入。为了辅助 3 家子公司成为高新技术企业。总公司计划将自有的发明专利转让给子公司。而根据《财政部 国家税务总局关于全面推开营业税改征增值税试点的通知》（财税〔2016〕36 号）文件规定，纳税人提供技术转让、技术开发和与之相关的技术咨询、技术服务可以免征增值税。依据文件指引，

QD 公司符合申请增值税免征优惠政策的要求,但由于公司有另外的税收筹划目的,即将总公司的留抵进项税转移至子公司,公司选择放弃该税收优惠政策申请。

(6)不合理费用

D 市子公司位于 D 市镇区。公司从中介机构租用 8000 平方米的生产厂房。双方商定合同每平方米的租赁单价为不含税单价,开具租赁发票则需要另行支付给中介公司税点金额以及 3% 开票费用。按照同样的规则,水电费按市价计收后,也收取税点金额及 3% 开票费。更有甚者,需要加收每月 3000 元关系维系费,声称是用于代为维系与村委、行政部门关系的费用。为了尽早落实厂房,公司签订了租赁合同。

QD 公司财务负责人表示,这种现象是该镇区的不成文的行规,属于极其不合理的收费项目。公司实际租金为每年 168 万,按 3% 开票费用计算,公司将多支付 5 万额外费用;在中介方实际已从供电公司取得增值税专用发票的前提下,公司仍需要多支付 13% 增值税税点以及 3% 开票费。按每年 30 万电费计算,公司多支付 4.8 万。另有每年 3.6 万的关系维系费,公司全年总计多支付 13.4 万,占实际总费用的 6.8%。公司期待相关部门予以规范,以着实减轻企业负担。

(7)其他事项

QD 公司的经营理念贴合国家大环保的政策趋势,着力于处理固体废弃物。待公司业务全面展开时,必将有很多销售业务匹配税收优惠政策。届时公司将正式走税收优惠政策的申请流程,且将面对的是四个地区不同的税务机关。公司希望不同地区税务机关的审批流程、所需资料能够遵从统一的规范,没有过多的地方特色。另外,公司还期待税务机关的审批流程能够更加简化,缩短退税的时间,继续加大税收知识的普及与政策引导,提高税务人员自身业务能力,提高办税效率,严谨高效地执行税收政策,切实将国家减税降费的各项优惠落到实处。

第二节　HY 公司税负案例分析

一、HY 公司简介

HY 公司是一家成立于 2001 年 11 月的中外合资企业,前期主要从事精密部品行业加工业务,但随着加工业务缩减,企业逐渐转型成为以汽车电子、智能制造装备等研发、制造与销售于一体的高新技术企业。从 HY 公司的营业收入构成来看,内销收入由 2002 年的 49.78 万元增至 2020 年的 28654 万元,年均增长 42.3%,占营业收入的比重相应由 2002 年的 0.1%升至 2020 年的61.2%,外销收入由 2002 年的 42922.56 万元降至 2020 年的 18171.52 万元,占营业收入的比重相应由 2002 年的 99.9%降至 2020 年的 38.8%。不难看出,HY 公司的外销业务占比明显下降,内销业务占比显著上升(如图 8-1 所示),是传统加工企业转型升级的典型代表。

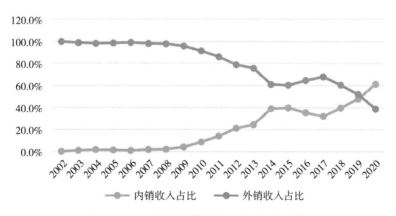

图 8-1　HY 公司内外销业务比重变化趋势

二、公司税费基本情况

公司涉及的税费主要包括增值税、企业所得税、关税、印花税、个人所得税、城市维护建设税、教育费附加、地方教育附加以及堤围费、残疾人就业保障金、社保费、住房公积金等多个种类。2005 年以来,公司各项税费及其占主营业收入的比重如表 8-10 所示。不难发现,HY 公司的税费规模整体呈现先上升后下降的态势,具体来看,由 2005 年的 1518.798706 万元波动中增至 2012 年的 7736.18419 万元,随后逐步下降至 2020 年的 1700.749929 万元。从支付税费占主营业务收入的比重来看,HY 公司的税负率由 2005 年的 0.51%波动中升至 2013 年的 3.51%,随后又逐步下降至 2018 年的 1.86%,但在 2019 和 2020 年又分别反弹至 2.30%和 3.63%。

表 8-10 HY 公司税费负担　　　　　　单位:万元、%

年份	支付的各项税费	主营业务收入	税负率
2005	1518.798706	300041.6048	0.51
2006	2475.632792	260967.8322	0.95
2007	2988.303261	360620.8713	0.83
2008	4839.807828	353157.619	1.37
2009	1770.962544	289834.6671	0.61
2010	5110.617615	287018.675	1.78
2011	6223.196524	277246.1341	2.24
2012	7736.18419	228043.4621	3.39
2013	6319.749327	180024.4009	3.51
2014	3617.874071	124961.2807	2.90
2015	2293.718403	96962.07543	2.37
2016	1236.278445	77621.98592	1.59
2017	2039.424911	74890.62965	2.72
2018	1316.152892	70627.00297	1.86
2019	1000.035695	43475.36367	2.30
2020	1700.749929	46825.99367	3.63

从 HY 公司的税负率来看,该公司的税负水平整体不高,远低于制造业上市公司的平均税负率,其中一个重要原因与 HY 公司的外销业务占比较高有

关。分阶段来看,2010 年之前,HY 公司的税负率总体较低,多数年份都保持在 1.0%以内,主要原因是这一时期公司的外销业务占比比较高,而出口可以享受免抵退税待遇,由此在较大程度上减少了企业税额。但自 2010 年起,HY 公司内销收入占比开始攀升,加之城市维护建设税和教育费附加对内外资企业一视同仁,公司税负率开始逐年攀升,2013 年达到 3.51%。但 2014 年以后,HY 公司减少了 2 项自主业务①,并且公司的盈利水平在转型期间受多种因素影响有所下滑,再加之营改增试点范围的扩大及增值税税率的下调,公司税负率在波动中又有所下降。2019 年,由于公司关闭了一个自主业务,并且加工业务降幅较大,导致公司营业总收入下降 38.4%,但由于内销业务的收入比重持续提升②,导致公司支付的税费仅下降 24.0%,降幅明显低于营业收入。而在 2020 年,受新冠肺炎疫情冲击,公司的营业总收入整体上未有明显起色,其中外销收入下降 19.8%,但由于公司 2020 年下半年的自主业务出现较快增长,全年内销收入同比增长 37.6%,内销收入占比由 2019 年的 47.9%升至 2020 年的 61.2%,同期公司支付的税费大幅增长 70.1%,增速明显高于营业收入,导致公司税负率出现明显反弹。上述数据也在一定程度上佐证了学术界提出的制造业企业存在的"税负粘性"现象。

增值税通常是制造业企业最主要的税种,图 8-2 刻画了 2005 年以来 HY 公司增值税税负率的演变轨迹。为更加全面地反映 HY 公司的增值税税负率,选取了"(应纳增值税额+免抵税额)/营业收入"和"应纳增值税额/营业收入"两项度量指标。由图 8-2 不难看出,上述两项指标刻画出的增值税税负率变化轨迹并不完全一致,相对而言,用"(应纳增值税额+免抵税额)/营业收入"这一指标刻画的增值税税负率波动更为明显,但整体上在波动中趋于上升。由于免抵税额并不构成公司的实际负担,相比之下,"应纳增值税额/营业收入"能够更加准确地反映公司的实际增值税负担。从应纳增值税

---

① HY 公司分别于 2016 年底和 2018 年 6 月各关闭了 1 项自主业务。

② 由 2018 年的 39.6%升至 2019 年的 47.9%。

额占营业收入的比重来看,HY 公司的增值税税负率整体较低,2014 年之前始终保持在 1.0% 以下,2014 年之后尽管整体有所上升,但最高年份也仅为 1.78%(2015 年),较一般的制造业企业明显偏低,主要原因在于 HY 公司外销收入占比相对较高,外销业务因可以享受免抵退税待遇进而拉低了公司的整体增值税负担。但从增值税税负率的变化趋势看,随着内销收入占比的提升,HY 公司的增值税税负率整体上也趋于上升。从具体来看,2005—2013 年,内销收入平均占比为 8.7%,增值税平均税负率为 0.27%,2014—2020 年,内销收入平均占比升至 42.1%,增值税税率升至 1.3%。对于 HY 公司来说,2005—2013 年,公司的增值税税负相对较低,主要原因包括:享受免抵退税的出口业务占比高;HY 公司初创期大量购入固定资产及新增存货,进项税与销项税不平衡,税负率处于比较低的水平;但自 2014 年后,由于出口"免抵退"计算方法由原来的"购进法"改为"实耗法",加工业务萎缩,存货大量减少,进项税少于销项税,并且,转型过程中,用于研发的人工成本大幅增加,而人工成本的进项税额又不得抵扣,进而在一定程度上抬高了增值税税负率。随着 2016 年营改增试点全面推行及系列增值税减税举措出台,HY 公司的增值税税负率由 2015 年的 1.49% 逐年回落至 2018 年的 0.92%,但 2019 年起又发生明显反弹,主要原因在于 2019 年以来公司的内销自主业务订单量有起色。尽管 HY 公司 2019 年的营业收入较 2018 年下降 38%,所取得的进项税与发生的销项税同时下降 39% 左右,但内销收入比例却上升了约 8 个百分点,应纳增值税税额仅下降 7.3%,由此导致 2019 年的增值税税负率出现回升。2020 年,HY 公司的一项自主业务出现显著增长,内销收入占营业收入比重较 2019 年上升 13.3 个百分点,应纳增值税额大幅增长 38.8%,导致增值税税负率进一步攀升。

三、公司税收优惠享受情况

近年来,国家出台了系列减税降费举措,尤其是针对小微企业的税收优惠

图 8-2　HY 公司增值税税负率

政策更是层出不穷。但由于 HY 公司是一家大型制造业企业,对于面向小微企业出台的各项优惠政策显然无法享受。作为一家高新技术企业,除了享受15%的企业所得税优惠税率以及下调增值税税率的减税政策外,主要享受的税收优惠政策当属研发费用税前加计扣除。表 8-11 显示了 2017—2019 年HY 公司研发费用税前加计扣除情况。2017—2019 年度,公司研究开发费用总额为 10829 万元,均为中国境内发生的研究开发费用,占全部研究开发费用总额的比例为 100%,研究开发费用总额占同期销售收入总额的比例为 6%。根据《关于提高研究开发费用税前加计扣除比例的通知》(财税〔2018〕99 号)规定,企业研究开发费用加计扣除标准从原来的 50% 提高到 75%,是国家为鼓励企业增加研发投入和加快自主创新的利好政策。从表 8-11 数据来看,享受此项政策后 HY 公司能显著减轻自身的企业所得税负担。

表 8-11　HY 公司研发费用加计扣除情况　　　单位:万元

项　　目	2017 年度	2018 年度	2019 年度	2020 年度
研发费用	3122	4239	3468	3290
可加计研发费用	2856	3637	2842	2809
研发费用占收入比例	4%	6%	8%	7%
不得享受税前加计扣除的研发费用占比	8%	14%	18%	15%

续表

项　目	2017 年度	2018 年度	2019 年度	2020 年度
影响企业所得税研发加计扣除金额	1428	2728	2131	2107
50%研发加计扣除的应纳企业所得税额	184	126	15	215
75%研发加计扣除的应纳企业所得税额		−367	−650	30
研发费用加计扣除比例增加 25 个百分点后两者差额		493	665	185

注:由于笔者调研时 HY 公司 2020 年度的审计报告未出,因此,表中 2020 年的数据为预测数。

但需要注意的是,公司发生的研发费用中,不得享受税前加计扣除的研发费用占研发费用比例在 2018—2020 年均超过 14%,明显偏高,主要是因为项目公摊过多,未能按项目单独入账造成,在一定程度上影响了研发费用税前加计扣除政策的实施效果。如果公司业务人员报账时能够将相关费用划分清楚,会计人员对于较大金额的公摊费用核实清楚后再进行账务处理,则研发费用税前加计扣除优惠的享受情况将会有所改观。

四、公司非税负担

HY 公司的非税负担主要涉及残疾人就业保障保障金、社会保险和住房公积金。

1. 残疾人就业保障金

2017 年之前,残疾人就业保障金是按照残联规定的征收标准人数上缴,2017 年的征收标准是 27702 元,但由于这一标准偏高,许多企业对此叫苦连天,呼吁政府站在企业角度考虑为企业降低成本。2018 年之后,残疾人就业保障金改用系统缴费,征收标准转换为社会平均工资即原来收费标准的 50%(13851 元)作为参数,在较大程度上降低了公司的成本。2020 年,由于 HY 公司开始大量使用残疾人,导致实际缴纳的参保金大幅下降(见表 8-12)。

表 8-12　HY 公司上缴残疾人就业保障金明细　　　　单位:万元

年份	2012	2013	2014	2015	2016	2017	2018	2019	2020
金额	35.0	43.0	110.4	198.1	90.92	65.4	73.1	56.5	21.4

2. 社会保险和住房公积金

表 8-13 显示了 2015 年以来 HY 公司社保费①的缴纳情况。近年来,广东省社保费的缴费基数处于动态变化当中。HY 公司的人均缴费由 2015 年的 464 元增至 2019 年的 560 元,增长 20.1%,社保费占公司营业收入的比重也由 2015 年的 1.3%升至 2019 年的 1.5%。2020 年,为应对新冠肺炎疫情,政府出台了阶段性减免企业社保收费的政策,HY 公司的社保负担有所下降,社保费总额、人均缴费及社保费占营业收入比重全面下降。需要注意的是,目前 HY 公司的人均社保缴费执行的是社保缴费基数的下限,如果按照在岗职工月平均工资计征社保费,公司的社保负担将会明显增加,增幅或将接近 60%。调研中发现,HY 公司对社保缴费的感受比较强烈,迫切希望政府出台相关政策减轻公司社保负担。

表 8-13　HY 公司上缴社保费用情况

年份	社保费(万元)	人均缴费(元/年)	占营业收入比重(%)
2015	1218	5568	1.3
2016	920	5760	1.2
2017	1212	6204	1.6
2018	990	6360	1.4
2019	643	6720	1.5
2020	447	5640	1.0

除社保缴费外,住房公积金也是 HY 公司的一项重要的非税负担。HY 公司所在地 H 市出台的《H 市住房公积金管理条例》规定:"单位录用职工的,应

---

① 社保费具体包括基本养老保险、医疗保险、失业保险和工商保险。

当自录用之日起 30 日内到住房公积金管理中心办理缴存登记。"单位及个人的缴存比例可在 5%—12% 自行选择,单位应当在每年 4 月至 6 月进行住房公积金月缴存基数的调整工作。表 8-14 显示了 2017—2019 年 HY 公司住房公积金的缴纳情况。具体来看,公司为员工缴纳的住房公积金由 2017 年的1.03 万元/人增至 2019 年的 1.44 万元/人,增长 39.8%,占公司营业收入的比重也由 2017 年的 2.7% 升至 2019 年的 3.2%。需要说明的是,HY 公司目前执行的缴存比例是 5%,属于政策规定的最低标准。由于住房公积金与员工的薪酬直接挂钩,随着员工薪酬的提升,公司的住房公积金负担将会进一步加重,因此,公司财务负责人表示,期待国家能出台一项既能保证职工享有此份福利又能减轻公司成本的政策。

表 8-14 HY 公司住房公积金缴纳情况

年份	住房公积金(万元)	人均金额(元/年)	占营业收入比重(%)
2017	327	1644	0.44
2018	334	2130	0.47
2019	266	2775	0.61
2020	254	3199	0.54

综合上述分析可见,HY 公司支付的社保费和住房公积金占营业收入的比重在 2017—2019 年分别达到 2.0%、1.9% 和 2.1%,而同期该公司支付的税费占营业收入的比重分别为 2.7%、1.9% 和 2.3%,两者基本相当,直到 2020年,因疫情原因,公司享受了社保减免政策,社保负担才出现明显下降,"(社保费+住房公积金)/营业收入"较"支付的税费/营业收入"低了 2.1 个百分点。公司的财务人员表示,目前税费征收都已实现信息化和系统化,企业偷逃税费的难度大,唯有国家多出台减税降费政策,同时公司运用这些优惠政策进行相应筹划,方可合法合规减轻税费负担,让公司切实享受到国家减税降费的红利。

五、新冠肺炎疫情对公司的影响

2020 年突如其来的新冠肺炎疫情让 HY 公司的经营受到了不小冲击,主要表现在三个方面。

(1)人员返工难。HY 公司从事的是传统劳动密集型加工业务,对劳动力需求量大,许多劳动力来自内陆省份,疫情下人员流动困难,导致劳动力短缺,生产线难以正常运行,短期内招聘新员工又须经隔离后上班,对生产效率产生较大影响。

(2)进口原材料短缺。疫情的蔓延导致国外工厂停工,进口原材料面临短缺风险,生产计划和生产安排推迟,替代料无法迅速补充,面临停产风险。目前,国外部分工厂复工,原材料短缺问题逐渐缓解。

(3)订单萎缩。由于 HY 公司订单主要源于日本,在新型肺炎疫情影响下,国际形势不乐观,终端市场需求减少,加工业务的订单急剧下降,产量下滑明显。客户投资大幅收缩,自主业务订单下滑,HY 公司的智能自动化设备受到较大冲击,订单下滑 20%。即便在 2020 年下半年,订单也未有明显起色,收入减少较多,利润率下降,缴纳的税额也同步减少。

为了有效应对疫情冲击,帮助企业复工复产,国家在新冠肺炎疫情暴发后出台了系列减税降费政策。HY 公司对社保费减免的政策认同度较高。按照粤人社发〔2020〕58 号文件精神,企业享受社保费减免优惠政策十分便捷,仅需按原规定申报缴纳社会保险费即可直接享受。而且,受疫情影响生产经营出现严重困难的企业,可以申请缓缴企业基本养老、工伤、失业保险费。上述政策对减轻公司社保负担发挥了积极作用。HY 公司属于大型企业,可以依照政策享受减半征收社保费的优惠,累计为公司节约社保费用 111.8 万元(见表 8-15),让公司切实感受到了降费的红利。

表 8-15　2020 年 HY 公司社保费减免情况　　　单位:万元

	基本养老保险	失业保险	工伤保险	住院医疗保险	小计
应缴	441.8	17.6	6.2	93.4	559.0
减免	91.3	3.6	1.3	15.6	111.8
实缴	350.5	14.0	4.9	77.8	447.2

六、公司纳税问题

(1)公司对增值税税负关注不足。HY 公司的第一大税种是增值税,增值税税负的影响因素复杂多样。但目前该公司对增值税负担缺乏全面清晰的认识,往往是被动地按照税务局要求来应对,增值税管理工作比较薄弱。

(2)非税务岗位的人员对税务政策法规不熟悉。由于税务知识培训不到位,公司会计人员和业务人员对税收知识了解不多,也未能做到税收知识与岗位工作的有机结合。

(3)会计基础薄弱。基层财务会计人员的核算与财务管理水平不高,涉税事项核算不到位①,比如不能及时取得进项税额发票、进项税额发票入账不及时、费用跨年度报账等问题较为突出。同时,公司目前未设专人负责开票,而是采取了"市场部文员提交申请——应收会计审核——税务会计开票"的模式。业务部门的部分信息沟通不畅导致业务发生事项不清晰,财务部门习惯性的会计处理方式容易导致税收核算不够准确。这些也在较大程度上制约了公司税收筹划水平的提升。

(4)财务人员对免抵税额了解程度不够。HY 公司是一家生产型出口企业,该企业的真正税负实际上由两部分构成,即内销增值税和外销增值税。内销增值税显然是企业的税收负担,但外销增值税是按"免抵退"办法计算出来的免抵税额,它会通过附加税影响到公司的税收成本。但公司财务对此缺乏

---

① 比如不能及时取得进项税额发票、进项税额发票入账不及时、费用跨年报账等。

准确认知,预算或测评低估了公司的实际税负水平,导致税负分析时容易做出错误判断。2017 年如果税负率计算包含外销增值税,则当年增值税税负率(5.8%)为近 20 年来最高,其真实原因就是按"免抵退"办法计算出来的免抵税额的影响所导致。

(5)公司对纳税信用评级不了解,重视程度不高。纳税信用评级始于 2014 年,已由最初的人工评级转换为当前的系统评级。期初,公司对纳税信用管理办法了解不透彻,当地税务机关也缺乏对《关于发布<纳税信用评价指标和评价方式(试行)>的公告》(国家税务总局公告 2014 年第 48 号)文件的宣讲和培训。2016 年税务金三系统上线后,不管是税务机关还是企业,对纳税信用评级的重视程度明显提升。除 2018 年外,HY 公司 2016—2019 年的纳税信用评级结果均为 A 级。2018 年由于工作疏漏,HY 公司被扣 10 分获评 B 级。扣分事项包括:第一,未按规定代扣代缴(按次计算);第二,未在规定时限内向主管税务机关报告开立或变更账号。扣分主要原因是原来税务岗位人员休长假,代理税务工作的新同事对业务不熟悉。这在一定程度上也反映出公司对税务工作认识不够深入,片面地认为税务岗位的职责就是按时申报纳税,尽可能减少公司税负,没有意识到纳税信用评价对公司的价值以及纳税信用与税收优惠、客户考核及融资等重要事项的关联度。

第三节　M 衣柜厂税负案例分析

一、公司概况

M 衣柜厂是一家成立于 2015 年的有限责任公司,注册资本 200 万元,主要从事各类衣柜的加工和安装,客户群体以家庭住户为主,同时也承接部分对公业务。截至 2020 年 9 月,公司固定资产 173 万元,在岗员工 28 人,从公司规模来看,属于典型的小微企业。

二、公司税负

根据 M 公司对外公布的财务数据,计算出公司税负率①及利润率如表 8-16 所示。

表 8-16　M 公司税负率　　　　　　　　　　单位:元、%

年份	支付税额	净利润	营业收入	税负率	净利润率
2018	1314.64	7292	113072.42	1.16	6.45
2019	3250.78	3450.66	158524.22	2.05	2.18
2020 年上半年	1325.98	-1010.88	87938.02	1.51	-1.15

由表 8-16 可以看出,M 公司实际缴纳的税额并不算多,2018 年仅有 1314.64 元,税负率为 1.16%,2019 年虽有增加,但也仅为 3250.78 元,税负率略高于 2.0 个百分点。但需要注意的是,现实中,许多小规模纳税人对外提供的财务数据与真实情况并不完全一致,M 公司也不例外。公司负责人透露,除对外公布的账簿外,公司还单独设置了内部账簿,而且外账和内账的核算结果存在较大差异。为减少相关费用支出,公司的外账外包给了代理记账公司,由外账会计全权负责,外账记载的财务数据是公司申报纳税的直接依据,而公司的内账则安排专职人员负责,内账会计对公司的收入和成本费用进行真实、准确地核算,能够全面可靠地反映出企业的真实经营状况。如果根据公司内账记载的相关数据计算,M 公司的实际税负率较表 8-16 显示的税负率要低得多,因为表 8-16 显示的营业收入仅为公司的开票收入,由于公司的客户群体主要是家庭住户②,这类客户并不需要公司开具发票,因此,公司的真实营业收入远远大于表 8-16 显示的营业收入。进一步根据 M 公司内账记载的财

---

① 用企业实际缴纳税额与外账记载的营业收入的比值度量。
② 占比约 95%。

务数据计算了公司实际税负①,结果如表 8-17 所示。

表 8-17　M 公司实际税负率　　　　　　　　单位:元、%

年份	支付税额	实际营业收入	实际税负率
2018	1314.64	6114806.80	0.02
2019	3250.78	9481825	0.05
2020 年上半年	1325.98	3081187	0.04

由表 8-17 不难看出,M 公司外账记载的营业收入与其实际营业收入相差甚远,后者与前者的比值在 2018 和 2019 年分别达到 54.08 和 59.81,由此导致公司的实际税负率也由原来的 1.16% 和 2.05% 降至 0.02% 和 0.05%。2020 年上半年,公司的实际营业收入与外账记载的营业收入比值为 35.04,税负率较 2019 年下降了 0.01 个百分点。

M 公司的税负与其增值税纳税人身份息息相关。公司自成立以来,一直保持着小规模纳税人身份。根据《财政部 税务总局关于统一增值税小规模纳税人标准的通知》(财税〔2018〕33 号)规定,增值税小规模纳税人标准调整为年应税销售额 500 万元及以下②,尽管 M 公司的年销售额远远超过 500 万元这一临界点,但公司并无意登记成为一般纳税人,主要原因在于,该公司的客户主要是家庭住户,绝大多数客户并不需要开具发票,在"以票控税"的征管模式下,有利于公司隐匿营业收入,进而减少公司应纳税额。由于税务机关对公司内账无从查起,而公司对外账的处理又没有明显漏洞,导致税务机关难以把握公司的真实经营状况。客观地说,M 公司的做法属于典型的偷税行为,这是 M 公司缴纳税额少、税负压力小最主要的原因。该公司负责人及内账会计在访谈中均表示,企业的这种做法在同行中具有一定的普遍性,如果完全按照税法规定如实纳税,公司的税负将会十分沉重,甚至直

---

① 用企业实际缴纳税额与内账记载的营业收入的比值度量。
② 在此之前,制造业小规模纳税人年销售额标准为 50 万元及以下。

接威胁到公司的生存。

　　除了通过隐匿收入逃避缴纳税款外,由于 M 公司是小规模纳税人,在实践中还通过享受某些优惠政策进一步减轻了税费负担。根据《财政部 国家税务总局关于扩大有关政府性基金免征范围的通知》(财税[2016]12 号文),月销售额不超过 10 万元(季度销售额不超过 30 万元)的纳税人可以免征教育费附加、地方教育附加和水利建设基金,由于 M 公司的销售额主要取决于开票销售额,而公司的开票销售额相对较少,因而可以享受免征教育费附加、地方教育附加和水利建设基金等优惠①。此外,虽然 M 公司的外账数据显示公司在 2018 年和 2019 年有一定的营业利润,但公司并未缴纳企业所得税,原因是公司 2016 年和 2017 年出现经营亏损,2018 年和 2019 年的税前所得优先用于弥补以前年度的亏损。需要特别指出的是,尽管 M 公司的开票销售额并不大,但并未享受到月销售额或季度销售额低于规定标准②免征增值税的优惠政策,主要是因为,公司为降低成本费用,没有购买防伪税控开票系统,无法自开增值税发票,所有发票均由税务机关代开,而且公司申请代开的发票基本都是增值税专用发票,客户需要凭借税务机关代开的专用发票抵扣进项税额,因此,公司须在代开发票环节支付相关增值税等相关税款。因此,增值税成为 M 公司最主要的税负构成。2020 年为应对新冠肺炎疫情,助力企业复工复产,财政部和国家税务总局联合出台扶持个体工商户和小微企业的税收优惠政策,按照政策精神,除湖北省以外的其他省(市、自治区)小规模纳税人增值税征收率由 3% 降至 1%③,此项政策进一步减轻了 M 公司的增值税负担。

---

　　①　当然,由于 M 公司隐匿了大量销售收入,实际上并不符合免征教育费附加、地方教育附加及水利建设基金的条件,因此,本质上还是属于通过隐瞒手段骗取了国家优惠政策。

　　②　起征点已由最初的 2 万元上调至目前的 15 万元。

　　③　根据《关于延续实施应对疫情部分税费优惠政策的公告》(财政部 税务总局公告 2021 年第 7 号),此项优惠政策的截止日期为 2021 年 12 月 31 日。

三、减税降费对公司税负及盈利的影响

总体来看,M公司的实际税负并不算重,甚至可以认为非常轻,但公司的盈利状况并不乐观。公司的外账数据显示,2018年和2019年的净利润率分别为6.45%和2.18%,2020年上半年,公司的净利润为负值。尽管公司的外账数据并不真实,但其反映的盈利状况与实际情况比较相近。公司的内账会计透露,2017年和2018年公司的收支基本持平,直到2019年才有了一定盈利。2020年以来,虽然多数行业因疫情冲击发展步履维艰,但M公司并未受到明显影响,主要得益于公司所在地房地产市场的发展及疫情对人们生活观念及生活方式的影响。根据内账会计提供的财务数据,2016—2019年,M公司的收支状况如表8-18所示。过去4年中,M公司的收入扣除各项成本费用后,余额为671090.01元,净利润率约为2.55%,利润十分微薄。上述测算并未考虑公司的税费负担,而且公司的绝大多数员工也没有购买社保,如果公司严格按照税法规定如实纳税,同时根据相关规定为员工足额购买社保,将会出现严重亏损,甚至面临生存危机。

表8-18　M公司2016—2019年收支数据　　单位:元、%

收入合计	26307942.80	各项支出构成比例
成本费用合计	25636852.79	100
其中:安装费	1769333.05	6.902
办公费	376214.71	1.467
材料	16473248.93	64.256
电费	237312.86	0.926
电话费通信费	16717.34	0.065
返点业务提成	547431.82	2.135
房租费	946941.00	3.694
工资	3967484.40	15.476

续表

龙泉水和煤气	15099.40	0.059
设计费	47207.00	0.184
生产部超产量奖励	77827.00	0.304
生活费厨房开支	272013.30	1.061
招待费	193518.10	0.755
水费	18310.71	0.071
运费	678193.17	2.645

　　通过对公司负责人及内账会计的深入访谈发现,公司利润微薄的主要原因并非缘于收入的萎缩,而是因为成本费用的快速增长。数据显示,2016—2019年,M 公司的营业收入分别为 5004253.00 元、5707058.00 元、6114806.80 元和9481825.00 元。可以说,公司的营业收入保持了一定速度的增长,其中,2017年增速为 14.04%,2018 年增速为 7.14%,2019 年营业收入出现井喷式增长,增速高达 55.06%。但与此同时,公司各项成本费用也快速攀升,在很大程度上侵蚀了公司的盈利空间。从公司成本费用的构成来看,材料费和人工费占据了大头,其中,前者占比高达 62.62%,后者占比达到 22.68%①,两者合计高达到 85.3%。自 2016 年以来,公司的安装费涨幅累计达到 20%②,材料成本涨幅也在 8%以上,而且,由于公司内部管理不够规范,相关环节衔接不畅,加之客户对产品需求的动态变化,导致加工过程中或者后期安装维修中材料浪费严重,成为弱化企业盈利能力的重要原因。尽管 2017 年和 2018 年营业收入保持了一定幅度增长,但由于成本费用上涨较快,公司利润近乎为零,直到2019 年营业收入增速大幅上升,公司盈利状况才有所改观,获得了 60 余万元的利润。

---

　　① 人工费主要包括安装费、工资及生产部超产量奖励支出。
　　② 其中,板木的安装费由 2016 年的 40 元/平方米上升至 2018 年的 48 元/平方米,累计上涨 20%,2018—2020 年保持基本稳定,实木的安装费由 2016 年的 50 元/平方米上升至 2019 年的60 元/平方米,累计上涨 20%,2019—2020 年保持基本稳定。

　　近年来,国家减税降费力度可谓空前,尤其是针对小规模纳税人和小微企业出台了系列税收优惠政策,但这些优惠政策对于 M 这类公司的影响十分有限。主要原因在于,公司通过隐匿营业收入等非法手段逃避了大量税收①,这种逃税行为使得公司税负已经很轻,即便充分享受各级政府出台的税收优惠政策后,税负的变化也并不明显,这也可以在一定程度上解释为什么在大规模减税降费背景下仍有不少企业的减税获得感并不强烈。可以肯定的是,现阶段,许多小微企业承担的税负较低、感受到的税负压力较小是在没有引起税务机关足够关注的前提下实现的②,如果税务机关加强税收征管强度,严格做到应收尽收,相当数量小微企业的税负状况将会发生逆转。对于 M 公司而言,一旦引起税务机关关注,公司的真实经营状况浮出水面,涉及补缴的税款可能会给公司带来致命打击。

　　还需补充的一点是,M 公司的税负并不重,同时也没有发生用于税务机关的公关支出。但公司在与消防、安检、环保等部门的交往中,每年会在每个部门身上花费两三千元的费用来维护关系,以防这些部门的工作人员在某些情形下找企业麻烦,影响企业正常运营。据调查,对于公司生产经营过程中所需要的一些设备,政府相关部门的个别工作人员有时会暗示公司从其指定的单位购买,如果公司不从指定的单位购买,又会担心这些部门以后会找公司麻烦,如果从指定单位购买,这些单位销售的产品价格明显高于同类产品的市场价格,无疑会增加公司的经济负担。事实上,对于 M 公司而言,这些额外的公关费用已经远远超出了公司缴纳的税费,因此,对于不少小微企业而言,企业的税外负担不容忽视。

---

　　①　M 公司的开票收入不及公司实际收入的 2%。
　　②　由于小微企业数量众多,税源零散,单家小微企业的税收贡献小,税务机关对小微企业的关注度明显弱于大中型企业。

第四节　河北景县违规征税案例分析

一、案情回顾[①]

2020 年 6 月 28 日,国务院办公厅督查室发布了《关于河北省景县违规征税摊派捐款举债搞迎检办大会等问题的督查情况通报》(以下简称《通报》)。《通报》内容显示,景县政府及有关部门主要存在下达不切实际的税收任务、为完成税收任务集中清缴补缴税款、征收"过头税"、摊派捐款以及筹建形象工程等五个方面的违规行为。在新冠肺炎疫情冲击下,企业经营普遍困难,景县政府及有关部门没有充分考虑疫情对本地经济发展的影响,违规下达不切实际的税收任务,同时变相向企业摊派捐款,加重了企业的税负压力,引起当地企业不满。需要注意的是,景县的违规行为并非独一无二的个案,《通报》明确指出,河北景县的违规行为具有一定的代表性和典型性,表明经济下行压力加大、财政收支矛盾加剧容易诱发地方违规征收税费的行为,但地方大手大脚、铺张浪费的不良倾向并未随着财政收支矛盾的加剧而自动消失。

二、案例透视

"工业强县"是河北景县的重要发展战略,工业经济在该县经济发展中占据重要地位,橡塑制品、机械制造、铁塔钢构是该县三大传统特色产业,是全县财税收入的重要来源。可以说,河北景县的案例有力佐证了前文对制造业企业税负压力形成机理的诠释框架。如前所述,制造业企业税负压力的形成是源于政府、税务机关及企业三个层面多重因素作用的结果。

首先,从企业层面来看,疫情期间较弱的税收承受能力加重了企业的税负

---

① 案例来源:《关于河北省景县违规征税摊派捐款举债搞迎检办大会等问题的督查情况通报》,中国政府网,2020 年 6 月 28 日。

压力。客观地说,新冠肺炎疫情对中国经济的冲击是前所未有的,企业经营困难成为普遍现象,财税收入增速大幅下滑是经济发展现状的现实反映。从全国层面来看,2020 年一季度和上半年,GDP 分别同比下降6.8%和1.6%,一般公共预算收入分别同比下降 14.3%和 10.8%,其中税收收入分别同比下降16.4%和11.3%。但景县人民政府于 2020 年 4 月向下辖乡镇下达的税收任务却同比增长 15.7%①,税收任务总额高达 8.48 亿元,严重背离了当地经济发展实际。为了完成税收任务,个别税务机关还违规向企业分解税收任务②,甚至禁止企业抵扣本应可以抵扣的进项税额。不仅如此,景县人民政府及有关部门还采取了超常规措施加强税收征管,动员各部门力量协同税务部门集中清缴补缴陈年欠税,甚至建立"税警联络机制"对企业进行警示。景县人民政府及有关部门多管齐下的举措让企业缴纳税款大幅增加。据统计,2020 年5 月份,景县征收的城镇土地使用税是去年同期 25.88 倍,征收的耕地占用税是去年同期的 3.27 倍。此外,景县扶贫办对本县各镇"百企帮千户"工作进展进行排名通报,排名靠后的个别乡镇为提高排名,甚至通过摊派的方式要求企业强制性捐款,增加了企业税费负担。在企业税负承受能力因疫情冲击明显降低的背景下,不合理的税收任务及高强度的税收征管令企业税负压力突显,企业向国务院"互联网+督查"平台反映问题正是企业对税费负担不满的外在体现。

其次,从税务机关层面看,征税努力和征税能力的提升是导致企业税负压力的直接原因。由于税务机关是最主要、最直接的征税主体,因此,企业缴纳税款的多少与税务机关依法征税的能力和努力程度息息相关。景县税务机关征税的努力程度不可谓不高,包括税务人员通过电话和微信等方式催缴税款、违规向企业分解税收任务甚至要求企业不得抵扣进项税额。在征税能力方

① 其中二季度同比增速高达 18.8%
② 比如,景县税务局龙华税务分局将广川镇二季度6422 万元税收任务违规分解到 260 个企业。

面,由于有县政府的协调,景县税务局得到了自然资源局、规划局甚至公安局的协助,征税信息优势明显增强,征税的执行力也显著提升,为税务部门征收"过头税"提供了有力支撑。特别值得一提的是,景县税务局征税努力地提高并非建立在依法依规及税务人员素质提升的基础之上。《国家税务总局关于优化税务执法方式严禁征收"过头税费"的通知》(税总发〔2020〕29号)明确提出:"各级税务机关要进一步坚持依法规范组织收入原则不动摇……严禁征收'过头税费'、违规揽税收费以及以清缴补缴为名增加市场主体不合理负担。坚决不搞大规模集中清欠、大面积行业检查……"①景县税务局的做法显然与国家税务总局的要求相悖,成为加重企业税负的重要原因。

再次,地方财政财政支出扩张及地方财政压力是加重企业税负压力的重要诱因。违规征税的直接行为主体是景县税务局及税务人员,身为税收执法者,他们不太可能不清楚自身行为的性质及其可能引发的后果,但为何仍敢于以身试法?从管理体制上看,景县税务局接受衡水税务局及景县人民政府的双重领导。景县税务局作为征税主体,面临着双重税收目标:一是上级税务机关下达的收入目标;二是地方政府确定的收入目标。从国办督查室的调查情况看,景县税务局的违规征税行为更多是景县人民政府不当干预的结果。早在2020年1月2日,景县政府就召开了一季度财税工作调度会,该县政府主要负责人在会议上提出:"各乡镇、财税部门、各涉税单位要提高认识、明确目标、精准施措、卡死责任、抢抓有利时机,确保圆满完成任务;要围绕目标,细化任务,完善措施,明确职责,加大稽查力度,确保第一季度财税工作能够如期完成、实现财税收入首季'开门红'。"②需要强调的是,景县政府在对征税任务进行部署安排时,新冠肺炎疫情尚未大规模蔓延,并未料到疫情对经济的可能

---

① 资料来源:http://www.chinatax.gov.cn/chinatax/n810341/n810825/c101434/c5154332/content.html。

② 《景县加强调度努力实现2020年财税收入首季"开门红"》,景县新闻网,2020年1月2日。

冲击。但在一季度新冠肺炎疫情的冲击已经明显显现后,景县政府狠抓税收任务的决心并未受到影响,并颁布了《景县 2020 年第二季度乡镇、税务部门税收收入考核暂行办法》,对各单位的财税收入指标①进行考核排名。与此同时,景县政府主动协调自然资源局、规划局、公安局等部门加强与税务部门配合,集中开展清缴税款工作。客观地说,景县政府为组织税收收入可谓不遗余力。那么,景县政府高强度干预征税的动机又是什么? 首先,这是景县政府完成当年预算收入目标的客观需要。但更重要的,可能是满足景县财政支出扩张及缓解景县财政压力的现实选择。根据国办督查室的通报,景县为了相关评比达标以及承办大会②,2020 年安排了大量建设项目,需要巨额财政资金,计划投资逾 2.63 亿元,但部分项目根本没有预算,不得不通过举债方式去筹集资金。在压力型体制下,基层政府面临着自上而下的系列考核,名目繁多的创建、达标、评比等活动给基层政府带来较大压力,再加之部分地方官员主观上对政绩及晋升的渴求比较强烈,加剧了地方政府支出的刚性。如果经济形势向好,通过正常的财税收入增长或许可以满足政府支出扩张的需求,但新冠肺炎疫情对国民经济的冲击巨大,景县作为一个以制造业为主的县城,显然难以独善其身,经济增长带来的财税收入无法满足政府支出需求,加强税收征管便成为应对困境的现实选择。根据《中华人民共和国税收征收管理法》(2015年修订)第五条规定,地方各级人民政府应当依法对本行政区域内税收征管进行领导或者协调,支持税务机关依法征税。同时,该法第二十八条规定,税务机关不得违规开征、停征、多征、少征、提前征收、延缓征收或者摊派税款。此外,《中华人民共和国预算法》(2018 年修正)第五十五条规定:"各级政府不得向预算收入征收部门和单位下达收入指标。"③从《中华人民共和国税收

---

①　包括财政收入、财政收入增幅及税收收入占比等。

②　包括迎接省级园林县城复检、创建省级洁净城市和国家园林城市以及承办当地的旅游产业发展大会。

③　资料来源:http://www.npc.gov.cn/npc/c30834/201901/d68f06b9ab3e4fa9b8225ad2034c654e.shtml。

征收管理法》的相关规定看,景县政府发挥对税收征管的领导作用,协调有关部门协助税务局征收税款本身并无不妥,但前提是税务机关必须做到依法征税。景县政府忽视经济发展实际,盲目下达税收任务,税务机关在政府压力下集中清缴补缴税款、禁止企业抵扣进项税额以及向企业摊派税款的做法显然与依法征税的要求背道而驰,同时也严重违背中央减税降费精神。当税收任务与依法征税产生冲突的时候,景县政府与税务局选择了前者,"依法征税"让位于"任务至上"不仅是基层政府及其部门依法行政意识淡薄的外在表现,更是压力型体制下地方财政支出盲目扩张及地方财政压力加大的直接产物。国地税合并之前,国税部门实行的垂直领导管理体制,地税部门实行的是双重领导管理体制,地方政府对地税部门的干预能力大于国税部门①,国地税合并之后,税务部门统一实行双重领导管理体制,尽管地方政府对税务部门并不拥有相应的人权和财权,但税务部门与地方政府存在着千丝万缕的联系,一些地方政府甚至通过经费挂钩方式对当地税务部门施加压力。由于税收任务的完成情况是衡量地方政府工作成效和地方官员升迁资格的重要依据,当税收增长目标完成难度加大时,干预税收征管成为地方政府官员的现实选择,进而通过征收"过头税"加重企业税负(袁从帅等,2020)[198]。卢洪友和张楠(2016)[199]的实证研究显示,地方政府换届对税务机关的税收征管强度呈现显著的正向影响,这主要缘于政治关联失效及新任政府官员政治晋升激励的驱动。袁从帅等(2020)[180]的研究同样发现,地方官员晋升激励下降会通过弱化税务机关的税收征管强度降低企业税负。景县税务局违规征税的案例深刻地表明,地方政府对于税务部门的影响力不容小觑,纠正地方政府干预税收执法的行为惯性依然任重道远。当然,面对财政收支矛盾,地方政府除通过税务机关间接影响制造业企业税负外,还可通过直接手段增加企业的经济负担,包括强制性捐款、变相收费或减少对企业的税费返还等。比如,河北景县的广

---

① 因为地方政府通常具有地税部门的人权和财权。

川镇由于在县扶贫办"百企帮千户"工作排名落后,于是采取多种措施动员企业捐款,并根据企业规模指定捐款额度,加重了企业的税外负担。

　　景县违规征税的典型案例表明,减税降费背景下,制造业企业税负压力的下降程度或低于预期。一方面缘于企业因经济不景气和效益下滑导致税负承受力下降,即便此时税务机关的征管强度保持不变,企业对于既定税负触发的痛感也会趋于上升;另一方面,由于地方财政压力攀升,叠加政府职能转变不到位、政绩考核失当、政治晋升冲动、依法执政缺位等多元因素影响,部分地方政府与税务机关通过加强对企业税收征管及采取其他增加企业经济负担的不当行为加重了企业税负压力,在一定程度上对冲了减税降费的效果。事实上,景县的违规行为也并非个例。《国务院关于2019年度中央预算执行和其他财政收支的审计工作报告》显示,在多重影响因素叠加之下,一些地方和部门违规征收税费的现象仍有发生,包括向企业提前征收税费和多征收税费①、违规收取行政事业性收费或违规开展中介服务收费②以及将本该由财政保障的费用转嫁到企业头上③。

---

① 涉及企业278户,涉及金额51.4亿元。
② 涉及5省7家单位,涉及金额1.23亿元。
③ 涉及3省3家单位,涉及金额5703.38万元。

第九章　中国制造业企业税负压力的化解路径:源头治理、制度优化与配套改革

制造业企业税负压力是多个主体、多重因素综合作用的结果,化解制造业企业税负压力不能"头痛医头,脚痛医脚",必须坚持系统观念,综合施策,以转变政府职能、明晰各级政府事权和支出责任为根本,以优化税收制度和政策设计为基础,以落实税收优惠政策为抓手,以同步降低非税负担为前提,以提升制造业企业税负承受能力为关键,以推动制造业高质量发展为归宿,实现制造业企业税负压力的"标本兼治"。

第一节　加强税负压力源头治理

马克思指出:"赋税是喂养政府的奶娘"。在现代国家治理中,税收是政府取得财政收入的基本形式,是政府履行职能的物质基础。由于税收是满足政府支出的主要资金来源,控制政府支出规模过度膨胀是防止包括制造业企业在内的企业税负反弹的内在要求。换句话说,如果政府支出规模不能同步得到有效控制,要么容易导致企业税负攀升,要么导致财政失衡乃至发生财政风险,影响国民经济的持续健康发展。因此,减税降费尽管从短期来看可以

通过增加政府举债产生一些政策效果,但从长期来看,如果没有伴随财政支出的同步削减,将不会真正减轻企业负担(高培勇,2020)[121]。从理论上讲,政府支出的规模从根本上取决于政府的职能,职能的多少以及职能的履行方式决定了政府对财政资金的需求规模。科学界定政府职能、明确政府职责是使市场资源配置中起决定性作用和更好发挥政府作用的基本前提,只有厘清了政府哪些事情该做,哪些事情不该做,才能明确政府的哪些钱该花,哪些钱不该花,才有利于从源头上控制财政支出的规模,减少政府对财政资金的需求,进而抑制政府增加课税的压力和冲动。前文的实证结果也已表明,财政支出扩张是制造业税负攀升的重要影响因素。尤其是在中国财政支出分权程度较高的背景下,地方财政支出占据绝对主导,以 2020 年为例,全国一般公共预算支出高达 245588 亿元,其中地方一般公共预算支出为 210492 亿元,占比 85.7%。因此,控制地方财政支出增长成为控制政府财政支出规模的关键。为此,应以科学界定政府职能作为减轻企业税负压力的逻辑起点,加强政府职能尤其是地方政府职能的理论研究,加快政府职能转变进程,进一步厘清政府和市场的边界,明确各级政府的事权和支出责任,以打造"法治政府"+"有为政府"+"效能政府"为导向,以弥补市场失灵、提供适应社会动态需求的高水平公共产品为政府己任,真正落实好《关于新时代加快完善社会主义市场经济体制的意见》提出的"最大限度减少政府对市场资源的直接配置和对微观经济活动的直接干预"①。建立和健全自上而下和自下而上相结合的政府绩效考核体系,充分发挥考核指挥棒在规范地方政府行为中的作用,深入推进公共产品供给侧改革,强化对财政支出"有保有压"的结构性调整,着力完善地方公共产品供给决策机制和需求表达机制,提高地方居民对公共产品供给的参与度,坚决杜绝各类劳民伤财的"政绩工程""形象工程",统一清理规范各地招商引资、吸引人才及支

---

① 参见《中共中央 国务院关于新时代加快完善社会主义市场经济体制的意见》。

持企业发展中花样繁多的税收返还、财政奖励、财政补助或财政补贴,分清轻重缓急,优先将有限的财力用于弥补公共产品供给的短板,致力实现公共产品供给与公共产品需求的精准匹配。全面加强财政预算绩效管理,创新财政资源配置的思路、机制和手段,提高财政资金的配置效率和使用效益。注重发挥财政资金的导向作用,吸引社会资本深度参与公共产品供给,减少公共产品供给对财政资金的过度依赖。通过财政支出的"规模压缩"与"效率提升"不仅有利于政府更好地提供社会合意的公共产品,而且从支出端减少了对财政资金的需求,有利于从根本上缓解包括制造业企业在内的企业税负上升压力。

第二节　优化税收制度设计

如前所述,税收负担水平是引致企业税负压力的重要因素。在既定的税收征管水平下,税收制度是企业实际税负的基本决定因素。如果仅从化解企业税负压力的角度看,完全可以通过设计轻税制度达到预期目的,但从国家治理的视角看,一个国家的宏观税负绝非越低越好,中国的宏观税负也不可能无限度降低。事实上,经过近几年大规模减税降费,中国小口径①的宏观税负已由 1994 年以来的最高值 18.8%(2012 年)降至 2020 年的 15.2%,同期的中口径②宏观税负也由 1994 年以来的最高值 22.1%(2015 年)降至 2020 年的 18.0%,在国际上处于相对较低水平(刘昆,2021)[200],2016 年 7 月中央政治局会议提出的降低宏观税负目标基本实现,未来宏观税负进一步下降的空间已经有限。考虑到中国 90% 左右的税收由企业缴纳,这也意味着今后一定时期内普惠性地持续降低企业税负的空间已经不大,有增有减的结构性减税应成为税制改革的主要取向。而在既定的税收制度下,税收征管水平又是企业

---

① 用税收收入与 GDP 比值的度量。
② 用一般公共预算收入与 GDP 的比值度量。

实际税负的重要决定因素。因此,税收制度的顶层设计应当与税收征管水平统筹联动。十九届五中全会通过的《中共中央关于制定国民经济和社会发展第十四个五年规划和二〇三五年远景目标的建议》明确提出:"完善现代税收制度,健全地方税、直接税体系,优化税制结构,适当提高直接税比重,深化税收征管制度改革。"这为未来税制改革提供了基本遵循。随着国地税的合并、依法治税理念的深入人心以及现代信息技术在税收征管中的广泛运用,尤其是随着金税三期的全面推广及金税四期的上线,中国的税收征管水平必将进一步上升。2021 年 3 月中共中央办公厅 国务院办公厅印发的《关于进一步深化税收征管改革的意见》明确提出,深化税收大数据共享应用,建成税务部门与相关部门常态化、制度化数据共享协调机制,实现从"以票管税"向"数字治税"转变,大幅提高税法遵从度。面对即将到来的全方位税收征管改革,税收征收率继续上升是大势所趋,企业实际税负与名义税负的差距将会进一步缩小。因此,进一步完善现行税收制度,降低企业名义税负成为减轻企业税负的首要选择。

税率是税制的核心要素,是衡量一个税种税负高低的重要标志。调研发现,从税收制度层面来看,制造业企业税负压力的首要原因是税率过高,其次是税种数量过多。在 2019 年 9—11 月针对 234 家制造业企业的问卷调查结果显示,83 家企业认为税负重的主要原因是税率太高,占比 35.5%,80 家企业认为税负重的主要原因是税种数量太多,占比 34.2%。当问及企业对税收优惠的期待时,160 家企业希望降低税率,占比高达 68.4%,其中,最期待享受降低税率这一税收优惠的企业 95 家,占比 40.6%。在 2020 年 3—4 月针对 55 家制造业企业的问卷调查结果显示,在作答的 30 家企业中,11 家企业认为税负压力主要缘于税率太高,占比 36.7%,10 家企业认为税负压力主要缘于税种数量太多,占比 33.3%。当问及企业最期待享受的税收优惠时,23 家企业选择了降低税率,占比 41.8%。2021 年 4—5 月针对 261 家制造业企业的问卷调查结果显示,认为税费压力的主要来源是税率太高和税种数量太多的企业分别有 79 家和 56 家,占比分别为 30.3% 和 21.5%。可见,尽管近年来的大规模减税已将部分税种的税率①进行了适当下调,但与制造业企业的期望相比仍有一定下调空间。

对于制造业企业来说,增值税和企业所得税是两大主体税种,是企业税负压力的主要来源,因此,完善增值税制度和企业所得税制度可以作为通过制度变革减轻制造业企业税负压力的先手棋。尤其是增值税这一独特的税种,尽管属于价外税,在现实中却成为制造业企业税负压力的第一来源,从减轻制造业企业税负压力的视角看,改革增值税制度无疑是税制改革的"牛鼻子"。

一、深化增值税制度改革

1. 进一步减并同时适当下调增值税税率

增值税税率的高低直接决定了企业的进项税额、销项税额及应纳税额的多少,进而通过改变企业的收入、成本、税金及附加等对企业的盈利水平以及现金流产生连锁反应,强化了企业对增值税税负的感受。营改增后,中国的增值税税率经过几轮调整,除零税率外,目前保留了 13%、9% 和 6% 三档税率,在国际上仍属于税率档次偏多的国家②,减并税率成为下一步增值税制度改革的重中之重。现阶段,制造业等行业适用的增值税税率为 13%,尽管与欧盟及 OECD 多数成员国相比并不算高③,但与亚太地区多数国家相比却不算低④。由于增值税在理论上是一个中性税种,不宜实施过多的税收优惠政策,降低税率是减轻企业增值税负担的最直接、最有效的途径。特别是考虑到中

---

① 比如,增值税的基本税率历经两次调整后由原来的 17% 降至 13%。

② 2017 年,全球开征增值税的 162 个国家或地区中,77.2% 的国家或地区设置一档或两档税率。

③ 从增值税基本税率来看,2019 年世界各国的平均值为 15.56%,亚太地区的平均值为 10.06%(万莹,熊惠君,2020)。

④ 亚太地区近 70% 的国家(地区)将标准税率设置在 10% 及以下。

国人口数量红利趋于弱化,人工成本日益攀升①,多数劳动密集型行业生存压力更加凸显,同时,不少科技型制造业企业成本中的研发人员工资比重较高,人工成本在挤占企业利润的同时却因进项税额无法抵扣而增加了企业增值税负担,但如果允许抵扣人工成本的进项税额又有悖于增值税的基本原理,因此,降低增值税税率也是解决这一困境的现实选择。胡海生等(2021)[201]基于动态可计算一般均衡模型研究发现,2018年以来增值税税率下调降低了包括制造业在内的多数行业增值税负担。如果仅从减轻企业增值税税负的角度看,增值税税率显然是越低越好,但增值税税率的设计不仅要考虑对企业税负的影响,还要关注对财政承受能力及收入分配的影响。杨志勇(2016)[22]认为,增值税三档并两档的目标应是基本税率10%左右和低税率5%左右。梁俊娇等(2018)[202]运用投入产出表分析法测算了不同税率减并方案对各行业增值税税负及增值税收入的影响,结果显示,将目前适用13%和9%税率行业的税率分别降至10%和6%,同时保持适用6%税率行业的税率不变,能够兼顾降低企业税负和财政承受能力的需要,是较为理想的方案。张淑翠等(2019)[203]基于对增值税税率减并的四种情景模拟测算发现,将目前适用13%税率行业的税率降至10%、适用9%税率行业的税率并入6%,设置10%、6%两档税率的减税效果较好。万莹和熊惠君(2020)[204]基于可计算一般均衡模型的测算结果显示,当增值税税率下调至"9%+6%"时能够取得最优的经济效应、收入分配效应和社会福利效应。考虑到制造业是中国实体经济的主体,而且是国家税收尤其是增值税收入的贡献主体,增值税税率的调整既要考虑到制造业企业减负需要,也要兼顾国家财政的承受能力,同时还需参考周边国家和地区的税率水平,建议将目前适用13%税率行业

---

① 笔者2019年9—11月基于对234家制造业企业的问卷调查结果显示,90.2%的受访企业认为成本压力主要来自人工成本,45.3%的企业认为最大的成本压力来自人工成本。笔者2020年3—4月基于对55家制造业企业的问卷调查结果显示,34.6%的企业认为人工成本在企业经营支出中占比最高。

的增值税税率下调至 10%、将适用 9%税率行业的增值税税率下调至 6%,同时保持目前适用 6%税率行业的税率不变,并配套完善进项税额抵扣政策。2019 年 9—11 月针对 234 家制造业企业的问卷调查结果显示,在作答的 108 家企业中,有 36 家企业表示增值税基本税率在 10%左右比较合适,占比 33.3%。

2.进一步扩大增值税进项税额抵扣范围

国家实施营改增及下调增值税税率等系列税制改革后,相当部分制造业企业的增值税税负重感依旧较为强烈,其中一个重要原因在于制造业企业的进项税额抵扣不足。营改增打通了行业间的增值税抵扣链条,对于增值税一般纳税人尤其是制造业企业来说,进项税额抵扣范围明显拓宽。但与现实中企业的实际需要相比,进项税额抵扣范围有待进一步拓宽。针对多数制造业企业主要依靠贷款融资的现实,重点考虑取消现行增值税法关于购进贷款服务不得抵扣进项税额的规定,允许企业抵扣购买贷款服务(包括银行贷款服务和非银行金融机构贷款服务)支付的增值税。

3.进一步完善增值税留抵退税制度

自 2019 年 4 月 1 日起,中国开始试行增值税留抵退税制度,并且实现了行业全覆盖。目前,增值税留抵退税的相关制度安排散见于国家税务主管部门出台的文件,并且对不同行业的留抵退税条件进行了区别对待。与其他行业相比,目前制造业享受留抵退税的门槛相对较低,国家对制造业增值税留抵退税的支持力度不断加码,尤其是在 2022 年,制造业企业享受增值税留抵退税优惠的力度可谓空前。《财政部 税务总局关于进一步加大增值税期末留抵退税政策实施力度的公告》(财政部 税务总局公告 2022 年第 14 号)将先进制造业按月全额退还增值税增量留抵税额政策范围扩大至符合条件的制造业等行业企业,所有符合条件的制造业企业可按月申请留抵退税,不再受"连续六个月"的约束,并一次性退还制造业企业存量留抵税额。这对于增加制造业企业现金流、提振制造业企业发展信心具有重要意义。但需要注意的是,现有的留抵退税政策均将留抵退税待遇与企业纳税信用等级挂钩,这一规定有其必要性和积极意义,但现行留抵退税政策仅适用于 A 级和 B 级信用等级的纳税人,信用等级为 M 级的纳税人被排除在外。根据《国家税务总局关于纳税信用评价有关事项的公告》(国家税务总局公告 2018 年第 8 号)规定,适用 M 级纳税信用等级的企业主要包括以下两种情形,同时要求企业未发生《信用管理办法》第二十条所列失信行为:一是新设立企业;二是评价年度内无生产经营业务收入且年度评价指标得分 70 分以上的企业。事实上,无论是新设立企业还是评价年度内无生产经营业务收入的企业,尤其对于那些重资产的制造业企业来说,一定时期内往往会因采购多、销售少而出现进项税额大、销项税额少的局面,因此,出现留抵税额的概率以及留抵税额的规模相对更大,从而挤占企业本就有限的现金流,甚至导致企业负债增加,更容易加重企业的经济负担和税负压力,相对于其他企业而言,上述企业对留抵退税的需求更为迫切。因此,应当适时考虑将现行留抵退税制度覆盖到 M 级纳税人,发挥留抵退税"雪中送炭"的功能。事实上,《中华人民共和国增值税法》(征求意见稿)已经明确提出:"当期进项税额大于当期销项税额的,差额部分可以结转下期继续抵扣;或者予以退还,具体办法由国务院财政、税务主管部门制定。"将增值税留抵退税明确写入《中华人民共和国增值税法》是推进留抵退税制度化和法制化的重要体现,但对于享受留抵退税的基本条件需要在今后出台的增值税法实施条例中作出原则性规定,确保留抵退税成为一项普惠性的制度安排,同时真正将是否享受留抵退税优惠的选择权充分赋权于企业,并加大对留抵退税骗税行为的打击力度,充分释放留抵退税的制度红利。

二、完善企业所得税制度

1.实施对企业所得税税率的结构性调整

中国企业所得税的基本税率为 25%,还有部分特定类型的企业适用 20%

和15%的优惠税率。美国税收基金会发布的《2020年全球企业所得税税率分析报告》显示,全球企业所得税税率法定税率的算术平均值由1980年的40.11%降至2020年的23.85%,同期的加权平均值也由46.52%降至25.85%。2020年,在报告涉及的223个管辖区中,61.9%的管辖区企业所得税税率不超过25%,13.5%的管辖区企业所得税税率不超过10%,但仍有11.7%的管辖区企业所得税税率高于30%。其中,七国集团的平均法定税率和加权平均税率分别为27.24%和26.95%,OECD成员国的平均法定税率和加权平均法定税率分别为23.51%和26.3%,金砖国家的平均法定税率和加权平均税率分别为27.4%和26.49%。美国税收基金会认为,过去40多年全球企业所得税平均法定税率下降的趋势仍将持续。需要注意的是,七国集团已于2021年6月达成一项协议,支持将全球最低企业所得税税率设定为15%,这有利于结束各国在企业所得税领域的"逐底竞争"。中国企业所得税的基本税率为25%,与世界其他各国相比,整体并不算高,但与企业的心理预期相比,现行企业所得税基本税率依然偏高。2019年9—11月针对234家制造业企业的问卷调查结果显示,44.4%的受访企业认为企业所得税税率偏高,有53家企业表示企业所得税的基本税率确定为10%—20%比较合适,其中,认为税率水平为10%和15%较为适宜的企业分别为26家和18家。考虑到企业所得税是中国当前第二大税种,加之增值税税制改革大概率会伴随增值税税率下调,这将对增值税收入产生一定冲击,从财政承受能力看,未来一定时期内全面降低企业所得税基本税率的空间不大,应考虑对现行企业所得税税率进行结构性调整,其中,调整的重点应是小微企业的企业所得税税率。按照现行企业所得税法规定,符合条件的小型微利企业减按20%的税率征收企业所得税,但在实践中,为了照顾小型微利企业发展,对符合条件的小型微利企业还实行了进一步优惠,即财税〔2019〕13号文发布之前的减半征税优惠,享受减半征收企业所得税优惠后,小型微利企业的企业所得税实际税负率相当于10%。《财政部 税务总局关于实施小微企业普惠性税收减免政策的通知》（财税〔2019〕13号）对小型微利企业的企业所得税优惠首次引入了超额累进计算方法，按照这一计算方法，小型微利企业应纳税所得额不超过100万元的部分，企业所得税实际税负率相当于5%，应纳税所得额超过100万元不超过300万元的部分，企业所得税实际税负率相当于10%。根据《关于实施小微企业和个体工商户所得税优惠政策的公告》（财政部　税务总局公告2021年第12号）规定，小型微利企业年度应纳税所得额不超过100万元的部分在财税〔2019〕13号基础上再减半征收企业所得税，这样一来，小型微利企业年度应纳税所得额不超过100万元的部分对应的企业所得税实际税负率相当于2.5%。平均来看，符合条件的年度应纳税所得额不超过300万元的小型微利企业的企业所得税实际税负率不超过10%。但自2010年以来小型微利企业所得税优惠政策的频繁调整弱化了税法的严肃性，加大了政策操作成本，不利于企业形成稳定预期。事实上，加强对小微企业税收支持是国际上的通行做法，中国应考虑将对小微企业的税收优惠与税收制度改革相结合，构建以低税率为核心的小微企业税收优惠体系，按照实质重于形式的原则，以制度化和法制化方式将小微企业适用的企业所得税税率由原来的20%降至10%，强化小微企业所得税优惠的刚性，稳定小微企业对所得税优惠的预期。当然，如果在某一特定时期确需对小微企业实施特别或临时税收优惠，可在此基础上另行出台相关优惠政策。

2. 提高研发费用税前加计扣除优惠力度及其法治化水平

研发费用税前加计扣除优惠是鼓励企业加大研发投入、支持企业科技创新、减轻企业税负的重要举措。尽管《中华人民共和国企业所得税法实施条例》将研发费用税前加计扣除的比例确定为50%，但在近年来，财政部、税务总局、科技部等部门对这一比例进行了动态调整。其中，《关于提高科技型中小企业研究开发费用税前加计扣除比例的通知》（财税〔2017〕34号）将科技型中小企业研发费用税前加计扣除比例上调至75%[1]，《财政

---

[1]　有效期间为2017年1月1日至2019年12月31日。

部 税务总局 科技部关于提高研究开发费用税前加计扣除比例的通知》(财税〔2018〕99 号)又将上述优惠的受益主体由中小型科技企业扩大至全部企业①。为了进一步鼓励制造业企业加大研发投入力度,《关于进一步完善研发费用税前加计扣除政策的公告》(财政部 税务总局公告 2021 年第 13 号)将制造业企业的研发费用加计扣除比例上调至 100%,并将享受加计扣除优惠的时点放宽至申报当年第 3 季度(按季预缴)或 9 月份(按月预缴)。并且,自 2022 年起,科技型中小企业的研发费用加计扣除比例也上调至 100%。近两年来,有关提高研发费用税前加计扣除比例的政策调整频率高,时效性强,不利于企业形成稳定预期。事实上,鼓励企业加大研发投入是国家落实创新驱动发展战略的应有之义,也是国际上的通行做法,应当通过制度化、法制化的方式将研发费用税前加计扣除比例予以明确,而且,为了鼓励企业进一步加强基础研究,应考虑进一步提高基础研究经费的税前加计扣除比例。许多发达国家研发费用税前加计扣除的比例已提高到 200%甚至 300%(许善达,2021)[205],我国制造业享受的 100%加计扣除比例与国际最高水平相比仍有一定提升空间,但考虑到中国研发经费投入的特征②,今后一定时期内研发经费加计扣除比例的调整应着眼于基础研究经费,建议将其加计扣除比例进一步上调至 150%,并将其明确载入《中华人民共和国企业所得税法》及其实施条例中。同时,为尽可能减小研发经费加计扣除对制造业企业预缴企业所得税及全年应纳企业所得税差异的影响,最大限度减少预缴企业所得税对企业资金的占用,建议在财政部 税务总局公告 2021 年第 13 号文件的基础上,进一步放宽制造业企业享受研发费用加计扣除优惠的时点,允许企业在申报当年第 1 季度、第 2 季度、第 3

---

① 有效期间 2018 年 1 月 1 日至 2020 年 12 月 31 日。

② 2020 年中国研发经费支出 24426 亿元,其中基础研究经费 1504 亿元,占比仅为 6.2%,而主要发达国家的基础研究经费比重大多在 15%以上。《中华人民共和国国民经济和社会发展第十四个五年规划和 2035 年远景目标纲要》明确提出,基础研究经费占研发经费比重要提高到 8%以上。

季度(按季预缴)或 3 月份、6 月份、9 月份(按月预缴)的企业所得税时享受加计扣除。

三、适时取消附加于增值税和消费税的税费

城市维护建设税、教育费附加和地方教育附加是企业税费负担的重要构成。从征收这些税费的初衷看,城市维护建设税是为了扩大和稳定城市维护建设的资金来源,教育费附加和地方教育附加是为了扩大地方教育经费的资金来源,并且,三者均是以纳税人实际缴纳的增值税和消费税为征收依据,并无独立的课税对象和收费对象。从现实情况看,继续征收城市维护建设税、教育费附加和地方教育附加的必要性日趋下降。一方面,这些附加税费的存在加剧了中国税费制度的复杂性,不符合"简化税制"的改革取向。另一方面,此类附加税费并无独立的征收对象,也无特定的调节功能,征收的主要目的就是为了政府增加财政收入,缓解政府在城市维护建设和教育事业方面的支出压力。随着中国经济的迅速发展,国家的财力规模与过去早已不可同日而语,2021 年全国一般公共预算收入达到 202539 亿元,城市维护建设税为 5217 亿元,占比仅为 2.6%,取消城市维护建设税对政府财力的冲击并不算大,而且随着经济社会体制改革的不断深化,城市建设和教育领域有望引入更多的社会资本,有利于减缓财政支出的压力。即便考虑到城市维护建设税和教育费附加等税费的财政意义,也完全可以通过改革和完善增值税、消费税以及开征房地产税等途径对冲取消这些附加税费带来的影响。更为关键的是,取消城市维护建设税、教育费附加和地方教育附加能够让企业切实感受到国家减税降费的获得感,尤其是在增值税作为多数企业负担最重的税种的背景下,取消这些附加于增值税基础上的税费影响更为深远。

四、健全个人所得税制度和房地产税制度

十九届五中全会提出,健全直接税体系,适当提高直接税比重。但如前文

所述,中国现有的直接税体系以所得税为主,财产税占比较低①,个人直接缴纳的税款不足全部税收的 10% ,90% 左右的税收由企业直接缴纳。不管企业直接缴纳的税款最终能否实现转嫁,都会通过某种机制加重企业的税负压力。在政府财政支出压缩空间受限的背景下,提高个人缴税比重可为降低企业税负腾出一定空间。从中国税制改革的动向来看,未来个人缴税提升的空间主要落在个人所得税和房地产税两个税种身上。

2019 年 1 月 1 日起实施的新个人所得税法对中国的个人所得税制进行了重大调整,分类个人所得税制转向分类与综合相结合的个人所得税制,但实行综合课税的所得主要限于劳动性所得,财产类所得(含财产租赁所得、财产转让所得)、债权股权类所得、偶然所得等非劳动性所得仍然分别课税,并且实施分别课税制度的个人所得适用的最高边际税率远低于综合所得的最高边际税率,为真正的高收入阶层偷漏税和避税提供了动机和空间,既影响了个人所得税收入分配调节职能的发挥,也影响了个人所得税收入的增长。为此,今后在巩固当前税制改革成效的基础上,依托大数据和现代信息技术大力提升个人所得税征管能力和水平,逐步扩大综合所得的课税范围,最终实现分类与综合相结合的个人所得税制向综合个人所得税制的转变,着力提升高收入群体对个人所得税的贡献,提高个人所得税在税收收入中的比重。

房地产税是一种较为典型的直接税。中国的房地产税立法正在稳妥推进当中,其中最核心的问题在于如何对个人住房征税。从理论上说,房地产税的制度设计主要取决于这一税种的功能定位。当前社会各界对于房地产税的功能定位尚未完全达成共识,但可以明确的一点是,房地产税必须首先

---

① 以 2020 年为例,全年企业所得税收入 36424 亿元,占全部税收收入的 23.6%,个人所得税收入 11568 亿元,占全部税收收入的 7.5%,两项所得税收入占比合计为 31.1%,房产税收入 2842 亿元,占全部税收收入的 1.8%,契税收入 7061 亿元,占全部税收收入的 4.6%,两项财产税收入占比合计为 6.4%。

发挥一定的收入筹集职能，使其能为地方政府提供稳定的收入来源，逐步成长为地方政府的主体税种，在基础上再进一步发挥房地产税必要的调节职能。因此，房地产税的制度设计应做好以下几点：（1）课税范围要实现广覆盖，拓宽房地产税的税基；（2）引入超额累进税率制度，着力加大对投资性和投机性住房的调节力度；（3）考虑个人基本的生活需要，设定合理的免税面积或免税额标准；（4）赋予各省（市、自治区）适当自主权，允许各地结合实际实行差异化房地产税制度；（5）试点先行，逐步推广，由各省（市、自治区）自主选择试点城市，在试点改革中积累经验不断完善房地产税制度。当然，将房地产税培育成为地方政府的主体税种尚需一个较长的过程，短期内，即便针对个人住房的房地产税得以在各地试点征收，其对地方财政的贡献仍将有限。

第三节　坚持税费联动改革

制造业企业税负压力的来源并非仅限于企业承担的税收本身，而且与企业负担的税外各项费用息息相关。究其原因，一方面是因为部分企业对于税收和准税收性质的费用区分不清，将准税收性质的费用造成的负担算到了税收的头上；另一方面是因为各种税外收费通过挤压企业盈利放大了税收对企业的负面影响。因此，减轻制造业企业税负压力必须坚持税费联动，防止"按下葫芦浮起瓢"。特别是随着税费征管体制改革的深入推进，非税收入将分批划归税务机关征收，在不少纳税人眼中，税与费的界限或将变得更加模糊，这种认识上的偏差容易进一步加剧税外收费对企业税负压力的影响，进而可能让规范的税收替不规范的税外收费"背锅"。为此，必须全面梳理现行的各项非税收入，对现行的各类收费及政府性基金的性质、征收依据及合理性逐一进行深入论证，坚决取消不合时宜、依据不明以及相关支出适宜由税收统筹安排的收费及政府性基金，分步推动具有税收性质的收费实施"费改税"，重点推进社保领域的"费改税",适时开征社会保障税。需要强调的是,社保收费是制造业企业非税负担的重要构成,但目前中国企业社保合规比例并不乐观。51 社保发布的《中国企业社保白皮书 2020》显示,2020 年社保基数合规企业占比为 31%,这一比例虽然在持续提升,但距离预期差距甚远,相当部分企业选择按照最低缴费基数参保。随着非税收入征管体制改革的推进,企业社保将划归税务统一征收,由于税务部门征收社保费具有明显的职能优势(许红梅和李春涛,2020)[206],企业社保缴费基数的合规性无疑会显著提升。唐钰和封进(2019)[207]的研究发现,税务机关征收省份的社保费缴费率和参保率分别较社保机构征收省份高出 3%和 5%。由此看来,如果社保费率保持不变,社保征管体制的改革将会使多数企业尤其是劳动密集型中小制造企业的社保负担进一步加重。不仅如此,还有研究发现,社保费征管力度的加强有利于降低劳动密集型企业的避税程度,而税务部门代征社保费对企业避税的抑制作用更加显著(许红梅和李春涛,2020)[206]。因此,企业社保制度的改革尤其是社保费率的调整应当充分考虑社保征管水平的变化,力求社保征管体制改革前后企业社保负担保持基本稳定,同时也不能单纯为了降低企业社保收费而弱化职工社会保障,这就要求在"降费率,强征管"的同时进一步加大财政对社会保险的补贴,实现社会保障"降费"不"降质"(马金华等,2021)[5]。进一步梳理中央和地方行政事业性收费和政府性基金项目,明确收取行政事业性收费和政府性基金的理论依据,对于确需保留的收费项目和政府性基金由中央政府统一设立"正面清单",严格限制地方政府自立收费名目的权力,加强对第三方服务收费事项的监督管理,健全违法违规涉企收费行为的投诉受理机制,依法严惩各类违法违规收费行为,通过"清费正税"着力优化政府收入结构,提高税收收入在政府收入中的比重,着力缩小不同口径宏观税负的差异。

第四节　强化税收优惠政策落实,提升制造业企业减税降费获得感

一、严格依法征税为更好落实税收优惠政策腾出空间

前文的实证研究发现,税收征管是制造业企业税负及税负压力的重要影响因素。近些年来,随着税收征管体制的深化及税收征管技术的进步,税收征管强度整体上趋于上升,包括制造业企业在内的各类企业通过非正规渠道偷逃税款或规避税款的空间日趋缩小,成为减税降费背景下部分制造业企业减税获得感不强的重要原因。在过去国地税分设的背景下,由于国地税管理体制不同,国税部门的征管强度整体高于地税部门,国地税合并后,税务机关实行以国家税务总局为主与省(区、市)人民政府双重领导管理体制,地方政府对税务机关征税的干预空间较之过去有所收窄,并且随着国地税合并后税收征管资源的重新优化配置以及大数据、区块链等现代信息技术尤其是"金税四期"在税收征管中的推广应用,中国的税费征管水平必将进一步提升,实际税负与法定税负的差异将会进一步缩小。但如果为了减轻制造业企业税负压力刻意放松税收征管或者进行选择性税收执法显然不符合逻辑,既有悖于依法征税的内在要求,也难以彰显税收的公平原则。李艳等(2020)[176]基于2009—2015年中国税收调查数据的实证研究发现,税收征管能力加强可有效打击逃税行为,加强税收征管有利于缩小企业间税负差距和改善企业纳税环境公平性,只有保证"应收尽收"才能实现"应减尽减",严格做到依法征税可为更好落实税收优惠政策腾出空间。因此,减轻制造业税负压力决不能以牺牲依法征税为代价,必须严格依法征税、应征尽征,但同时要坚决杜绝"过头税",加大对各类变相加重企业税负行为的惩治力度。需要注意的是,尽管从理论上来说,税务机关的征税任务已由原来的指令性变为指导性,但在实践中税收任务的"刚性"色彩依然浓厚,特别是税收任务明显高于应征税收时,叠

加地方政府的不当干预,税务机关在较大的征税压力下倾向于通过加强税收征管甚至征收"过头税"完成税收任务,进而导致"依法征税"让位于"依计划征税"(白云霞等,2019)[47]。为了解决"依法征税"与"税收任务"可能的冲突,需要坚持多管齐下:一方面,建立和完善税收收入预测模型,统筹考虑下一年度税制改革、税源变动、税收征收率、税收优惠及其他可能的重要影响因素,进一步增强税收任务的科学性和精准性,力争实现税收任务与应征税收的最小偏离;另一方面,推行税收任务的区间化管理,适当强化税收任务的弹性,并配套改革税务机关考核管理机制,更加突出征管质量、税收执法、纳税人满意度等因素在绩效考核中的地位,引导税务机关将工作重点转向依法征税和优化服务。此外,进一步理顺地方政府与税务机关的关系,在国地税合并的基础上,着手考虑将税务机关现行的双重领导管理体制逐步转向垂直管理体制,尽可能减少地方政府对税务机关的各种不当干预,增强税务机关依法征税的独立性。

二、优化和落实以增值税和企业所得税为主的税收优惠政策

2020年12月30日召开的中央全面深化改革委员会第十七次会议明确要求,优化税务执法方式,大幅提高税法遵从度和社会满意度。提高税法遵从度意味着税收征管强度必然还会进一步上升。如前所述,在既定的税制框架下,加强税收征管、实现应收尽收倾向于提高包括制造业企业在内的企业税负。因此,为缓冲因税收征管加强引发的"增税效应",除了从制度层面降低法定税负和规范税外收费外,还应以优化和落实税收优惠政策为重要抓手化解制造业企业的税负压力。在针对制造业企业的问卷调查及实地访谈中发现,当问及制造业企业最期待改善哪些方面的税收营商环境时,制造业企业对税收优惠政策的诉求较大(见表9-1)。在笔者自行组织或与税务机关联合开展的问卷调查中,至少四成以上的制造业企业期待出台更多税收优惠政策。其中,2019年问卷调查涉及的234家受访企业中,希望出台更多税收优惠政

策的企业占比高达 60.3%。新冠肺炎疫情暴发后,为支持疫情防控和企业复工复产,国家出台了系列阶段性减税降费政策。在 2020 年受访的 55 家制造业企业中,47.3%的企业认为新冠肺炎疫情期间减税降费在推动企业复工复产、提高企业盈利能力中的作用"非常大"或"比较大",94.6%的受访企业认为疫情期间出台的税收优惠政策有必要继续实施。2021 年的 261 家受访企业中,仍有过半的制造业企业期待出台更多税收优惠政策。并且,除了期待出台更多优惠政策外,还有近半数的受访企业希望更好地落实减税降费政策。事实上,实施税收优惠不仅可以直接减轻制造业企业税负压力,而且有利于提高制造业企业创新水平。李远慧和徐一鸣(2021)[208]的实证研究发现,税收优惠对先进制造业企业的一般性创新和实质性创新在统计上均呈现显著的正向影响。

表 9-1　制造业企业对税收优惠政策的诉求　　　　　单位:家、%

	2018 年 6—7 月		2019 年 9—11 月		2020 年 3—4 月		2021 年 4—5 月	
	频数	频率	频数	频率	频数	频率	频数	频率
出台更多税收优惠政策	136	43.7	141	60.3	29	52.7	146	55.9
更好地落实减税降费政策	104	33.4	140	59.8	30	54.6	124	47.5

由于增值税和企业所得税是制造业企业税收负担最主要的组成部分,因此,制造业企业最期待享受的税收优惠集中于增值税和企业所得税两大税种。2019 年针对 234 家制造业企业的问卷调查显示,最期待享受增值税优惠政策和企业所得税优惠政策的企业占比分别为 45.3%和 32.9%,2020 年针对 55 家制造业企业的问卷调查显示,最期待享受增值税优惠政策和企业所得税优惠政策的企业占比分别为 56.4%和 36.4%,2021 年针对 261 家制造业企业的问卷调查显示,期待享受增值税优惠和企业所得税优惠的受访企业占比分别为 70.5%和 72.4%①。有研究发现,降低制造业企业增值税负担和企业所得

_____

① 关于制造业企业最期待享受哪个税种的优惠政策,2018、2019 年和 2020 年的调查问卷设置的选项为单项选择,而 2021 年调查问卷设置的选项为多项选择。

税负担可以通过增加企业现金流和研发经费投入提高全要素生产率（马金华等，2021）[5]。为此，应以进一步优化增值税和企业所得税两大税种的优惠政策作为通过税收优惠减轻制造业企业税负压力的主要切入点。同时，结合制造业企业反映的税收优惠力度太小、税收优惠政策变化太频繁、税收优惠政策设计过于复杂、享受优惠政策条件过于苛刻以及优惠政策期限太短等问题，应对增值税和企业所得税现行税收优惠政策进行全面梳理，并区别情况、分类处理。具体来说，对于确需长久扶持或鼓励发展领域实施的税收优惠政策，如小微企业的企业所得税优惠、研发费用税前加计扣除、固定资产加速折旧、增值税留抵退税、增值税起征点等，应着力将调整税收优惠政策与改革税制和完善税法有机统一起来，实现税收优惠政策的普惠性、制度化和法制化；对于因某种特定目的出台的阶段性或专项性税收优惠政策，应尽可能优化政策设计，减少企业享受优惠的前置条件，简化企业享受税收优惠政策的流程，依托现代信息技术打造智慧税务，完善税务部门与其他部门之间的信息共享机制，最大限度减少对企业的资料要求，强化企业享受税收优惠的便捷性，降低企业享受税收优惠政策的遵从成本。以研发费用税前加计扣除优惠为例，目前研发费用存在三个口径，分别是会计核算口径、高新技术企业认定口径及税前加计扣除口径，三个口径研发费用包含的具体内容存在一定差异，既加大了企业对研发费用归集核算的难度和成本，也容易诱发企业的涉税风险，实践中经常出现企业申报加计扣除的研发费用被税务机关调整的现象，影响了研发费用税前加计扣除优惠的实施效果。为此，建议财政部、税务总局及科技部联合对不同口径的研发费用进行全面梳理和评估，以鼓励企业增加实质性研发投入、提升企业研发费用归集核算的确定性为导向，尽可能减小不同口径尤其是高新技术企业认定口径和研发费用加计扣除口径的差异，降低企业研发费用的归集核算成本，促使企业充分享受研发费用税前加计扣除优惠。此外，加强对阶段性或专项性税收优惠政策实施效果的评估，对于实施效果良好、确有必要持续实施的政策逐步升格为税收制度和税收法律，对于没有必要继续实施的政策必须适时退出。为了更好落实现有的税收优惠政策,让制造业企业"应知尽知,应享尽享",要充分利用微信公众号、税务机关网站、电子税务局等渠道加大税收优惠政策宣传力度,加强税收优惠政策宣传和推送的主动性、及时性和精准性,通过线上和线下多种形式为制造业企业提供有针对性和实效性税收政策辅导和咨询服务,切实提升制造业企业享受税收优惠政策的便捷性。

需要强调的是,尽管加大税收优惠力度和更好落实税收优惠政策有利于降低制造业企业税负压力,但必须同步采取有效措施防范企业对税收优惠政策的滥用,确保税收优惠政策的效果落地生根。以研发费用税前加计扣除优惠为例,吴秋生和王婉婷(2020)[209]的实证研究发现,研发费用加计扣除优惠会诱发企业的研发费用归类操控行为,进而降低企业的创新效率,但审计监督有利于遏制这一现象。杨国超等(2017)[210]的研究结果同样显示,公司研发操控行为在现实中确实存在,并且研发操纵公司的研发投入与公司未来的研发绩效(如发明专利申请、发明专利授权数量等)间的正相关关系更弱。杨国超和芮萌(2020)[211]的研究还发现,高新技术企业税收减免政策既可能产生激励效应,也可能带来迎合效应,通过虚增研发投入获得高新技术企业认定的公司对应的创新投入以及创新产出的数量和质量均提升较少。因此,在优化税收优惠制度和政策设计、强化企业享受税收优惠便捷性的基础上,充分依托大数据、云计算、区块链、人工智能等现代信息技术加强对企业涉税优惠信息的获取和甄别,加强对税收优惠政策享受情况的随机抽查专项审计,重点检查享受税收优惠力度较大但企业绩效提升不明显的企业(比如研发投入力度大但创新绩效差的高新技术企业),加大对通过虚假手段骗取或滥用税收优惠政策行为的惩罚力度,防止税收优惠政策演变成为某些企业纯粹避税的工具,确保实现国家税收优惠政策的初衷。

三、统一小微企业税收优惠政策受益主体的口径

小微企业在国民经济和社会发展中发挥着重要作用,但其生存与发展困难重重。近年来,国家为扶持小微企业发展出台了系列减税举措,但仍有部分小微企业被拒之税收优惠门外,其中税收优惠政策受益主体口径不统一是重要诱因,这不仅影响了小微企业税收优惠政策的受益面,而且加剧了税收优惠政策操作的复杂性。为此,应当全面梳理涉及小微企业的税收优惠政策,将各税种优惠政策的受益主体统一调整为小微企业,以国家统计局对大中小微型企业划分标准为依据,基于员工人数、营业收入、资产总额等指标统一各税种优惠政策所涉小微企业的基本标准,在此基础上进一步明确各税种优惠的个性化标准。比如,小微型企业增值税起征点优惠的受益主体可界定为"季度销售额不超过45万元的小微企业",小微型企业所得税优惠的受益主体可界定为"年度应纳税所得不超过300万元的小微企业"。

四、进一步优化税收征管和纳税服务

全面梳理现行税收征管和纳税服务的痛点和堵点,以提高税法遵从度和社会满意度导向,按照中共中央办公厅、国务院办公厅印发的《关于进一步深化税收征管改革的意见》深化税收征管制度改革,优化税收征管流程,精简纳税报送资料,充分依托现代信息技术,提高办税服务厅的智能化服务水平,进一步健全纳税服务体系,着力构建以纳税人缴费人为中心的智慧税务系统,既要实现涉税事项办理流程及要求的标准化和规范化,又要做到纳税服务的人性化和个性化。重点推进区域间税务执法标准统一,尽快实现跨省经营企业涉税事项全国通办,着力降低纳税人跨地区办理涉税业务的遵从成本。

第五节　着力提升企业税负承受能力

如前所述,企业感知到的税负压力大小不仅取决于企业客观上缴纳税款的多少,而且还会受到企业税负承受能力高低的制约。今后一定时期内,中国持续大规模减税降费的空间有限,制造业企业对客观税负的下降幅度不宜抱有过高预期,进一步提高企业盈利能力和水平、缓解企业资金压力、增强企业对税负的承受能力是减轻企业税负压力的重要切入点。受体制性、周期性和结构性因素影响,中国经济下行压力较大,制造业企业盈利能力整体出现回落。孙志燕和刘晨辰(2020)[193]的研究发现,在其观察的29个制造业行业中,21个行业2018年的利润率较2012年出现明显下降,其中降幅超过20%的行业达到8个,29个行业2018年和2019年利润规模分别同比下降约14.2%和9.0%,9个行业的亏损面超过20%。突如其来的新冠肺炎疫情冲击对于多数制造业企业而言无疑是雪上加霜。笔者2019年9—11月和2020年3—4月分别针对234家和55家制造业企业的问卷调查结果显示,分别有56.0和70.8%的受访企业表示利润同比出现下降,其中反映"明显下降"的企业占比分别为22.7%和41.8%。新冠肺炎疫情将会深刻改变世界经济格局,制造业企业的产业链和供应链及其面临的国内外市场环境也将发生显著变化,制造业企业必须顺应形势变化,积极融入新发展格局,加快创新驱动发展力度,充分利用大数据、云计算、人工智能等新一代信息技术推动自身转型升级,逐步迈向价值链中高端,持续提升盈利能力和水平。一般来说,提高制造业企业利润的基本思路无非就是要增收节支,即一方面促进企业销售收入持续增长,另一方面在不影响产品质量和性能的前提下尽可能压缩成本。制造业企业的销售收入水平既取决于企业的产能和销量,也取决企业产品的销售价格。通常来说,市场经济发展越充分,制造业企业面临的竞争往往越激烈,企业容易陷入"中低技术困境",停留于低水平竞争(孙志燕和刘晨辰,

2020)[193]。这就要求制造业企业加快推动产品的供给侧改革,聚焦主业,紧紧依靠技术创新和商业模式创新实现产品供给与需求的动态适配,强化产品特色,减少产品同质化竞争,提高产品附加值和核心竞争力,同时大力推进制造业服务化,着力向微笑曲线两端延伸,持续提升企业议价能力,这样既有利于保证企业的销售收入,也有利于企业实现税负转嫁,同时谨慎发展企业的金融活动,警惕企业陷入金融投机的恶性循环(谢富胜和匡晓璐,2020)[212]。从成本视角看,调查发现,人工成本和原材料成本是制造业企业最主要的成本构成,降低人工成本和原材料成本成为制造业降成本的关键。随着中国人口数量红利的逐步消失,劳动年龄人口占总人口比重趋于下降,人口老龄化程度不断提升。第七次全国人口普查结果显示,中国 60 岁及以上人口占比由 2010年的 13.26%升至 2020 年的 18.70%,同期 65 岁及以上人口占比由 8.87%升至 13.50%。尽管中国已对生育政策进行了进一步优化,允许一对夫妇生育三个子女,但"三孩政策"的实施效果有待进一步观察。如果中国人口年龄结构演变趋势及制造业发展模式保持不变,制造业人工成本上涨态势仍将持续,对企业利润的挤压或将长期存在。为此,制造业企业应当顺应外部环境的变化,结合自身业务实际,加快技术改造升级进程,改进生产工艺和流程,依托大数据、云计算、人工智能、工业互联网等现代信息技术推动智能制造和智能管理,不断创新企业采购模式和企业核算体系,建立健全全面生产成本控制体系,推动制造业企业降本增效。与人工成本和原材料成本相比,虽然税费成本在多数制造业企业总成本中占比并不算高,但其对企业盈利水平及现金流状况的改善仍具有重要作用。2019 年 9—11 月针对 234 家制造业企业的问卷调查显示,49.6%的受访企业认为减税降费有利于提升盈利水平,57.7%的受访企业认为减税降费有利于缓解资金压力,50.9%的受访企业表示减税降费能够提振企业信心。2020 年 3—4 月基于 55 家制造业企业的问卷调查显示,47.3%的受访企业认为新冠肺炎疫情期间减税降费对于推动企业复工复产、提高企业盈利能力的作用"非常大"或"比较大"。2021 年 4—5 月基于 261 家制造业企业的问卷调查显示,76.3%的受访企业认为反映减税降费有利于降低企业经营成本,51.0%的受访企业认为减税降费有利于增加企业利润,34.9%的受访企业表示减税降费能够提振企业发展信心。因此,制造业企业应当紧抓国家减税降费机遇,有针对性地加强对税收优惠政策的学习和研究,大力提升企业的税收筹划意识、能力和水平①,充分发挥税收优惠政策在降低企业税费成本中的作用,尽可能减少税费成本对企业利润的挤压。此外,还要着力加强制造业企业尤其是民营中小企业内部治理,完善公司治理结构和机制,实现管理挖潜增效。

第六节　实施综合配套改革

一、进一步完善金融市场体系,优化制造业企业融资环境

加强对地方性金融机构发展的扶持,健全中小企业政策性融资担保体系,完善企业信用评价体系,加大对企业失信行为尤其是恶意拖欠债务行为②的惩治力度,塑造良好的信用环境,建立健全企业融资信息服务平台,清理整顿金融市场秩序,规范发展互联网金融,为制造业企业融资创造良好环境,切实解决企业"融资难,融资贵"难题③,缓解制造业企业资金压力,提高制造业企业的税款支付能力。

二、深化放管服改革,降低制造业企业制度性交易成本

全面梳理制造业企业投资生产经营涉及的审批、许可、认证、评估、检验、

---

① 2019年9—11月基于234家制造业企业的问卷调查发现,72.7%的受访企业认为税收筹划能力和水平"一般",另有9.8%的受访企业认为税收筹划的能力和水平"比较低"和"非常低"。

② 2019年9—11月基于234家制造业企业的问卷调查发现,40.1%的受访企业反映应收账款的回收难度"比较大"和"非常大"。

③ 2019年9—11月基于234家制造业企业的问卷调查发现,认为企业外部融资(含债权融资和股权融资)难度"比较大"和"非常大"的受访企业分别占26.9%和17.5%,合计达到44.4%。

检测等环节,最大限度减少涉企行政审批环节,提高涉企行政审批、认证、检验等行政流程效率。改革"政府部门设权、中介机构评估、关联企业收费"的管理模式,打破涉企中介服务机构的垄断地位,斩断政府与中介服务组织不正当的利益输送关系,培育竞争充分的中介服务组织体系,依靠市场竞争提升中介服务质量,加强对涉企中介服务机构运营的监督管理,严格规范涉企经营性中介服务收费标准,着力降低制造业企业的制度性交易成本。

三、完善制造业企业尤其是中小制造业企业创新扶持体系,推动制造业企业高质量发展

除落实好已有创新税收优惠政策外,坚持财政补助、政府采购、创新孵化、创新平台等多种支持方式协同共进,鼓励制造业企业持续加大研发投入,不断涌现创新成果,通过创新驱动推动制造业企业高质量发展,提升制造业企业的核心竞争力。

四、优化城市就业和生活环境,助力制造业企业吸引人才

加强城市软硬基础设施建设,提升城市教育、医疗卫生、住房保障等基本公共服务供给水平,减轻各类人才的后顾之忧,着力提高城市尤其是三四线城市对优秀人才的吸引力。积极搭建人才服务平台,完善引人育人及人才成长机制,助力制造业企业招聘急需的各类人才[①],更好满足制造业企业的用工需求。

五、推动要素市场化改革,降低制造业企业要素使用成本

打破土地、通信、电力、石油、天然气领域的垄断,提高要素市场化程度,发挥市场机制作用最大限度降低制造业企业的用地和用能成本,推动制造业企业降低综合经营成本,不断提高经营效益。

---

① 尤其是高科技人才。

参 考 文 献

[1]王政.制造业正从中国制造向中国创造迈进[N].人民日报,2022年03月21日第01版

[2]李贺,陈为.苗圩:苗圩:推动制造业高质量发展[EB/OL].新华网,2021-03-07

[3]万广南,魏升民,向景.减税降费对企业"获得感"的影响研究——基于认知偏差的视角[J].税务研究,2020,(04):14-21

[4]张克中,欧阳洁,李文健.缘何"减税难降负":信息技术、征管能力与企业逃税[J].经济研究,2020,(03):116-132

[5]马金华,林源,费堃桀.企业税费负担对经济高质量发展的影响分析——来自我国制造业的证据[J].当代财经,2021,(03):40-52

[6]张均斌."十四五"减税降费还有多大空间?[N].中国青年报,2020年12月22日05版

[7]冯俏彬."稳字当头、稳中求进"下的2022年积极财政政策[N].地方财政研究,2022,(02):11-18

[8]郭克莎,田潇潇.加快构建新发展格局与制造业转型升级路径[J].中国工业经济,2021,(11):44-58

[9]Fullerton, D..(1983). *Can Tax Revenues Go Up When Tax Rates Go Down*? [M]. Macmillan Education UK.

[10]Heijman, W., & Ophem, J..(2005)."Willingness to pay tax:the laffer curve revisited for 12 oecd countries"[J]. *Journal of Socio-Economics*,34(5),714-723.

[11]Oliveira, F.G.D., & Costa, L..(2015)."The VAT Laffer Curve and the Business Cycle in the EU27:An Empirical Approach"[J]. *Economic Issues Journal Articles*,20(SEP.

PT.2），29-44.

［12］Lopes，A.F.，& Espanhol，R..（2020）."The Relationship Between Tax Rates and Tax Revenues in Eurozone Member Countries Exploring the Laffer Curve"［J］.*Bulletin of Economic Research*，72（2），121-145.

［13］Cg，A.，& Ms，B..（2020）."Simulating Corporate Tax Rate at Laffer Curve's Peak Using Microdata"［J］.*Journal of Economics and Business*，Vol（112）

［14］Vlachos，V.，Bitzenis，A.，& Kontakos，P..（2016）."Enterprises and tax compliance in greece：a research note on the role of corruption".*Global Business & Economics Anthology*，（2），52-55.

［15］Stefania Ottone & Ferruccio Ponzano & Giulia Andrighetto，（2018）."Tax Compliance under Different Institutional Settings in Italy and Sweden：an Experimental Analysis"，*Economia Politica*：*Journal of Analytical and Institutional Economics*，Springer；Fondazione Edison，vol.35（2），367-402.

［16］Boqiang，Lin，Zhijie，& Jia..（2019）."Tax Rate，Government Revenue and Economic Performance：a Perspective of Laffer Curve - ScienceDirect".*China Economic Review*，56（C），101307.

［17］Serrato，J.C.S.，& Zidar，O..（2016）.*Who benefits from state corporate tax cuts？ a local labor markets approach with heterogeneous firms*.Social Science Electronic Publishing，106（9），2582-2624.

［18］Murphy，C..（2016）."The effects on consumer welfare of a corporate tax cut".*Departmental Working Papers*.

［19］Kang，S.H.，Reese，L.，& Skidmore，M..（2016）."Do industrial tax abatements spur property value growth?"*Journal of Policy Analysis & Management*，35（2）.

［20］朱喜安.也谈我国当前的税负水平［J］.税务与经济（长春税务学院学报），1998，（06）：11-14

［21］赵新安.1927—1936 年中国宏观税负的实证分析［J］.南开经济研究，1999，（06）：71-74

［22］倪红福，吴延兵，周倩玲.企业税负及其不平等［J］.财贸经济，2020，（10）：49-64

［23］李炜光.企业税负难题［J］.新理财（政府理财），2016，（11）：27-28

［24］李万甫."死亡税率"引发的税负问题思考［EB/OL］.http://www.chinatax.gov.cn/n810219/n810724/c2416344/content.html，2016-12-21

[25]杨志勇."死亡税率"是假,但企业税负难题是真[J].中国经济周刊,2016,(50):75-77

[26]陈彦斌,陈惟.中国宏观税负的测算及启示[J].财经问题研究,2017,(09):3-10

[27]黄祖斌.我国实体经济的税负重吗?[J].新疆师范大学学报(哲学社会科学版),2017,Vol.38,(5):76-88

[28]吕冰洋,詹静楠,李钊.中国税收负担:孰轻孰重?[J].经济学动态,2020,(01):18-33

[29]魏升民,李普亮,梁若莲.新发展格局下的最优宏观税负研究[J].广东财经大学学报,2022,(02):42-55

[30]艾华,刘同洲.制造业税费负担剖析及缓解路径[J].税务研究,2019,(01):94-98

[31]王曙光,孙慧玲,朱子男.中国制造业"死亡税率"的测算与因应策略[J].财经问题研究,2019,(01):92-98

[32]候润芳.贾康:最主要问题不是正税 而是正税外的负担[N].新京报,2016-12-23

[33]国家发展和改革委员会产业经济与技术经济研究所.降低我国制造业成本的关键点和难点研究[J].经济纵横,2016,(04):15-30

[34]习卫群.我国制造业税收负担及相关政策的优化[J].税务研究,2020,(02):11-15

[35]刘建民,唐红李,杨婷婷.增值税税负如何影响制造业企业升级?——来自中国上市公司的数据[J].财经论丛,2020,(06):21-30

[36]李普亮,贾卫丽.中国宏观税负的回顾、反思与展望[J].地方财政研究,2019,(12):48-59

[37]Zhang,Y..(2019)."An Empirical Analysis of the Factors Affecting the Tax Burden of China's Banking Industry"[J].*Technology and Investment*,10(2),31-45.

[38]Piotroski,J.D.,Wong,T.J.,& Zhang,T..(2015)."Political Incentives to Suppress Negative Information:Evidence From Chinese Listed Firms".*Journal of Accounting Research*,53(2),405-459

[39]Chen,Y.,Zheng,D.,Li,P.,& Wang,W..(2020)."Anti corruption and corporate tax burden:evidence from china".*International Review of Finance*,20(3),781-788

[40]余新创.中国制造业企业增值税税负粘性研究——基于A股上市公司的实证

分析[J].中央财经大学学报,2020,(02):18-28

[41]魏升民,戎晓畅,向景.减税降费对企业获得感的影响分析——基于企业问卷调查数据(2016-2018)[J].地方财政研究,2019,(12):67-73

[42]丛屹,周怡君.当前我国税制的"税负刚性"特征、效应及政策建议——基于2013-2016年制造业上市公司数据的实证分析[J].南方经济,2017,(06):53-63

[43]何平.企业税费负担问题研究及政策启示——基于对我国中部省份的调研分析[J].价格理论与实践,2017,(10):22-25

[44]向景,魏升民.供给侧结构性改革对中小微企业税费负担的影响分析——来自广东省的问卷调查[J].税务研究,2017,(05):72-77

[45]庞凤喜,张念明.供给侧结构性改革导向下我国企业税负优化及操作路径研究[J].经济与管理评论,2017,(01):83-94

[46]范子英,赵仁杰.财政职权、征税努力与企业税负[J].经济研究,2020,(04):101-117

[47]白云霞,唐伟正,刘刚.税收计划与企业税负[J].经济研究,2019,(05):98-112

[48]田彬彬,陶东杰,李文健.税收任务、策略性征管与企业实际税负[J].经济研究2020,(08):121-136

[49]李文,王佳.地方财政压力对企业税负的影响——基于多层线性模型的分析[J].财贸研究,2020,(05):52-65

[50]陶东杰,李成.环境规制、地方财政压力与企业实际税负[J].经济科学,2021,(03):83-95

[51]孙玉栋,孟凡达.我国小微企业税费负担及优惠政策的效应分析[J].审计与经济研究,2016,(03):101-110

[52]傅娟.减税降费的矛盾与企业负担重的逻辑[J].财经智库,2020,(01):36-52

[53]程宏伟,杨义东.税负粘性:一个诠释企业税负痛感的新视角[J].商业研究,2019,(01):49-59

[54]魏志华,卢沛.经济政策不确定性与税负粘性:基于税盾视角的解释[J].财贸经济,2022,(04):5-20

[55]杜剑,史艳敏,杨杨.企业税负粘性研究:基于税务机关税收稽查的视角[J].贵州财经大学学报,2020,(02):56-66

[56]胡洪曙,武锶芪.企业所得税税负粘性的成因及其对地方产业结构升级的影响[J].财政研究,2020,(07):113-129

[57]程宏伟,吴晓娟.企业议价能力与增值税税负粘性——基于转嫁成本的分析视角[J].西南大学学报(社会科学版).2020,(06):51-62

[58]Hongsheng Fang,Yuxin Bao&Jun Zhang.(2017)."Asymmetric reform bonus:The impact of VAT pilot expansion on China's corporate total tax burden"[J].*China Economic Review*,46,S17-S34.

[59]Kewei Chen.(2018).*The Research on the Insurance Industry's Tax Burden in China under the Background of Change from Business Tax to VAT*,9(4),734-749

[60]李远慧,罗颖.营改增减税效应研究—以北京为例[J].税务研究,2017,(11):52-56

[61]高利芳,张东旭.营改增对企业税负的影响研究[J].税务研究,2019,(07):89-95

[62]杜莉,刘念,蔡至欣.金融业营改增的减税效应——基于行业关联的视角[J].税务研究,2019,(05):34-41

[63]张超,许岑.营改增对银行业流转税税负的影响研究——基于34家上市商业银行财务报告数据的分析[J].税务研究,2020,(04):103-110

[64]高玉强,束永康,孙开.营改增是否减轻了企业税负:基于交通运输业的准自然实验[J].湖南科技大学学报(社会科学版),2021,(01):59-66

[65]乔俊峰,张春雷."营改增"、税收征管行为和企业流转税负——来自中国上市公司的证据[J].财政研究,2019,(07):77-89

[66]李艳艳,徐喆,曲丽泽.营改增的减税效应——基于双重差分模型的检验[J].税务研究,2020,(08):19-25

[67]潘文轩."营改增"试点中部分企业税负"不减反增"现象分析[J].财贸研究,2013,(01):95-100

[68]杨志安,李宝锋.交通运输业"营改增"的减税效应:问题与对策[J].税务与经济,2017,(06):78-83

[69]马悦."营改增"减税效应的异质性问题及对策研究[J].内蒙古社会科学(汉文版).2018,(06):110-116

[70]徐全红.营改增减轻了中国商业银行的税收负担吗？——基于16家上市商业银行数据的分析[J].金融论坛,2019,(07):32-39

[71]白彦锋,陈珊珊."营改增"的减税效应——基于DSGE模型的分析[J].南京审计大学学报,2017,(05):1-9

[72]范子英,彭飞."营改增"的减税效应和分工效应:基于产业互联的视角[J].经

济研究,2017,(02):82-95

[73]乔睿蕾,陈良华.税负转嫁能力对"营改增"政策效应的影响——基于现金—现金流敏感性视角的检验[J].中国工业经济,2017,(06):117-135

[74]胡怡建,田志伟.我国"营改增"的财政经济效应[J].税务研究,2014,(01):38-43

[75]孙正.服务业的"营改增"提升了制造业绩效吗?[J].中国软科学,2020,(09):39-49

[76]李永友,严岑.服务业"营改增"能带动制造业升级吗?[J].经济研究,2018,(04):18-31

[77]Beuermann,C.and T.Santarius(2006)."Ecological Tax Reform in Germany:Handling Two Hot Potatoes at the Same Time".*Energy Policy*,34(8),917-929

[78]Klok,J.,A.Larsen,A.Dahl and K.Hansen(2006)."Ecological Tax Reform in Den- mark:History and Social Acceptability".*Energy Policy*,34(8),905-916

[79]Kallbekken,S.,and M.Aasen(2010)."The Demand For Earmarking:Results from a Focus Group Study".*Ecological Economics*,69(11),2183-2190

[80]Abbiati,Lorenzo,Antinyan,Armenak & Corazzini,Luca,2014."Are Taxes Beautiful? A Survey Experiment on Information,Tax Choice and Perceived Adequacy of the Tax Burden",*FAU Discussion Papers in Economics* 02/2014,Friedrich-Alexander University Erlangen-Nuremberg,Institute for Economics

[81]席卫群.我国制造业税收负担及相关政策的优化[J].税务研究,2020,(02):11-15

[82]彭飞,许文立,吕鹏,吴华清.未预期的非税负担冲击:基于"营改增"的研究[J].经济研究,2020,(11):67-83

[83]陈小亮.中国减税降费政策的效果评估与定位研判[J].财经问题研究,2018,(09):90-98

[84]高存友,任秋生,甘景梨.心理压力与调控.北京:九州出版社,2018年

[85]毕毅,左志方,周春生.增值税转型对企业税负的影响[J].兰州学刊,2010,(08):35-39

[86]王佩,张洋洋,徐潇鹤.增值税转型后我国制造业受益程度分析[J].税务研究,2011,(10):18-21

[87]吴联生.国有股权、税收优惠与公司税负[J].经济研究,2009,(10):109-120

[88]陈春华,蒋德权,曹伟.高管晋升与企业税负——来自中国地方国有上市公司

的经验证据[J].会计研究,2019,(04):81-88

[89]孔墨奇,唐建新,陈冬.管理者自利行为与税负粘性——基于深沪 A 股上市公司的经验证据[J].财经理论与实践,2020,(03):103-108

[90]刘骏,刘峰.财政集权、政府控制与企业税负——来自中国的证据[J].会计研究,2014,(01):21-27

[91]何辉,王杰杰,李威.我国制造业企业税负对企业产值的影响——基于 A 股上市公司面板数据的实证分析[J].税务研究,2019,(05):97-104

[92]李琼.中国企业税费负担:规模测算及结构分析[J].学习与探索.2020,(05):125-131

[93]吴联生,李辰."先征后返"、公司税负与税收政策的有效性[J].中国社会科学,2007,(04):61-73

[94]张瑶,朱为群.我国企业税负"痛感"凸显之谜探析[J].南方经济,2017,(06):44-52

[95]高培勇.中国税收持续高速增长之谜[J].经济研究.2006,(12):13-23

[96]张凯强,陈志刚.政府预算管理能减轻企业税负吗——基于预算偏离的视角[J].广东财经大学学报,2021,(06):98-112

[97]李炜光,臧建文.中国企业税负高低之谜:寻找合理的企业税负衡量标准[J].南方经济.2017,(02):1-23

[98]大卫·N.海曼.财政学(第九版),中国人民大学出版社,2009 年

[99]哈维·S.罗森,特德·盖亚.财政学(第八版),中国人民大学出版社,2009 年

[100]W.W.罗斯托.经济增长的阶段[M].中国社会科学出版社,2010 年

[101]李明,龙小燕.减税降费背景下地方财政压力的现实困境及破解路径[J].当代经济管理.2020,(09):60-69

[102]杨贵军.程颖慧.高质量发展目标下规范政府投资行为研究[J].理论探讨,2019,(06):107-113

[103]刘洪岩.政府投资的法制化革新[J].人民论坛.2019,(27):113-115

[104]马郡,邓若冰.供给侧结构性改革背景下减税降费的财政压力及应对[J].学习与探索,2020,(05):116-124

[105]徐超,庞雨蒙,刘迪.地方财政压力与政府支出效率——基于所得税分享改革的准自然分析[J].经济研究,2020,(06):138-154

[106]方红生,张军.中国财政政策非线性稳定效应:理论和证据[J].管理世界.2010,(02):10-24

[107]张原,吴斌珍.财政分权及财政压力冲击下的地方政府收支行为[J].清华大学学报(自然科学版),2019,(11):940-952

[108]郑骏川.地方政府财政压力、土地出让收益与房地产价格——来自中国35城市面板数据的实证[J].宏观经济研究,2020,(02):63-74

[109]刘昆.加力提效实施积极的财政政策[J].中国财政,2019,(10):4-7

[110]唐云锋,马春华.财政压力、土地财政与"房价棘轮效应"[J].财贸经济,2017,(11):39-54

[111]杨寓涵,张充."营改增"对县级土地财政收入影响研究[J].华东经济管理,2019,(06):91-98

[112]郑骏川.地方政府财政压力、土地出让收益与房地产价格——来自中国35城市面板数据的证据[J].宏观经济研究.2020,(02):63-74

[113]施正文.未来税制改革应适当降低企业所得税,升高个人所得税和房地产税[EB/OL],搜狐智库,2020-9-12

[114]高培勇.降成本:天然的供给侧结构性改革[J].国际税收,2017,(01):36-38

[115]白景明,何平.制造业税收贡献度分析[J].中国财政,2019,(15):16-23

[116]李永友,沈玉平.财政收入垂直分配关系及其均衡增长效应[J].中国社会科学.2010,(06):108-124

[117]储德银,邵娇,迟淑娴.财政体制失衡抑制了地方政府税收努力吗?[J].经济研究.2019,(10):41-56

[118]马兹晖.中国地方财政收入与支出——面板数据因果性与协整研究[J].管理世界,2008,(03):40-48

[119]杨海生,聂海峰,陈少凌.财政波动风险影响财政收支的动态研究[J].经济研究.2014,(03):88-100

[120]杨子晖,赵永亮,汪林.财政收支关系与赤字的可持续性——基于门槛非对称性的实证研究[J].中国社会科学,2016,(02):37-58

[121]高培勇.构建新发展格局背景下的财政安全考量[J].经济纵横.2020,(10):12-17

[122]邓晓兰,金博涵,李铮.我国地方财政收支互动性研究——基于省级面板VAR模型的实证分析[J].财政研究,2018,(07):14-27

[123]谷成、潘小雨.减税与财政收入结构——基于非税收入变动趋势的考察[J].财政研究,2020,(06):19-34

[124]王志刚,龚六堂.财政分权和地方政府非税收入:基于省级财政数据[J].世

界经济文汇.2009,(05):17-38

[125]王佳杰,童锦治,李星.税收竞争、财政支出压力与地方非税收入增长[J].财贸经济.2014,(05):27-38

[126]赵仁杰,范子英.税费替代:增值税减税、非税收入征管与企业投资[J].金融研究.2021,(01):71-90

[127]刘蓉,寇璇,周川力.企业非税费用负担究竟有多重——基于某市企业问卷调查的研究[J].财经科学,2017,(05):124-132

[128]傅娟,叶芸,谯曼君.减税降费中的企业非税负担定量研究[J].税务研究.2019,(07):19-22

[129]马光远.警惕非税收入抵消减税成效[N],广州日报,2012-10-24

[130]杨亮.企业税费负担究竟有多高[N].光明日报,2017-01-24

[131]周华伟.OECD 国家增值税改革的新趋势[N].中国税务报,2018-12-05

[132]陈益刊.超万亿减税降费呼之欲出:增值税、个税、社保费成焦点[EB/OL].第一财经,2018-10-08

[133]李旭红.我国增值税立法的相关政策建议[J].税务研究,2020,(03):54-58

[134]龚辉文.关于降低制造业增值税税率的逻辑思考[J].税务研究,2020,(02):5-10

[135]王乔,徐佳佳.增值税改革对制造业税负的影响研究——基于投入产出法[J].税务研究,2020,(12):5-13

[136]中国人民大学财税研究所,中国人民大学重阳金融研究院,中国人民大学财政金融学院.中国企业税收负担报告——基于上市公司数据的测算[R].人大重阳"中国财税研究报告"第8期

[137]钱诚."中国制造"还具有劳动力成本比较优势吗?——基于动态评价模型的国际比较[J].经济纵横,2020,(04):77-88

[138]张建清,余道明.中国制造业成本:演变、特点与未来发展趋势[J].河南社会科学,2018,(03):57-62

[139]解洪涛.中国税收征管能力变迁——1990 年代以来税收征管制度改革及其效果检验[J].中国软科学.2017,(04):14-24

[140]孟春,李晓慧.我国征税成本现状及其影响因素的实证研究[J].财政研究.2015,(11):96-103

[141]吕冰洋,郭庆旺.中国税收高速增长的源泉:税收能力和税收努力框架下的解释[J].中国社会科学,2011,(02):76-90

[142]吕冰洋,李峰.中国税收超 GDP 增长之谜的实证解释[J].财贸经济,2007,(03):29-36

[143]卢洪友,尹俊.国税系统征管效率及影响因素实证研究[J].统计与决策,2016,(02):163-165

[144]张斌.中国区域税收征管效率评价及影响因素研究——基于四分法 DEA-Malmquist 的分析[J].财经理论与实践,2018,(02):88-94

[145]李嘉明,闫彦彦.税收征管效率研究述评[J].重庆大学学报(社会科学版),2014,(02):39-45

[146]李建军.税收征管是税收收入高速增长的原因吗[J].税务与经济,2013,(02):79-86

[147]李建军.税收征管效率与实际税率关系的实证研究——兼论我国"税收痛苦指数"降低的有效途径[J].当代财经,2013,(04):37-47

[148]于文超,殷华,梁平汉.税收征管、财政压力与企业融资约束[J].2018,(01):100-118

[149]王长林.金税工程二十年:实践、影响和启示[J].电子政务.2015,(06):104-110

[150]吉赟,王贞.税收负担会阻碍创新吗?——来自"金税工程三期"的证据[J].南方经济,2019,(03):17-35

[151]申珍妮.财政压力与地方政府税收努力——基于省级数据的经验研究[J].税务研究.2018,(10):108-114

[152]Mertens, J. B. (2003). Measuring Tax Effort in Central and Eastern Europe[J]. Public Finance and Management, 3(4):530-563

[153]陈德球,陈运森,董志勇.政策不确定性、税收征管强度与企业税收规避[J].管理世界.2016:(05):151-163

[154]叶康涛,刘行.税收征管、所得税成本与盈余管理[J].管理世界.2011,(05):140-148

[155]童锦治,黄克珑,林迪珊.税收征管、纳税遵从与企业经营效率——来自我国上市公司的经验证据[J].当代财经.2016,(03):24-32

[156]李香菊,赵娜.我国企业所得税税收努力程度及其影响因素的实证研究——基于随机前沿分析方法(SFA)[J].审计与经济研究,2017,(02):98-107

[157]范子英,田彬彬.税收竞争、税收执法与企业避税[J].经济研究.2013,48(09):99-111

［158］孙刚.税收征管与上市企业资本性投资效率研究——来自地方政府违规税收优惠或返还的初步证据［J］.中央财经大学学报,2017,（11）:3-17

［159］杨德前.经济发展、财政自给与税收努力:基于省际面板数据的经验分析［J］.税务研究,2014,（06）:70-78

［160］王怡璞,王文静.分权能够促进地方政府的税收激励吗?——来自"扩权强县"的证据［J］.中央财经大学学报.2018,（05）:3-12

［161］于井远.区域性优惠政策会降低地方税收努力吗——来自西部大开发的证据［J］.广东财经大学学报.2021,36（01）:25-36

［162］陈昭,刘映曼.政府补贴、企业创新与制造业企业高质量发展［J］.改革,2019,（08）:140-151

［163］曲红宝.税收征管、纳税遵从与企业贿赂——一个遵从成本视角的分析［J］.中央财经大学学报,2018,（06）:11-21

［164］Allingham,M.G.and Sandmo,A.（1972）,Income Tax Evasion:A Theoretical Analysis.Journal of Public Economics,1,323-338

［165］田彬彬,范子英.征纳合谋、寻租与企业逃税［J］.经济研究,2018,（05）:118-131

［166］刘成奎,李纪元.直接税比重、税务检查与税收遵从度［J］.当代经济研究.2014,（10）:87-92

［167］唐博,张凌枫.税收信息化建设对企业纳税遵从度的影响研究［J］.税务研究,2019,（07）:62-69

［168］陶东杰,李成,蔡红英.纳税信用评级披露与企业税收遵从——来自上市公司的证据［J］.税务研究.2019,（09）:101-108

［169］薛菁.税收遵从成本对企业纳税遵从的影响分析——基于企业逃税模型的视角［J］.经济与管理,2011,（02）:24-28

［170］何晴,郭捷.纳税服务、纳税人满意度与税收遵从——基于结构方程模型的经验证据［J］.税务研究.2019,（09）:94-100

［171］白彦锋.减税降费和优化税收营商环境关键要谨防税收优惠"滥用"［EB/OL］.光明网-理论频道,2019-12-23

［172］汤泽涛,汤玉刚.增值税减税、议价能力与企业价值——来自港股市场的经验证据［J］.财政研究.2020,（04）:115-128

［173］周民良.制造业:丰富多彩、联系广泛、竞争激烈的产业世界［N］.中国经济时报,2018-11-19

[174]贾康,刘军民.非税收入规范化管理研究[J].华中师范大学学报(人文社会科学版).2005,(03):23-32

[175]李明,赵旭杰,冯强.经济波动中的中国地方政府与企业税负:以企业所得税为例[J]世界经济,2016,(11):104-125

[176]李艳,杨婉昕,陈斌开.税收征管、税负水平与税负公平[J].中国工业经济.2020,(11):24-41

[177]张央军.我国上市公司所得税实际税负影响因素的实证研究——以制造业为例[D].杭州电子科技大学,2012年

[178]李建英,陈平,李婷婷.我国制造业上市公司所得税税负影响因素分析[J].税务研究,2015,(12):41-44

[179]樊勇,李昊楠.税收征管、纳税遵从与税收优惠——对金税三期工程的政策效应评估[J].财贸经济,2020,(04):51-66

[180]高培勇."营改增"的功能定位与前行脉络[J].税务研究,2013,(07):3-9

[181]联办财经研究院.中外企业税负比较[R].中国发展网,2018-04-23

[182]徐忠.当前形势下财政政策大有可为[N].第一财经,2018-07-13

[183]中国企业研究所.2017年中国民营企业税负报告[R].2018-06-14

[184]缪桂英."营改增"对我国装备制造业增值税税负影响的分析[J].扬州职业大学学报,2016,(01):15-18

[185]李春瑜.制造业上市公司税负实证分析——总体趋势、响因素及差异比较[J].经济与管理评论,2016,(04):87-93

[186]董根泰."营改增"降低了大中型企业税收负担吗?——基于浙江省上市公司数据的分析[J].经济社会体制比较,2016,(03):94-104

[187]唐东会.全面"营改增"后行业税负变动研究——基于投入产出表的模拟测算[J].云南财经大学学报,2016,(03):35-44

[188]毛德凤,刘华.营改增对企业纳税遵从的影响[J].税务研究,2017,(07):18-24

[189]陈晓光,财政压力、税收征管与地区不平等[J].中国社会科学.2016,(04):53-70

[190]上海财经大学公共政策与治理研究院.中国全面实施营改增试点一周年评估报告[R].2017-07-26

[191]王冬生.增值税的税负问题[J].税务研究,1996,(10):39-43

[192]范子英.增值税减税:减了谁的税?[EB/OL].澎湃新闻,2019-04-06

[193]孙志燕,刘晨辰.我国制造业盈利能力提升路径及政策优化——基于29个行业微观数据的观察[J].经济纵横,2020,(03):57-66

[194]辛淑婷,李文.增值税负担对企业获利能力的影响——基于联立方程模型的分析[J].税收经济研究,2019,(03):20-27

[195]刘行,叶康涛.增值税税率对企业价值的影响:来自股票市场反应的证据[J].管理世界.2018,34(11):12-24

[196]卢雄标,童锦治,苏国灿.制造业增值税留抵税额的分布、影响及政策建议——基于A省制造业企业调查数据的分析[J].税务研究,2018,(11):53-59

[197]刘怡,耿纯.增值税留抵规模、分布及成本估算[J].税务研究,2018,(03):28-36

[198]袁从帅,白玉,吴辉航.晋升激励与税收征管——基于断点回归的证据[J].财经论丛,2020,(02):31-41

[199]卢洪友,张楠.地方政府换届、税收征管与税收激进[J].经济管理,2016,(02):160-168

[200]刘昆.建立健全有利于高质量发展的现代财税体制[N].经济日报,2021-05-06

[201]胡海生,王克强,刘红梅.增值税税率降低和加计抵减政策的经济效应评估[J].财经研究,2021,(01):1-14

[202]梁俊娇,李想,王怡璞.增值税税率减并方案的设想、测算与分析——基于投入产出表分析法[J].税务研究,2018,(10):45-52

[203]张淑翠,李建强,秦海林.增值税税率三档并两档改革对制造业的影响研究[J].2019,(07):75-82

[204]万莹,熊惠君.我国增值税税率简并方案设计与政策效应预测——基于可计算一般均衡[J].税务研究.2020,(10):41-48

[205]许善达.中国亟待提高企业税制竞争力[N].中华工商时报,2021-2-18

[206]许红梅,李春涛.社保费征管与企业避税——来自《社会保险法》实施的准自然实验证据[J].经济研究.2020,(06):122-137

[207]唐钰,封进.社会保险征收体制改革与社会保险基金收入[J].经济学(季刊),2019,(03):833-854

[208]李远慧,徐一鸣.税收优惠对先进制造业企业创新水平的影响[J].税务研究,2021,(05):31-39

[209]吴秋生,王婉婷.加计扣除、国家审计与创新效率[J].审计研究,2020,(05):

30-40

[210]杨国超,刘静,廉鹏,芮萌.减税激励、研发操纵与研发绩效[J].经济研究,2017,(08):110-124

[211]杨国超,芮萌.高新技术企业税收减免政策的激励效应与迎合效应[J].经济研究,2020,(09):174-191

[212]谢富胜,匡晓璐.制造业企业扩大金融活动能够提升利润率吗？——以中国A股上市制造业企业为例[J].管理世界,2020,(12):13-25

后　记

本书是在我主持的国家社科基金年度项目"中国制造业企业税负压力的形成机理及化解路径研究"（项目编号 18BJY224）结项成果的基础上形成的。在书稿出版之际，我掩卷深思，颇有一些感触。这项国家社科基金于 2018 年 6 月获批立项，对于一名地方性本科院校的教师来说，获得国家社科基金立项并非易事，得知立项消息时，我的喜悦之情油然而生。但我深知，项目立项仅仅是一个开始，高质量完成项目研究才是头等大事。在随后将近三年的项目研究历程中，可谓痛苦与快乐并存，我经历过"山重水复"的焦虑，也感受过"柳暗花明"的兴奋，最终以一份近 20 万字的研究报告顺利结项，算是对自己三年的努力有了一个交代。在项目研究完成后，我国减税降费又有了新进展，制造业企业税负面临着新情况和新问题，学术界随之出现了系列新的研究成果。为此，我又对国家社科基金项目的结项成果进行了修改完善，形成了现在的书稿。

"看似寻常最奇崛，成如容易却艰辛。"我深深体会到，出版一部学术专著并不像想象的那么容易。书稿的背后固然凝聚了个人的汗水，但如果没有学界同仁、单位同事和周边朋友的支持帮助，这本著作可能还需要更长的时间才能问世。首先，要感谢我主持的国家社科基金项目结项成果的匿名评审专家，各位专家敏锐的学术目光、扎实的学术功底、中肯的学术建议让我受益匪浅，相关评审意见对完善书稿起到了建设性作用。其次,要感谢调研过程中为我提供鼎力支持的施建滇、钟玉城、康璞和熊平津,他们都是我教过的学生,现在也是企业的财务骨干,为项目研究提供了丰富的数据素材。再次,要感谢惠州学院经济管理学院领导和同事的支持,他们为深化项目研究提供了良好的条件支撑和智力支持。爱人贾卫丽女士在我从事项目研究和整理书稿的过程中,不仅在工作上提供了大力支持,而且在生活上主动承担家庭重担,为我创造了宽松的工作环境,本书的顺利出版与她的理解和支持是分不开的,在此一并表示感谢!

最后要特别感谢人民出版社的洪琼编审。洪编审不仅经验丰富,而且十分严谨,逐字逐句校对,让书稿增色不少。特别是在北京疫情形势比较严峻的时刻,他克服重重困难使得本书能够按期出版,在此表示深深的谢意!

由于作者水平有限,本书难免存在瑕疵甚至错误,敬请各位读者批评指正。

李普亮

2022 年 12 月 20 日于惠州学院

责任编辑：洪　琼
封面设计：石笑梦
版式设计：胡欣欣

图书在版编目（CIP）数据

中国制造业企业税负压力的形成机理及化解路径研究/李普亮 著. —北京：
　人民出版社,2022.12
ISBN 978 - 7 - 01 - 025070 - 0

Ⅰ.①中…　Ⅱ.①李…　Ⅲ.①制造工业-工业企业管理-税负-研究-中国
　Ⅳ.①F812.42

中国版本图书馆 CIP 数据核字（2022）第 178796 号

中国制造业企业税负压力的形成机理及化解路径研究
ZHONGGUO ZHIZAOYE QIYE SHUIFU YALI DE XINGCHENG
JILI JI HUAJIE LUJING YANJIU

李普亮　著

人民出版社 出版发行
（100706　北京市东城区隆福寺街 99 号）

北京汇林印务有限公司印刷　新华书店经销

2022 年 12 月第 1 版　2022 年 12 月北京第 1 次印刷
开本:710 毫米×1000 毫米 1/16　印张:22
字数:350 千字

ISBN 978 - 7 - 01 - 025070 - 0　定价:89.00 元

邮购地址 100706　北京市东城区隆福寺街 99 号
人民东方图书销售中心　电话 （010）65250042　65289539